全国革命老区县发展史丛书——山西卷

曲沃县革命老区发展史

曲沃县老区建设促进会 编著

山西出版传媒集团 山西人民出版社

图书在版编目（CIP）数据

曲沃县革命老区发展史 / 曲沃县老区建设促进会编著. -- 太原：山西人民出版社，2022.7
ISBN 978-7-203-12134-3

Ⅰ．①曲… Ⅱ．①曲… Ⅲ．①曲沃县－地方史 Ⅳ．①K292.54

中国版本图书馆CIP数据核字(2022)第013622号

曲沃县革命老区发展史

编　　著：曲沃县老区建设促进会
责任编辑：魏美荣
复　　审：傅晓红
终　　审：贺　权

出　版　者：山西出版传媒集团·山西人民出版社
地　　址：太原市建设南路21号
邮　　编：030012
发行营销：0351-4922220　4955996　4956039　4922127（传真）
天猫官网：https://sxrmcbs.tmall.com　电话：0351-4922159
E-mail：sxskcb@163.com　发行部
sxskcb@126.com　总编室
网　　址：www.sxskcb.com

经　销　者：山西出版传媒集团·山西人民出版社
承　印　厂：山西万佳印业有限公司

开　　本：787mm×1092mm　1/16
印　　张：19.75
字　　数：350千字
版　　次：2022年7月　第1版
印　　次：2022年7月　第1次印刷
书　　号：ISBN 978-7-203-12134-3
定　　价：128.00元

如有印装质量问题请与本社联系调换

谨以此书

献给中国共产党成立100周年

《曲沃县革命老区发展史》编纂委员会

顾　　　问：吴　滨
主　　　任：孙惠生
常务副主任：费向前　石前进　高剑云　孟海河
副　主　任：王克勤　武耀忠　崔永慧　任鹏伟　张淑明
　　　　　　秦康杰　刘小维　陈宇芳　余卫军
委　　　员：陈永胜　吴临生　秦朝斌　白振江　孙永和
　　　　　　张安凤　常军奎　陈秉义　牛连生　张胜利
　　　　　　郑红伟　赵宏伟　张志虎　李占海　黄拥军
　　　　　　谢新民　薛建华　侯　军　王根旺　张　翔
　　　　　　丁全保　胡满仓　李福群　罗　峰　李普文
　　　　　　李晓飞　张俊丽
主　　　编：陈永胜
副　主　编：李普文　宋思远
编　　　审：孙永和　孙继跃　薛金山　杨　亮
编　　　辑：李德文　程成群　孙春英　杨浩有　尹成荣
　　　　　　王兰娣　侯延廷　常军奎　牛连生
摄　　　影：付孟喜　祁文学　程佩龙　王建先　刘红兵
　　　　　　张喜喜　张　荣

前 言

2017年6月，中国老区建设促进会组织全国各地老促会启动编纂《全国革命老区县发展史》丛书，按照"建立中国共产党、成立中华人民共和国、推进改革开放和中国特色社会主义事业"三大里程碑的历史脉络，系统书写革命老区百年历史，深入挖掘革命老区红色文化资源，这对于充实丰富中国革命史籍宝库、在新时代传承红色基因、弘扬革命精神、强根固本，对于激励人们在新的历史条件下夺取中国特色社会主义伟大胜利，实现中华民族伟大复兴的中国梦具有重要意义。

丛书编纂以习近平新时代中国特色社会主义思想为指导，以《中国共产党历史》《中国共产党的九十年》等重要文献为基本依据，以党的领导为核心，以老区人民为主体，以老区发展为主线，体现历史进程特征，突出时代发展特色，坚持辩证唯物主义和历史唯物主义相统一、历史真实性与内容可读性相统一的原则，书写革命老区从站起来、富起来到强起来的光辉革命史、不懈奋斗史、辉煌成就史，把老区人民的伟大贡献、伟大创造、伟大成就、伟大精神充分展示出来，形成一部具有厚重历史特征和鲜明时代特色的精品力作。这是一部培根铸魂、守正创新，既为历史立言，又为时代服务，字里行间流淌着红色血脉、催生着革命激情的传世之作。丛书的编纂出版将成为讴歌党、讴歌人民、讴歌时代，传播红色文化，传承革命老区和老区人民奋斗精神的优秀读本。

丛书按照编年体与纪事本末体相结合，以编年体为主的编写体例确定框架结构；运用时经事纬、点面结合的方式记述史实；坚持人事结合、以事带人的原则处理人与事的关系；采取夹叙夹议，叙论结合，以叙为主的方法展开内容。做到史料与史论、历史与现实、政治与学术的统一,文献性、学术性、知识性相兼容。

为编纂好《全国革命老区县发展史》丛书,打造红色文化品牌,中国老区建设促进会认真组织、积极协调,提出政治立场鲜明、史料真实准确、思想论述深刻、历史维度厚重、时代特色突出、编写体例规范、篇目布局合理、审读把关严格、出版制作精良的编纂出版总要求,力求达到革命史籍精品的精神高度、思想深度、知识广度、语言力度,增强丛书的权威性和社会影响力。各省(区、市)、市(州、盟)、县(市、区、旗)老促会的同志,以强烈的使命感、责任感和紧迫感,勇于担当,积极作为,认真实施,组织由老促会成员、专家学者等参加的十余万人编纂队伍。编纂工作主体责任在县,省、市组织协调,有力指导,审读把关。各方面人员以高度负责的精神和科学严谨的态度,满腔热情地投入工作,为丛书编纂出版做出重要贡献。丛书编纂工作还得到党和国家有关部委、地方各级党委政府及有关部门的大力支持和积极参与,社会各界也给予热情帮助。中共中央政治局原委员、中央军委原副主席、原国务委员兼国防部长迟浩田上将,对老区人民怀有深厚感情,对革命老区建设发展十分关注,欣然为《全国革命老区县发展史》丛书作总序。

丛书由总册和1599部分册(每个革命老区县编纂一部分册)组成,共1600册。鉴于丛书所记述的史实内容多、时间跨度长和编纂时间紧,不妥之处,敬请批评指正。

中国老区建设促进会

总　序

在举国欢庆中华人民共和国成立70周年前夕，中国老区建设促进会王健会长请我为《全国革命老区县发展史》丛书作序。作为一名在老区战斗过并得到老区人民生死相助的老兵，我回首往事，心潮澎湃，感慨万千，深感义不容辞，便欣然应允。

中国革命老区，是以毛泽东为代表的中国共产党人在领导中国人民推翻帝国主义、封建主义和官僚资本主义三座大山，争取民族独立和人民解放伟大斗争中建立的革命根据地。在这片红色的土地上，诞生了无数可歌可泣的革命英雄儿女，为后人树起不朽的丰碑，革命老区是中华人民共和国的摇篮，是党和军队的根。

在艰苦卓绝的战争年代，老区人民把自己的命运与中华民族的命运紧紧地联系在一起，与中国共产党和人民军队的命运紧紧地联系在一起，他们生死相依，患难与共。我曾亲历过战争年代，并得到过老区红哥红嫂的救助，切身感受到发生在身边的一幕幕感天动地的革命故事，在那极其艰难的条件下，老区人民倾其所有、破家支前，不怕艰难困苦，不怕流血牺牲。"最后一碗米送去做军粮，最后一尺布送去做军装，最后一件老棉袄盖在担架上，最后一个亲骨肉送去上战场"，这是当时伟大的老区人民为建立中华人民共和国做出巨大牺牲的真实写照，它将永远镌刻在中国共产党、中国人民解放军、中华人民共和国的历史丰碑上。他们的光辉业绩永载史册，他们的革命精神必将影响一代又一代的革命新人，造就一代又一代的民族脊梁。

在社会主义革命和建设时期，革命老区和老区人民响应党的号召，面对落后的面貌、脆弱的经济、恶劣的生态环境，本色不变，精神不丢，自力更生，艰苦奋斗，干一行爱一行。始终坚持"革命理想高于天"，自觉做共产主义远大理想的坚定信仰者和忠实实践者，勇于向恶劣的自然环境和贫穷落后宣战，他们在各条战线上为国建功立业，用平凡的双手创造了一个又一个奇迹，彰显了老区人的崇高精神和人格力量。

在改革开放的伟大进程中，老区人民解放思想，勇于创新，发奋图强，攻坚克难，老区的经济社会建设取得辉煌成就。特别是在改变中国的面貌、中华民族的面貌、中国人民的面貌、中国共产党的面貌的伟大实践中发挥了至关重要的作用。老区人民既是改革开放的参与者，也是改革开放的推动者。

艰苦炼意志，危难见精神。老区人民在近百年的革命战争、社会主义建设和改革开放的伟大实践中，孕育形成伟大的老区精神：爱党信党、坚定不移的理想信念；舍生忘死、无私奉献的博大胸怀；不屈不挠、敢于胜利的英雄气概；自强不息、艰苦奋斗的顽强斗志；求真务实、开拓创新的科学态度；鱼水情深、生死相依的光荣传统。这是党和人民宝贵的精神财富、丰厚的政治资源，是凝心聚力、振奋民族精神的重要法宝，也是社会主义核心价值观的重要内容。

中国老区建设促进会怀着强烈的政治责任感和历史使命感，组织全国各地老促会克服困难，尽心竭力编纂《全国革命老区县发展史》丛书，记录老区的光辉历史和辉煌成就。传承红色基因，弘扬老区精神，是功在当代，利及千秋的一件大事。手捧这部丛书的部分书稿，读着书中的故事，倍感亲切，深感这部丛书具有资政、育人、存史的社会功能，有着重要的时代和历史价值。它是不忘初心、牢记使命的源头活水，是赞颂共产党、讴歌老区人民的一部精品力作，是弘扬老区精神、传承红色记忆的丰厚载体，是一项继承优秀传统文化、弘扬革命文化、发展社会主义先进文化、坚定"四个自信"的宏大文化工程。它必将成为一个文化品牌，为各界人士了解老区、宣传老区、支持老区提供有价值的研究史料。希望读者朋友们能从中了解并牢记这些为党和民族的利益不断奉献的老区人民，从中得到教益，汲取人生奋斗的精神动力。

新时代赋予新使命，新起点开启新征程。让我们更加紧密地团结在以习近平同志为核心的党中央周围，坚持以习近平新时代中国特色社会主义思想为指导，增强"四个意识"，坚定"四个自信"，做到"两个维护"，弘扬老区精神，铭记苦难辉煌。为实现"两个一百年"奋斗目标，实现中华民族伟大复兴的中国梦作出新的、更大的贡献！

迟浩田

2019年4月11日

序

中共曲沃县委书记　吴　滨

中共曲沃县委副书记、县长　孙惠生

"欲知大道，必先为史。"在全县上下喜迎党的二十大召开之际，《曲沃县革命老区发展史》一书完成编纂正式出版，这是我县贯彻落实习近平总书记关于传承红色基因指示精神的实际行动，是巩固拓展党史学习教育成果的重要举措，也是献给曲沃革命老区人民的珍贵礼物。

曲沃县同全国各地革命老区一样，有着厚重的红色底蕴和光荣的革命历史。自2017年中国老区建设促进会启动编纂《全国革命老区县发展史》丛书以来，我县编纂领导组、编委会和编辑部所有参与图书编纂的同志们，严格按照相关部署要求，满怀着对党的无限忠诚、对老区人民的深厚感情、对传承红色基因的使命担当，竭尽全力开展《曲沃县革命老区发展史》编纂工作，用心用情收集整理带有曲沃印记的红色故事，为社会各界了解曲沃、宣传曲沃、支持曲沃提供了有价值的研究史料。

"为历史立言、为时代讴歌、为发展聚力"，这是本书编纂的初心与愿景。全书共分8章56节，从曲沃县第一个共产党组织的创建写起，以时间为线索节点，再现了曲沃人民在漫长革命年代的斗争豪情和鲜活事例，也较完整地展示了曲沃人民传承红色基因、推进社会主义建设、践行改革开放、建设中国特色社会主义所取得的重大成就。特别是，客观全面记述了近年来全县广大党员干部群众牢记领袖嘱托、勇担时代使命，在全方位推动高质量发展的新征程上只争朝夕谋发展、矢志不渝惠民生、踏石留印抓落实的生动实践，既定格过去又昭示未来，真实展现了"求真务实、勇于担当、艰苦奋斗、开拓创新"的"曲沃作风"。

仰观天宇，时间更加深邃；俯身耕耘，未来无限可能。让我们在习近平新时代中国特色社会主义思想的指引下，继承光荣传统，赓续红色血脉，朝着"把曲沃打造成活力之城、幸福之城、奋斗之城"的目标，踔厉奋发、笃行不怠，以优异成绩向党的二十大献礼！

中共曲沃县委书记　吴　滨
县委副书记、县长　孙惠生

曲沃县革命老区发展史

中共太原地方执行委员会书记崔锄人（1926年）　　中共曲沃特委书记李哲人（1937年11月—1938年3月）　　曲沃县第一个农村党支部中共窑院支部书记王守仁

中共曲沃县委旧址——下陈村
（1938.7—1939.1）（1940.3—1942.8）

中共曲沃县委旧址——石桥堡村
（1942.8—1943.7）

曲沃县革命老区发展史

抗日战争时期，中共曲沃县委历任书记（代理书记）

刘裕民

席丙午

李顺天

宋先志

党永立

1937年12月，山西青年抗敌决死第三纵队在曲沃凤城兵营成立

解放战争时期，中共曲沃县委历任书记（代理书记）

陆　达　　　　　陈冰之　　　　　李顺天　　　　　曹素仁

参加解放曲沃战斗的将领

太岳部队司令员　王新亭　　　十一旅政委　刘　忠　　　十旅旅长　周希汉

十一旅旅长　李成芳　　二十四旅旅长　刘金轩　　十三旅旅长　陈　康　　二十三旅旅长　黄定基

曲沃县革命老区发展史

曲沃县革命老区发展史

太岳人民支援解放军攻打曲沃城

1947年4月15日晨，曲沃城被人民解放军攻克，战士们在城墙上欢呼胜利

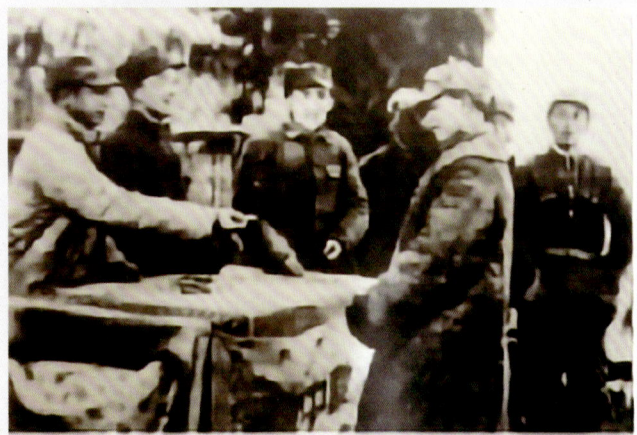
十三旅旅长陈康为战斗英雄王安国授旗

景明烈士陵园

曲沃农业战线上的全国劳动模范

王德合

常修文

张效兰

范雨昌

张贵本

浍河水库大坝与进水塔

曲沃县革命老区发展史

曲沃县革命老区发展史

千万吨级优特钢基地一角

充满活力的晋南钢铁集团

花园式工业园区一角

中条山新型建材有限公司生产区一角

湖光、水色、塔楼、太阳能板与莲池交相辉映

曲沃县革命老区发展史

晋之源里村红提葡萄园区

曲村现代农业示范园区

晋之源浍河北岸生态农业观光园区

晋殿悬冰

景明瀑布

诗经故里景区

曲沃县革命老区发展史

晋国博物馆全景

晋国博物馆全景

晋国博物馆群塑

晋国博物馆马车展示

桥山之巅黄帝庙

晋园

曲沃县革命老区发展史

顾园夜景

顾园

曲沃县革命老区发展史

绛园

申园

四牌楼

20世纪80年代，曲沃全县学校实现"一无两有"，荣获山西省政府授予的"兴学育人"牌匾

曲沃县革命老区发展史

曲沃高中

乐昌中学

曲沃县革命老区发展史

曲沃琴书表演

曲沃地方戏碗碗腔

郑家葫芦

郑平剪纸

推陈出新的扇鼓团体表演

县 情 概 况

曲沃县位于山西省南部,临汾盆地南端,隶属临汾市。史称"天府雄风,三晋重地",素有"桐叶封唐地、三晋发端处"之美誉,历史上曾是"武公据之以兴晋,文公依之而称霸"的晋国建都之地。

2018年,全县总面积437.3093平方千米,辖5镇2乡,149个行政村,常住总人口248020人,其中乡村常住人口141494人。境内交通便利、四通八达,同蒲铁路、108国道、大运高速纵贯南北,侯月铁路、阳侯高速横跨东西,曲沃是全国公路网密度最高的县份之一。

曲沃资源丰富。境内河流主要有汾河、浍河、滏河、黑河、天河,泉水有沸泉、西海温泉、太子滩温泉。全县共有12座中小型水库,总库容量17980万立方米,地下水可利用量约8800万立方米,地表、地下水可利用量达1亿立方米,是山西省少有的富水县之一。境内主要有铜、铁、钴、金、银、锌、铝矾土等金属矿产和石灰石、石膏、花岗岩、大理石等非金属矿产,其中,铁矿石总储量5000万吨;石灰石储量1000万立方米;石膏储量1000万立方米;煤炭探明储量5.7亿吨。

曲沃,人文历史积淀丰厚,源远流长。中国第一部诗歌总集——《诗经》的相当篇幅,即产生于此。明末清初三大思想家之一、著名学者顾炎武长期旅居曲沃东韩宜园,授业绛山书院,并在此完成鸿篇巨制《日知录》,留下了"天下兴亡、匹夫有责"的千古名句。

曲沃,自古以来无论是农耕时代,还是资本主义萌芽时期,都以物阜民丰而著称,这也是晋文化得以产生、形成和发展的基础。明万历年间,邑人张士英引进烟草种植。此后,烟草业作为曲沃的支柱产业,撑起曲沃经济的半壁江山,在山西乃至中国北方独领风骚数百年。鼎盛时期,烟草作坊达百余家,年产烟丝5000余吨。

曲沃,更是一个有着光荣历史的革命老区,是党和国家领导人彭真的家乡。彭真1922年离开家乡,1923年加入中国共产党,投身革命。1926年春,曲沃就产生了第一名共产党员孟广先,建起了中国共产党在曲沃的第一个组织——中共曲沃支部。全面抗战爆发后,又相继成立中共曲沃特委、中共曲沃县委,组织和领导曲沃及晋南地区的抗敌斗争,在这片红色的沃土上,留下了许多艰苦卓绝、可歌可泣的革命故事。

中华人民共和国的诞生,使这块古老的土地焕发了勃勃生机。改革开放,更让这里发生了翻天覆地的变化。党的十八大以来,曲沃县经济社会进入全新发展时期。县委、县政府团结带领全县干部群众,在习近平新时代中国特色社会主义思想的指引下,紧紧围绕实施"产业强县、城建靓县、文化立县"三大战略,加快建设"全省千万吨级优特钢生产基地、全国现代农业示范基地、全国晋文化研究开发基地",不断延伸拓展以建设工业五大园区、狠抓农业五大重点、推进城建十大系列工程、打造一条覆盖全县域的晋文化旅游线路、每年实施一批民生项目为内容的"551011"工程,全县经济和社会保持持续健康稳定发展的良好态势,连续多年在全市目标责任考核中名列前茅,4次被评为全省"县域经济发展先进县"。全县工业经济、农业经济、全域旅游、城乡建设、民生事业各个领域都得到新的发展。2018年全县地区生产总值完成101.68亿元，财政总收入完成10.07亿元，城镇常住居民人均可支配收入达到32489元，农村常住居民人均可支配收入达到15137元。曲沃县相继荣获"全国现代农业示范区""全国休闲农业和乡村旅游示范县""中国成语典故之乡"等20多张国字号名片。2018年11月，曲沃县被联合国地名专家组和民政部共同认定为"千年古县"。

在工业经济发展上，以推动产业结构由"一钢独大"向"多元壮大"转变为目标，以加快实施工业转型项目为抓手，全力打造千万吨级优特钢工业园区、国际陆港综合保税园区曲沃项目区、马庄科技创新园区、紫金山黄金产业园区、三星新型工业园区等五大工业园区，加快推进曲沃经济技术开发区建设，初步形成以钢铁为主导，装备制造、精密铸造、电商物流等联动发展的循环工业产业格局。其中千万吨级优特钢工业园区拥有全省最大的民营冶炼企业，具备年产800万吨钢、700万吨铁、700万吨材的生产能力，年产值达280亿元。2017年中国民营企业500强中，山西省共有5家企业上榜，曲沃的立恒公司和通才公司占据其中两席。

在现代农业发展上，坚持把现代农业园区建设作为发展农业经济，推动乡村振兴的着力点和突破口，大力推进以"晋之源"统一冠名的太子滩现代农业、曲村设施蔬菜、磨盘岭观光农业、里村红提葡萄、北董优质大蒜、浍河北岸生态农业、汾河滩涂循环农业、杨谈精品水果等八大系列精品园区建设，初步形成一条长50千米的生态农业旅游观光走廊，使全县各类高效农业得到高品质迅猛发展。2017年，曲沃县被授予"国家级出口食品农产品质量安全区""国家农产品质量安全县创建试点单位""山西省农产品质量安全县"等荣誉称号。2019年5月，成功举办首届中国山西·曲沃国际蔬菜博览会；11月3日，山西·曲沃黄河金三角水果蔬菜产业硅谷项目招商推介会在北京成功举行。

在全域旅游发展上，依托得天独厚的文化和文物旅游资源优势，坚持把文化作为立县之魂，积极整合全县文化旅游资源，逐步探索形成一整套契合曲沃历史文化根脉和旅游资源特点的全域旅游发展支撑体系，包括"从无到有、从有到优、从优到精"的"三步走"战略，"全景曲沃、全域旅游、全员参与、全民共享、全面发展"的"五全"理念，"六区四园一城一场"的"6411"发展布局等。围绕这一支撑体系，连续组织开展三轮长达12个多月的景区建设大会战，精心打造了景明诗经山水风景区、北董诗经故里田园综合体景区、晋殿悬冰景区、浍河水岸风光旅游区、磨盘岭观光农业旅游区、晋国博物馆旅游区、曲村古镇景区、桥山黄帝文化风景区、石桥堡红色旅游景区、朝阳沟旅游景区、太子滩温泉度假区、荷塘月色景区和晋园、申园、顾园、绛园等16个特色旅游景区，其中的多个景区被评为4A、3A和2A级景区。成功举办2017年、2018年、2019年三届全域旅游晋都行——六区四园文化旅游系列活动月，曲沃全域旅游实现"从无到有、从有到优"的前两步目标，正在"从优到精"的第三步征程上奋勇前进、加速奔跑。

在城市开发建设上，按照建设"大县城"的发展理念，大力推进总面积达3.6平方千米的东城新区开发，全面实施新区基础设施、公益服务、商务住宅等方面的十大系列30余项工程建设，先后完成新区三纵三横的道路框架以及晋园、晋都文化中心、购物广场等一大批基础设施项目建设。同时,围绕"一城三区、一体两翼"的城市发展思路,还加紧推进了中心城区综合改造和西城新区开发各项工作,县城建成区面积由原来的8.6平方千米扩大到现在的12平方千米。尤其是举全县之力、聚全民之智,全面掀起创建国家全域旅游示范区、国家卫生县城和省级园林县城、省级文明县城、省级环保模范城的"五城联创"活动热潮,全民参与、全民支持的创建氛围空前浓厚,省级文明县城创建工作取得圆满成功,曲沃被推荐为创建全国文明城市提名城市。2018年已创建成功省级园林县城,推荐进入全国卫生县城行列。随着省级平安建设示范县创建工作的启动实施,全县新一轮的"六城联创"各项创城工作迈上了向更高层次、更高质量奋进的新征程,全县人民群众拥有更多的获得感、归属感、自豪感。

在社会事业发展上,坚持把脱贫攻坚作为改善民生的重中之重,深入推进特色农业扶贫、光伏扶贫、旅游扶贫和电商扶贫工作。围绕广大群众关心、关注的社会热点、难点问题,不断加大投入力度,建设完成曲沃中学生活区、新乐昌中学、新职业中学、县人民医院门诊楼、县中医院住院楼、城市垃圾处理厂、污水处理厂以及保障性住房、城乡道路翻修新建等一大批民生项目,有效地促进了各项社会事业的健康发展。同时,大力开展生态环境治理攻坚行动,深入排查化解矛盾纠纷,坚决打击违法犯罪活动,广大人民群众安全感、满意度明显提升,全县呈现出政治稳定、社会安定、人民安居乐业的良好局面。

曲沃,多彩如画;曲沃,前程似锦。曲沃这个昔日的革命老区,正沐浴着新时代的阳光雨露,在全面建成小康社会的道路上阔步前行。

目 录

县情概况 / 1

第一章　早期革命活动
（1923.6 — 1937.7）/ 001

　　第一节　播撒革命火种 /001

　　第二节　曲沃县第一个共产党组织的创建 /002

　　第三节　曲沃早期共产党员 /003

　　第四节　九一八事变及对曲沃的影响 /007

　　第五节　中共曲沃支部的恢复 /008

　　第六节　红军东征到曲沃 /009

　　第七节　牺盟会在曲沃的活动 /011

　　第八节　曲沃县第一个农村党支部的创建 /014

第二章　全民族抗日战争
（1937.7 — 1945.8）/ 016

　　第一节　曲沃沦陷前后 /016

　　第二节　侯马火车站运送八路军开赴抗日前线 /018

　　第三节　中共曲沃县委的建立和发展 /020

　　第四节　曲沃统一战线和群众团体 /026

　　第五节　曲沃抗日武装的创建及发展 /030

　　第六节　山西青年抗敌决死第三纵队 /032

　　第七节　军民团结打击日军 /034

　　第八节　绵岭、秦岗阻击战 /038

第九节　隐蔽战线的斗争 /043

第十节　抗日先锋 /045

第三章　解放战争
（1945.9 — 1949.9）/063

第一节　中共曲沃县委的重新组建 /064

第二节　李信忠、苏文起义 /066

第三节　第一次攻打曲沃城 /070

第四节　开展反奸清算 /080

第五节　转战东山坚持斗争 /083

第六节　攻克曲沃城 /086

第七节　土地改革运动 /094

第八节　民兵武装 /101

第九节　扩军支前 /106

第十节　人民功臣 /118

第四章　社会主义革命和建设
（1949.10 — 1978.12）/130

第一节　农业社会主义改造 /130

第二节　手工业社会主义改造 /132

第三节　私营工商业社会主义改造 /132

第四节　烟草业发展历程及烟行改造 /135

第五节　浍河水库建设 /141

第六节　杨谈经验 /159

第七节　粮棉丰产典型 /163

第八节　农田水利基本建设 /164

第九节　全国劳动模范 /167

第五章 改革开放和社会主义现代化建设
（1979.1 — 2012.10）/172

第一节 拨乱反正与改革开放全面展开 /173

第二节 全国绿化先进县 /176

第三节 村村通三级油路全省第一县 /180

第四节 汾河治理 /182

第五节 建设三大基地 /189

第六节 教育事业健康发展 /213

第六章 中国特色社会主义新时代
（2012.11 — 2017.10）/221

第一节 民营经济强势崛起 /221

第二节 现代农业提质增效 /227

第三节 城市建设突飞猛进 /235

第四节 民生事业全面发展 /242

第五节 精准扶贫奋力攻坚 /258

第六节 全域旅游如火如荼 /263

第七章 革命历史遗址 /275

第一节 中共曲沃支部遗址 /275

第二节 中共曲沃县委旧址 /278

第三节 战斗遗址 /283

第四节 陈赓路居遗址 /287

第五节 革命烈士墓 /288

第六节 烈士陵园 /291

第八章　发展远景展望 /294

附　录 /297
　　中共曲沃县委(早期党组织)历任书记一览表 /297
　　曲沃县人民政府历任县长(县革委主任)一览表 /299
　　曲沃县"五类"重点老区行政村一览表 /301

后　记 /304

第一章　早期革命活动
（1923.6 — 1937.7）

1919年五四运动爆发与1921年中国共产党成立，对中国社会产生了巨大影响。随着全国工人运动、农民运动的兴起和反帝反封建斗争的开展，宣传新思想的马克思主义书刊开始在曲沃知识界传播，一些知识青年和学生要求进步、追求光明的思想开始萌发。中国共产党的组织在曲沃大地上播撒种子，开始发芽、生根、成长。

第一节　播撒革命火种

1919年夏，曲沃县第二高等小学堂学生傅懋恭（彭真）在新文化运动的影响下，经常和同学们一起上街宣传打倒列强、振兴中华、禁烟、禁赌、禁缠脚等新思想，利用假日到侯马镇附近的八卦亭、郭村、秦村等农村给农民演讲，进行反帝反封建的宣传。为了追求革命真理，1922年9月，彭真（傅懋恭）到太原省立第一中学求学。1923年冬，彭真（傅懋恭）在省立第一中学由中国社会主义青年团员转为中国共产党党员。1924年，彭真（傅懋恭）介绍在省立一中求学的曲沃同乡刘殿元（刘杰三）、拜克敬（拜子恭）和在省立国民师范求学的同乡秦国华（秦相亭）等加入中国社会主义青年团，并于1925年加入中国共产党。这期间,他们在放寒暑假返乡时,携带《新青年》《共产党》《平民周刊》等进步书刊,在同学、亲友间宣传新文化,传播新思想,揭露阎锡山当局的反动统治,号召群众反对封建地主对劳动人民的剥削与压迫。

1925年冬,中共太原地方执行委员会(简称中共太原地执委)书记崔锄人、执行委员王鸿钧到晋南开展建党工作。在曲沃活动期间,他们深入学校、农村,讲解"联俄、联共、扶助农工"的三大政策,宣传反帝、反军阀的革命道理,介绍上海、武汉、广州等地的工人运动和广东省农民运动情况,号召组织农民协会,进行减租斗争,保卫农民利益,开展农村大革命。他们的宣传,唤醒了部分曲沃青年的觉悟,扩大了中国共产党在曲沃人民中的影响。这期间,他们秘密介绍曲沃县第一高等小学堂青年教师孟广先、在瓷器店工作的张庆耀和席村农民李处人等加入中国共产党。

第二节　曲沃县第一个共产党组织的创建

1926年春,崔锄人、王鸿钧在曲沃县城创建曲沃县第一个共产党组织——中共曲沃支部,上属中共太原地方执行委员会领导,孟广先任支部书记。

1927年初,中共太原地方执行委员会派郭巨才(郭挺一)以晋南特派员的身份,到曲沃发展党员,整顿党的组织。2月,对中共曲沃支部进行改组,耿玉堂(耿誓,曲沃县西杨村人,后依附阎锡山,当过高小校长、民大四分校教官,后随阎锡山去了台湾)任支部书记,党支部设在西杨村。主要任务是发动农民反对封建、反对苛捐杂税,动员妇女抵制缠脚,开展反对乡村地主豪绅的斗争。第一次国共合作期间,中共曲沃支部全体党员曾以个人名义加入中国国民党。

1927年4月12日,蒋介石在上海发动反革命政变,宣告国共两党第一次合作失败;7月15日,汪精卫在武汉作出了关于"分共"的决定,至此,第一次国共合作正式结束。山西的国民党右派在太原成立"清党委员会"(后称清共委员会),阎锡山积极配合大搞"清党"反共活动,蒋阎合流,大肆缉捕、杀害共产党人。中共曲沃支部遭到严重破坏,曲沃的9名共产党员,有的被捕、有的消极脱党,到1928年2月,仅剩下3名党员,党的活动被迫转入地下。

1928年12月,中共曲沃支部书记耿玉堂被捕。几经敌人破坏,到1929年5月,中共曲沃支部停止活动。

第三节 曲沃早期共产党员

曲沃籍最早的共产党员——彭真

彭真,原名傅懋恭,乳名篮儿。1902年10月12日(清光绪二十八年九月十一日)生于山西省曲沃县侯马镇(今侯马市)垤上村一个贫苦农民家庭。

在学生时代立字敬之,别号温卿。

参加革命后,曾用傅茂公、傅春雷、春雷、炜实、老魏、老沈、老高等化名。1937年4月,改名为彭真。

1916年,进入本家傅英海在垤上村办的私塾学习。

1918年秋,在曲沃县立第二高等小学堂一年级第五班学习。

1919年,五四运动爆发,学生自发组织起宣传队,大家推选彭真为宣传队队长。其后,他组织学生上街演讲,到侯马镇的郭村、秦村等地向农民和市民进行宣讲。

1920年春,当选为二高学生会书记(相当于后来的学生会主席),撰写《禁烟》《禁赌》《禁缠脚》等文章。

1922年,考入省立一中,编入旧制中等科第三十四班。就读期间,参加由太原团地委组织发动的反对省立一中校长魏日靖的斗争,在斗争中结识了校友贺昌等青年团员和进步同学。

1923年5月5日,在省立一中由张培麟、李毓棠介绍加入中国社会主义青年团。同年冬,由高君宇和太原团地委书记李毓棠介绍加入中国共产党,组织关系隶属中共北京市执行委员会。彭真为曲沃籍最早的共产党员。

1924年,山西省第一个共产党组织——中共太原支部在省立一中成立,张叔平、李毓棠、彭真任支部负责人。5月,彭真被选为新成立的平民教育运动委员会委员长。9月,彭真被选为省立一中学生会主席。12月,彭真任太原国民会议促进会秘书。

1925年3月,任中共太原支部书记。

1926年,彭真作为正太铁路总工会代表,出席在天津召开的第三次全国铁路工人代表大会。他先后组织领导了石家庄和天津纱厂工人斗争。

大革命失败后,彭真先后担任中共天津市委代理书记、书记,中共顺直省委(当时领导北平、河北、山西、山东、察哈尔等省市党的工作)常委、组织部部长、代理书记。

彭真是中国共产党在北方的主要领导人之一。

1929年,由于叛徒出卖,彭真在天津被捕,遭受酷刑摧残,坚贞不屈,组织被捕同志与叛徒、敌特进行斗争,减少了党的损失。在狱中秘密组织党支部,任支部书记,组织学习、宣传共产主义,开展各种形式的斗争。

1935年出狱后,任中共天津工作组负责人,组织、领导天津各界群众开展抗日救亡运动。

1936年,任中共北方局代表、组织部部长,并直接领导中华民族解放先锋队总队部。

1937年5月,彭真作为白区代表团主席,参加在延安召开的党的全国代表会议,任大会主席团成员。

七七事变后,彭真参与部署党在北方地区开展游击战争,创建抗日根据地的工作。

1937年7月下旬至8月,彭真作为中共中央北方局负责人之一,根据中共中央关于把平津的党组织和进步学生进步人士撤出的决定,从延安出发由云阳经西安、侯马到保定。经过侯马时,回到垤上村看望父母和亲友,住了一夜。告诉家人自己在一家报馆工作,让家人放心。在垤上村和群众座谈,并接见了本村小学教师孙礼(在解放战争时期任曲沃县民主政府县长),送给他《打倒日本帝国主义》和《全民动员起来救国救民》两本小册子。

1941年5月,赴延安,历任中央党校教务长、副校长,中央组织部部长,中央城市工作部部长。

1945年4月至6月,在党的七大上当选为中央委员,在七届一中全会上当选为中央政治局委员。8月23日,被增补为中央书记处候补书记。9月,赴东北,任中共中央东北局书记、东北民主联军政治委员。

1947年7月,回到中央,以中央政治局委员身份指导晋察冀工作。

1948年5月,任中央组织部部长、中央政策研究室主任。12月,兼任中共北京市委书记,连任至1966年5月。

1949年9月,彭真作为中国共产党的代表之一,参加中国人民政治协商会议第一次全体会议,当选为全国政协委员、中央人民政府委员。

1952年2月,当选为北京市市长,连任至1966年5月。

1954年9月,当选为第一届全国人民代表大会常务委员会副委员长兼秘书长。12月,当选为全国政协副主席。

1956年9月,在中共八大上当选为中央委员,在八届一中全会上当选为中央政治局委员、中央书记处书记。

1966年5月,在中央政治局扩大会议上受到错误批判,被撤销党内外一切职务。

1979年2月,中共中央为彭真平反,任全国人大常委会法制委员会主任。6月,被补选为全国人大常委会副委员长。9月,在中共十一届四中全会上增补为中央委员,当选为中央政治局委员。

1980年1月,任中央政法委书记。

1983年6月,在第六届全国人民代表大会第一次全体会议上当选为全国人民代表大会常务委员会委员长。

1988年,退出党和国家领导岗位。

1997年4月26日23时06分,彭真因病在北京逝世,享年95岁。

曲沃县最早的党组织书记——孟广先

孟广先(1902—1927.8),原籍河南濮阳,后迁住曲沃听城村。1902年出生,1914年读私塾。

1920年,到曲沃县第一高等小学堂(现曲沃中学)读书,受五四运动的影响,要求进步、追求光明的思想开始萌发。他和同学们一起在县城街头和乡下进行爱国主义宣传,深刻的社会实践使他成为一名关心人民的有志青年。

1923年,考入曲沃县师范讲习班,学习刻苦,成绩优秀,业余时间如饥似渴地阅读《新青年》《共产党宣言》等革命进步书刊,认识到只有马克思主义才是救国救民的真理。毕业后,他没有继续求学,而是到曲沃县第一高等小学堂任教。

1925年冬,中共太原地方执行委员会书记崔锄人、执行委员王鸿钧到曲沃开展建党活动。通过工作和实践,秘密介绍孟广先加入中国共产党。1926年,崔锄人在曲沃县城(现曲沃中学)创建了中共曲沃支部,上属中共太原地方执行委员会领导,孟广先为支部书记。

1927年2月,孟广先调安邑工作。

1927年4月12日,蒋介石在上海发动反革命政变,在晋南地区,刚刚兴起的工农运动也被残酷地镇压。

1927年8月,在特派员郭巨才的领导下,孟广先发动学生、农民上千人,在安邑城北八蚱庙召开大会,不料,遭到反动当局的镇压。孟广先与反动当局展开说理斗争,遭到反动当局的枪杀,时年25岁。

第四节 九一八事变及对曲沃的影响

九一八事变后,中日民族矛盾日益激化,全国出现了抗日民主运动的有利形势。东北各抗日武装同日本侵略军英勇斗争,活跃在白山黑水、林海雪原;上海工人罢工、学生罢课,全国各地学生代表向国民党政府请愿;民族资产阶级要求国民党政府停止内战,一致抗日;宋庆龄、蔡元培等组织中国民权保障同盟,要求国民党释放政治犯;驻上海的第十九路军爱国将领蔡廷锴等率部奋起迎战,抗击日军;赵博生、董振堂率部举行"宁都起义",参加红军,全国抗日浪潮日益高涨。省城太原各校师生都组织起来,走上街头,深入农村,宣传抗日。临汾、曲沃、侯马各校师生也纷纷走上街头,深入农村,宣传抗日,张贴标语,抵制日货,组织募捐,演唱歌曲,极大地激发了曲沃人民的抗日热情。

总之,九一八事变后,曲沃人民和全国同胞一样从沉睡中惊醒,清楚地看到大片中华河山被日本侵略者吞没,门户被打开,同胞被蹂躏。唯有振作精神,抵御外侮,精诚团结,一致抗日,才是中华民族正确的出路。

第五节　中共曲沃支部的恢复

1932年初,中共河东中心县委(中共河东特委委员嘉康杰兼任中共河东中心县委书记)委派关中廷秘密到曲沃发展党员,建立组织,进行党的活动。

1932年3月,中共曲沃支部在西杨村成立,上属中共河东中心县委领导,党支部书记赵赤牛(1932.3—1933.3)、孙光烈(1933.3—1935.9),史玉凤为组织委员,宗花为宣传委员。这期间,主要任务是护送过往同志,向农民、学生、天主教徒进行农民运动和抗日救国思想宣传,与关中廷单线联系。

1935年9月,关中廷在绛县被捕,中共曲沃支部和上级失去联系,停止活动。

附:曲沃最早的农民党员——赵赤牛

赵赤牛,河南省密县人,1900年生,佃农,在曲沃县西杨村种菜。

1932年春,中共河东中心县委负责人嘉康杰为打通中条山与吕梁山之间的联系,派农民协会负责人关中廷秘密到曲沃恢复、发展党组织。关中廷以天主教修道院教师的身份为掩护,在传教过程中,进行抗日救亡宣传。在西杨村菜地里经常和赵赤牛交谈,知道他出身很苦。经考查、培养,发展赵赤牛加入中国共产党。

第六节　红军东征到曲沃

1936年4月5日(农历三月廿四),中国人民红军抗日先锋军红一军团二师五团所属4个连,东渡黄河后,由襄陵到曲沃,攻占了侯马、高显。

4月15日,红军进驻侯马镇,布告安民,向群众宣传抗日救国的革命道理。着装朴素的红军纪律严明,买卖公平,对工商业者秋毫无犯。农村好多老百姓都纷纷跑到侯马去看望红军,问长问短,军民亲如一家。为了进一步动员群众,红军还组织了工作队深入垤上、张少、大南庄、东张寨、苏村等农村张贴抗日先锋军布告、刷写标语、召开群众大会、宣传抗日救国道理、教唱《义勇军进行曲》、打击土豪、开仓救济、筹资筹饷、扩大红军等,受到群众的热情接待。分到粮食的群众含着眼泪说:"红军真是穷人的救星,人民的队伍!"曾有"红军个个有精神,提刀跨马到苏村,苏村村小难安排,把马一拍到张寨"的赞歌。

4月16日后半晌,红二连从高显村西铁路边的冠牛坡向高显城走来。他们身穿粗布灰军装,头戴灰色八角帽,每人的帽子上缀着一颗鲜红的五角星,个个精神抖擞,表情坚毅。红军战士衣着单薄,但他们不住民宅,全部住在学校里。战士们放下背包,分头进行抗日宣传,满城贴布告、刷标语。他们对劳苦百姓如同亲人,说话和气,态度诚恳,问寒问暖,耐心讲解抗日救国的道理,动员大伙儿拥护中国共产党的主张,说服富人为抗日出钱出力。老百姓耳闻目睹红军的言行,感到红军说的都是老百姓心里想的,红军做的都是老百姓所要求的。许华臣、徐子宽等5户财主家的衣物,地主黄温堂、许富升家50多石麦子,以及堵城门用的5万多斤粮食,被红军集中在小学校里,发放给贫苦群众。多少年来,一直生活极为困苦的农民,第一次得到这么多的粮食,他们眼里饱含着泪花,激动地说:"红军真是救命恩人啊!"红军的医生多次登门给村民看病,态度和蔼。红军严格执行党的团结一切可以团结的同盟者的政策,对工商业者给予保护。

红军以自己的言行给老百姓送去了一股春风,虽然只是短暂的相处,却使长期以来阎顽政府对共产党、红军的造谣、诬蔑等各种谣言不攻自破。在军民关系如鱼似水的情况下,红军开展了"扩红活动"。高显完小的学生们听了红军战士们讲解抗日救国道理后,群情激昂,决心投笔从戎,不少学生毅然报名参加红军。在高显完小读书的西里村赵天青、给财主黄温堂打短工的13岁农民张随娃以及赵金丁等60多名血气方刚的小伙子加入红军,走上革命道路。

4月18日下午,红军奉命离开高显到侯马集中,乡亲们恋恋不舍地送到村外挥手告别。从此以后,人们心里一直想念着红军,希望红军早日返回高显。

据不完全统计,红军仅在曲沃、侯马就筹款3400元。

4月20日,中央命令红军回师陕北。当日,红军与国民党汤恩伯部两个团,在隘口激战到傍晚,由一个骑兵班断后掩护,西渡汾河,回师陕北。

红军的种种革命行为赢得了广大群众的热烈拥护和衷心爱戴。红军点起的抗日烽火在曲沃大地上熊熊燃烧,播下的革命种子在曲沃人民心中生根、发芽、开花、结果。从此,曲沃人民开始觉醒了,深深认识到只有共产党领导的红军才是自己的队伍,只有红军的道路才是彻底翻身解放的道路。这为以后曲沃共产党组织的建立和抗日斗争的开展打下坚实基础。

第七节　牺盟会在曲沃的活动

临时村政协助员

1936年9月18日,山西省牺牲救国同盟会(简称山西省牺盟总会、山西牺盟会或省牺盟会)成立,以纪念九一八事变,志在抗日救亡。11月3日,一直颇受阎锡山看重的山西人薄一波受邀来到太原,接管牺盟会,薄一波立即对牺盟会进行改组。改组后的牺盟会,成为中国共产党领导的抗日救亡组织。12月,牺盟会为了广泛发动群众抗日救亡,在太原招收进步小学教员、中学毕业生1000多人,经过10天的学习训练,以临时村政协助员的名义分配到全省各县,发展牺盟会员,建立牺盟组织。

1937年1月,葛旺塘(葛望堂)带领石国柱、李敏良、李春华等18名临时村政协助员来到曲沃。为了唤醒农民的觉悟,葛旺塘等广泛地向农村各阶层人民进行抗日救国宣传。他们首先以牺盟会总纲"不分派别、不分男女、不分职业,只要不愿做亡国奴的人们一起动员起来,积极参加一切救亡运动"的精神,耐心给群众讲解;把日军残杀人民,抢掠财物的漫画、图片贴在城关各街头和乡村显要处的墙壁上。新春佳节,组织群众书写和张贴以抗日救亡为内容的春联,使家家户户出门入室都可以受到抗日救国教育。尤其在元宵节期间,临时村政协助员李春华、李敏良等人,组织一、三、五区进步青年编演了各种形式的节目,在城关街头进行抗日宣传,很受群众欢迎。

经过深入宣传发动,一些有文化、有血气、有爱国心的群众,都纷纷参加牺盟会,在全县范围内掀起一个空前的抗日救亡高潮,要求抗日的呼声遍及城乡。广大知识青年和小学教员,为救国投笔从戎,纷纷报考国民兵军官教导团,500多名青年集中在县牺盟会大院内,参加了国民兵军官教导团的招生考试,经过严格筛选,192名优秀知识青年被光荣录取,奔赴寿阳学习训练,编为国民兵军官教导十团,团长是李冠军(阎锡山旧军官),政训主任戎伍胜(戎子和,中共党员)。

同年4月,葛旺塘等在回太原之前,发展王守仁、王发财、席星斗、马浩天、王金山等为各区牺盟会村政协助员,继续开展牺盟会工作。牺盟会成为农民利益和希望的代言人和组织者。农民把自己的利益和要求跟牺盟会紧紧结合在一起,他们不仅要求抗击日本帝国主义的侵略,还要求"消除社会不平等""制裁坏官、坏绅、坏人",与村长清算账目,废除和减轻沉重的苛捐杂税,沉闷的曲沃开始变样了。

曲沃牺盟会

1937年6月底,中共党员刘裕民、武之城以曲沃牺盟特派员的身份,带着阎锡山授予的监督县长和县政府的特权来到曲沃,实际是中共山西省工委派驻曲沃的工作组。他们到曲沃后,在县城秘密成立中共曲沃支部,首先对区、村牺盟组织进行整顿,成立山西牺盟会曲沃分会(简称牺盟曲沃分会或曲沃牺盟会),在其内部建牺盟党团,刘裕民任党团书记(后为樊振华,即樊逸民),这样,从组织上保证了党对牺盟会的领导。他们积极执行党的统一战线政策,以牺盟会的名义开展共产党的工作,为共产党组织在曲沃的发展做了准备工作。

接着,牺盟曲沃分会向各区派遣了牺盟特派员,工作中贯彻党的抗日民族统一战线政策,团结开明人士,改造旧政权,宣传合理负担,进行减租减息,打击在乡村为非作歹的豪绅恶霸,调动了农民抗日救国的积极性,全县牺盟会员发展到一万多人。

牺盟曲沃分会在县、区、村分别建立了工、农、青、妇救国会,有的区、村还成立了自卫团(队)。10月初,牺盟曲沃分会在杨谈组建了曲沃县抗日游击队(后编为曲沃人民武装自卫支队第二大队),11月,协助八路军扩军工作团完成扩军5000人的任务,还动员400多名曲沃青年参加山西抗敌决死队。

1937年11月6日,公布了阎锡山同意并签署的《山西民族革命十大纲领》。它是山西地区的抗日纲领,是共产党和阎锡山在抗战中合作与斗争的政治纲领,这个纲领对山西抗战形势的发展起了重要作用,是共产党在山西统战工作的重大胜利。

1938年3月,曲沃沦陷,牺盟会的工作转入地下,牺盟会机关设在自卫队(二大队内),活动在曲沃、翼城、绛县一带,打击日伪政权,伏击日军汽车,组织群众破坏公路、铁路,进行敌后游击战争。到1938年底,自卫队第二大队发展到500多人,活动范围遍及全县,保护了人民生命财产,打击了日军的嚣张气焰。

牺盟曲沃分会先后上属牺盟曲沃中心区、牺盟翼城中心区、牺盟夏县中心区领导。

牺盟会掩护了中国共产党的活动,为党组织的发展创造了条件。曲沃牺盟特派员刘裕民、武之城、席炳午、卫光荣都是中共曲沃县委主要负责人,他们在上级党组织的领导下,通过牺盟会的活动发展党员,建立党的组织,贯彻党的政策,开展党的工作。到"晋西事变"发生时,曲沃已有3个中共分区委,11个农村党支部,19个党的独立小组,党的活动遍及全县,为革命培养了一大批骨干。

"晋西事变"后,中共曲沃县委书记、曲沃牺盟特派员卫光荣被阎属曲沃县政府派特务暗杀,曲沃牺盟会停止活动。

第八节　曲沃县第一个农村党支部的创建

1936年,东征红军在曲沃播下抗日火种,曲沃人民开始觉醒了。

1937年2月,曲沃县南阳村(亦作南杨村,现属侯马市)小学教师王守仁加入牺盟会,经常参加牺盟会的活动,接触到进步思想,逐步树立起抗日救国的思想。

4月,王守仁被吸收为牺盟会村政协助员,分配搞学校运动。为了联络进步教师和知识青年共同抗日,王守仁根据组织安排,召集曲沃县立师范学生,东韩、西韩、南吉、安吉、凤城、窑院、城小小学教师傅望、郭世祥、雷晓山、杜日升、王发财、史天顺等20余人,成立"曲沃浍川读书研究会",大家推举王守仁为会长。主要活动是:定期集中学习进步书刊,分析研究抗日救亡形势,组织青年参加抗日救亡运动,教育青年学生热爱祖国,不当亡国奴。他们在曲沃牺盟会的指导下,经常组织知识分子和青年学生走上街头张贴标语,演出街头小剧,进行抗日宣传,号召人民群众参加牺盟会,开展抗日救亡活动。

1937年7月,王守仁、王发财、杜日升经刘裕民、武之城介绍加入中国共产党,不久创建了中共窑院支部——曲沃县第一个农村党支部,王守仁任支部书记,"曲沃浍川读书研究会"停止活动。

第二章　全民族抗日战争
（1937.7 — 1945.8）

1937年7月7日，日军挑起震惊中外的七七事变（又称卢沟桥事变），开始了全面侵华战争。七七事变的第二天，中国共产党中央委员会就通电全国，呼吁："全中国的同胞们，平津危急！华北危急！中华民族危急！只有全民族实行抗战，才是我们的出路！"中华民族全面抗战开始了！曲沃人民在中国共产党的号召下，投入全民族抗日救亡运动中，热血青年参加了八路军等抗日武装，中共曲沃地下县委领导民众与日本侵略者展开了艰苦卓绝的斗争。

第一节　曲沃沦陷前后

1937年6月，山西牺牲救国同盟会向全省各县派遣了牺盟特派员，共产党员刘裕民、武之城被任命为曲沃县牺盟特派员，到曲沃开展工作。当年9月，曲沃牺盟中心区成立，曲沃牺盟会在曲沃牺盟中心区的领导下于曲沃沦陷前后做了大量工作。

首先是发动群众救亡。为了唤起民众，县、区、村各级牺盟会集中力量，进行了轰轰烈烈的抗日救亡活动。他们运用出墙报、画漫画、写标语、散传单、教歌曲等形式，宣传《抗日救国十大纲领》，讲解"有钱出钱，有粮出粮，有力出力，合理负担"的道理。县牺盟会办起《抗战旬报》，宣传中国共产党的抗日民族统一战线政策，介绍前线抗战和曲沃救亡情况。县牺盟特派员刘裕民、武之城在县城亲自举办反对日军侵略中华演讲会，向进城赶集的群众讲解建立抗日民族统一战线的意义，揭露日军杀人放火的残暴罪行。

其次是进行减租减息工作，提高贫苦农民抗日救国的积极性。县牺盟会配合区、村牺盟会，用"和平谈判"的形式，同地主老财进行说理斗争，把债主、债户们叫到一起，讲解减租减息全民抗战的道理。通过说服教育，取得了很好的效果，许多债户、债主都在书面上签了字，双方都愿意认真执行。对于恶霸地主，则采取坚决斗争的方式，使他们欺压百姓的行为有所收敛。

三是建立农民武装，开展游击战争。牺盟会的工作全面展开以后，按照特派员刘裕民的指示，席炳午和席星斗等到曲沃县北山一带的杨谈去组织农民抗日武装。一经串联发动，李生祥、马玉山等几十名进步青年便热情报名，积极参加，就这样，打起了曲沃抗日游击队的旗帜。不久，在各村牺盟会的发动下，曲沃人民第一支抗日武装便成立起来，不过月余，队伍发展到70多人。为了增强游击队的战斗力，刘裕民还从部队请来了两名八路军战士，对游击队员进行了政治教育和军事训练，提高队员们的战斗素质。

1938年2月，曲沃沦陷之前，根据山西省抗战总动员实施委员会的决定，由县牺盟会出头，把县政府、公安局工作人员和原来的人民武装自卫队合编为曲沃县人民武装自卫支队。自卫支队下设两个大队，其中二大队始终是在牺盟会的领导之下，大队内建有中国共产党支部。

1938年3月,曲沃沦陷后,二大队从翼城冷泉村返回,在五区一带,依靠地利、人和等有利条件进行游击战争。4月,在杨谈村打响反侵略战斗的第一枪,打死日军9名,缴获战马一匹。以后又配合决死三纵队进行过无数次的破袭、阻击等战斗,大长了曲沃人民抗击日军的斗志。

曲沃沦陷以后,中共曲沃县委利用曲沃县牺盟会,组织各阶层力量,形成抗日民族统一战线,承担起广泛发动群众,建立武装自卫队等方面的重大责任,成为抗战时期的核心力量。在中国共产党的领导下,曲沃人民在黑暗中觉醒,奋起抗争,勇于拼搏,同日本帝国主义进行了殊死斗争。

第二节　侯马火车站运送八路军开赴抗日前线

1937年8月25日,中国工农红军改编为国民革命军第八路军,下辖第一一五师、第一二〇师、第一二九师,共3个师。在中国共产党的领导下,八路军奔赴抗日前线,与日军展开殊死斗争。

从8月底到10月初,八路军总部及3个师主力由陕西韩城芝川镇东渡黄河,在曲沃县侯马镇乘火车,途经高显北上,开赴山西抗日前线。

这是八路军第一次大规模运送部队,侯马火车站成为人民军队历史上首次铁路大运兵的起点。

8月30日,八路军第一一五师三四四旅和师直属独立团近5000人,在师长林彪、政训处主任罗荣桓等的率领下,从陕西韩城芝川镇渡过黄河,9月4日抵达曲沃县侯马镇,8日乘火车北上。当时正下大雨,部队只好在侯马停留。期间,战士们组成宣传队，高唱革命歌曲，宣传抗日救国。曲沃三区牺盟会徐力之等在侯马火车站设"劳军站"，慰问抗日将士。

9月3日，第一二〇师8000名将士在师长贺龙、政训处主任关向应等率领下，从陕西韩城渡过黄河，12日到曲沃县侯马镇，乘火车北上开赴抗日前线。在离开侯马时，受到当地群众的热情欢送。其中三五九旅民运科科长曾涤留在侯马扩军，半月时间就有千余名曲沃及周边地区的热血青年参加八路军。

9月15日，朱德、任弼时、左权等率领八路军总部（此时改成第十八集团军总部）东渡黄河，19日抵达曲沃县侯马镇，乘火车北上。当部队途经曲沃县侯马、高显等地时，受到人民群众的热烈欢迎。恰值中秋佳节，曲沃县牺盟会特派员刘裕民、武之城等牺盟会负责人组织群众在侯马、高显等火车站设"劳军站"，发动群众给部队送棉衣、棉鞋、烙饼、鸡蛋等，慰劳抗日将士。朱德总司令在侯马火车站发表重要讲话，宣传共产党的抗日救国方针。

10月6日，第一二九师先遣队（师指挥部、七六九团，共3000人）在师长刘伯承的率领下，从陕西韩城芝川镇渡过黄河，9日下午到曲沃县侯马镇，乘火车北上，向太原进发，沿途受到群众的热烈欢迎和慰问。一二九师政治部副主任宋任穷和黄镇带领宣传队到曲沃县牺盟会，听取特派员刘裕民的工作汇报，临走时留下大量抗日宣传品。

八路军北上抗日途经曲沃，激发了曲沃人民投身中国共产党领导下的抗日救亡运动的积极性。在曲沃党组织的领导下，工人救国会等抗日群众团体动员社会各界参加抗日战争和救亡活动，为八路军战士捐献和缝制衣物，开展慰问活动，积极为八路军进行扩军宣传。沿途各个"劳军站"为将士们送水、递毛巾,组织群众高呼抗战口号,高唱抗日救亡歌曲,为抗日将士们鼓劲加油。

八路军北上抗日途经曲沃,点燃了曲沃人民的抗日热情,增强了人民群众必胜的信心。北上抗日的八路军先头部队,不久即在晋北前线首战平型关,取得了歼敌1000余人的辉煌战绩,极大地鼓舞了正在北上抗日的八路军后续部队。平型关大捷的消息,传遍了中国大地,在民族存亡的危难时刻,听到八路军首战告捷的喜讯,人民无不欢呼雀跃。曲沃党组织和积极抗日的社团组织,大力宣传平型关大捷的重大意义,宣传八路军将士抗日救国的牺牲精神和共产党员的先锋模范作用,增强了人民群众抗战必胜的信心。广大青年和学生激情迸发,踊跃参军,告别亲人,奔赴抗日前线。曲沃县就有400多名青年参加决死队,出现了"父送子,妻送郎,兄弟争相参军打东洋"的热烈场面。县城同知巷王文宣老人把三个女儿、三个儿子全部送往决死队。

八路军北上抗日途经曲沃,产生了极其深刻的政治影响,有力地促进了曲沃抗日活动的开展。八路军北上后,在曲沃相继建立了中共曲沃特委、中共曲沃县委和一批基层党组织(党支部)以及游击队、自卫队等抗日武装,群众抗日热情空前高涨,抗日救亡运动掀起高潮。

第三节 中共曲沃县委的建立和发展

1937年6月,山西牺牲救国同盟会响应毛泽东主席"为争取千百万群众进入抗日民族统一战线而斗争"的号召,向全省各县派遣了牺盟会特派员。共产党员刘裕民、武之城被任命为曲沃县牺盟会特派员。9月,曲沃牺盟中心区成立。刘裕民、武之城根据山西省工委的指示,首先在县城成立中共曲沃支部,刘裕民任支部书记。

1937年11月,中共曲沃特委书记李哲人在县城创建中共曲沃县委,县委书记为刘裕民,县委机关驻牺盟会机关内,上属中共曲沃特委领导。1938年3月,日军侵入曲沃,中共中央北方局决定,中共曲沃特委、中共河东特委、中共豫北特委、中共冀鲁豫边省工委合并为中共晋豫边特别委员会(简称中共晋豫特委),中共曲沃县委属中共晋豫特委领导,下辖第三、五区分委及曲沃人民武装自卫队总支部,县委机关隐蔽在曲沃人民武装自卫队内,领导曲沃人民武装自卫队进行敌后游击战争。1938年6月,中共曲沃县委改属中共晋豫特委之翼城中心县委领导,县委机关转移到沁水县王寨村,席炳午任县委书记,不久,席炳午驻下陈村开展工作。1939年初,卫光荣任中共曲沃县委书记,县委机关转至翼城县开化沟。在非常困难的情况下,县委组织党员和牺盟会员,经常深入敌后开展工作,在曲沃二、四、五区,根据《抗日救国十大纲领》精神,宣传合理负担,动员地主减租减息,发动群众对顽固分子进行斗争。11月,中共曲沃县委改属中共中条地委领导。在国民党顽固派制造的第一次反共高潮中,随着阎锡山反共降日的危机日益逼近,县委对党员进行了坚持抗战、团结、进步,反对投降、倒退、分裂的教育,做好了应对突然事变的准备。12月,阎锡山突然发动"晋西事变",期间阎属曲沃县政府对中共曲沃组织突然袭击,中共曲沃县委书记、曲沃县牺盟会特派员卫光荣于1940年2月10日被特务杀害,曲沃牺盟会停止活动,党的工作转入秘密状态。此间,因绛县形势恶化,中共绛县县委机关迁至东贺村(1940年9月在曲沃县东贺村建立中共翼城路南县委),中共翼城中心县委暂定曲沃县第二区党的工作由中共绛县县委分管。1942年初,中共绛县县委机关迁回至回马岭,二区党的工作由五区分委管辖。

1940年4月,席炳午暂时负责中共曲沃县委工作。这一年年初,他参加中条地委在翼城县古桃园村召开的"古桃园会议"之后,经过慎重考虑,觉得还是把县委机关放在下陈村比较好。其原因,一是下陈村村子穷,破破烂烂,外观极不显眼,易于隐蔽;二是村子小、人口少,好掌握;三是这里群众基础好,党的力量强。基于这些原因,他决定离开暂居的焦庄村,到下陈村定居,并把县委机关也安在下陈村。

下陈村党的基础力量的成长与发展是经历了一个过程的。早在1938年之前,已经是地下党员,经常在外地借演唱眉户剧进行秘密活动的赵丕显突然回到村中,到居住在西头巷的杂姓人群中秘密串联,发展党员。1938年初,第一批先发展了贾启明、赵协盛入党;继之,由贾启明发展蒋玉梅、赵协盛发展秦涌川入党。2月,即建立起党支部,选举贾启明为支部书记,秦涌川为组织委员,赵协盛为宣传委员。5名党员组成一个战斗集体,成为村子里穷人们的依靠。随后,赵丕显又介绍赵龙殿入党,秦涌川介绍郝玉森入党。至此,下陈村的基层党组织力量不断壮大,形成一个红色的战斗堡垒。

席炳午到下陈村后,先住在赵龙殿家里。赵龙殿家中除了自己外,只有一个男孩,父子相依为命,席炳午住在这里生活较为方便。不久,翼城县县长李丙辰的爱人陈英,还有翼城中心县委书记席荆山及柴泽民等许多人随县委在此"隐居"。县委机关刚入住,席炳午同下陈村党支部研究,决定让赵龙殿以送陈英走亲戚的名义,到安泽县的岳阳根据地去寻找部队。在岳阳,赵龙殿找到原夏县牺盟中心区秘书王竟成。经王竟成联系,与上级领导接上了关系。他们回来时,带回了上级组织的指示。不久,上级派杨蔚屏到这里,在杨蔚屏的帮助下确立起新的县委领导成员:县委书记席炳午、组织委员樊逸民、宣传委员史景城。领导成员确定后,第一次县委会议在赵龙殿家西房召开,会上对县委当下的工作作了安排。

1941年秋天,晋豫党委所属东条地委的第一次碰面会,在下陈村郝玉森家的小楼里召开。这次会议决定,席炳午回东条地委工作,任组织部长。1942年2月,席炳午回中条地委,史景城代理县委书记,5月份,地委派宋志先到曲沃任县委书记。宋志先住在郝玉森家中的小楼里,每天利用同郝玉森磨豆腐为掩护开展工作。直到8月,石修家暴露宋志先及县委机关驻地,宋志先离开下陈,返回中共晋豫二地委,中共曲沃县委才结束了在下陈村的活动。

在抗日战争期间,中共曲沃县委机关除隐蔽在下陈村之外,还曾两度驻扎在石桥堡村。那时,石桥堡除有北靠垆顶山,村中沟壑纵横,地形复杂,便于隐蔽、转移等特殊地理条件外,另一个更主要的原因就是当时担任地下县委主要领导人的史景城就是石桥堡人。正是这样的原因,让石桥堡在抗战时期成为通往中共北方局的联络总站、山西牺牲救国同盟会曲沃中心区及中共曲沃特委、中共曲沃县委地下驻地和活动地。中共曲沃特委书记李哲人、中共曲沃第一任县委书记刘裕民等都曾在这里秘密开展工作,领导和指挥曲沃县及周边地区的对敌斗争。

1937年，史景城受党组织委派返回本村，以小学教员身份为掩护开展地下工作。历任曲沃抗日游击队指导员、县委宣传部长、武装部长、组织部长、县委副书记、代书记、书记等职。1940年9月，为便于开展地下斗争，以防不测，改名李顺天。从1942年到1943年8月间，中共曲沃地下县委先后两次驻扎在李顺天家里。上级来人和县委机关工作人员的公开身份都是李顺天的朋友、同学，或者是史家的临时雇工，机关的办公费和生活费也全部由史家无偿提供。李顺天的家人为曲沃地下县委的活动和曲沃的革命事业做出了很大的奉献。

1941年3月以后，日军在华北实行"治安强化"运动。为了粉碎敌人的封锁，应付敌人的"清乡"，从便于开展对敌斗争这一原则出发，县委决定以曲(沃)高(平)公路为界，将三区分为马南区、马北区；以滏河为界，把四区分为沟南区、沟北区；五区分为南小区、北小区，同时成立小区区委，独立开展党的工作。在"治安强化"期间，全县范围内建立了石桥堡、下陈村、靳庄、常家、焦庄、贺村、里村沟、县册、南上官、张范、西海、小里、垤上13个地下联络站，巧妙地将食盐、煤油、医药、棉花等敌人控制的物资，转移到翼城县宋家腰八路军兵站，支援根据地军民的抗日斗争。1942年4月，县委成立敌伪工作站，派遣共产党员打入敌伪内部，收集情报，保护党的地下组织，做士兵的策反工作。8月，为了扩大抗日根据地，中共太岳区设立中共曲襄县委。1943年3月，中共晋豫区和中共太岳区合并为中共太岳区，中共曲沃县委改属中共太岳四地委领导。

1943年，石修家被捕叛变，向敌人供出县委书记党永立、县委副书记李顺天、组织部长唐华民、宣传部长贾亮，以及王守仁、杨文学、杨金钟、何化等区干部。县委当即把暴露的同志转移到根据地,同时对全县党员进行了气节教育。7月下旬,日本宪兵队在叛徒石修家的带领下,突然在全县进行大搜捕,县委宣传部长及三区、五区分委书记不幸被捕,中共曲沃县党组织遭受严重破坏,县委机关被迫迁到新绛县汾河岸边东木赞水灌站,党的活动处于低潮。这期间,曲沃县委、曲沃敌伪工作站,为营救被捕同志做了大量工作,同年12月,被捕人员经多方保释出狱。

1945年8月,县委书记党永立在赴地委开会途中,被阎属翼城县第四区武装特务杀害于翼城县西梁村的隆唐桥。

1937—1945年,中共曲沃县委领导机构及领导人名录

书　　记:刘裕民　　　　1937.11—1938.6

　　　　　席炳午(席斌)　1938.7—1939.1

　　　　　卫光荣　　　　1939.1—1940.2(牺牲)

　　　　　席炳午　　　　1940.3—1942.2

代书记:李顺天(史景城)1942.2—1942.5

书　　记:宋志先(席玉成)1942.5—1942.8

书　　记:李顺天　　　　1942.8—1943.3

　　　　　党永立(党炳辉)1943.3—1945.8(牺牲)

副书记:李顺天　　　　1940.3—1942.2

　　　　　　　　　　　　1942.5—1942.8

　　　　　　　　　　　　1943.3—1943.7

委　　员:王守仁(郭景仪)1937.11—1938.7

　　　　　武之城(武光烈)1937.11—1938.7

　　　　　卫　震　　　　1938.7—1939.1

　　　　　李顺天　　　　1939.5—1943.7

樊逸民(樊振华)1940.3—1942.1

王　挺　　　　1942.5—1942.9

唐华民(唐凤鸣)1942.5—1945.8

贾　亮(贾启明)1943.3—1943.7

第四节　曲沃统一战线和群众团体

随着抗日民族统一战线形成,山西牺牲救国同盟会(简称牺盟会)在薄一波的领导下,向全省派遣临时村政协助员。1937年1月,葛望堂带领石国柱、李敏良、李春华等18名临时村政协助员来到曲沃,发展牺盟会员,建立区、村牺盟会组织。牺盟会工作的开展,使广大群众了解到抗日形势的严峻,明白了抗日救亡的道理,500多名爱国青年学生、小学教师投笔从戎,报名考试,有192名考入国民兵军官教导团。南阳小学教师王守仁,成立浍川读书研究会,联络曲沃县立师范学生、小学教师20余人共同研究理论,分析国内外形势,带领学生张贴抗日标语,演街头小剧,进行救亡宣传。1937年7月7日,卢沟桥事变后,中共党员刘裕民、武之城以曲沃牺盟会特派员的身份,发动全县人民抗日救亡。他们秘密恢复中共曲沃支部,积极发展党员。从此,曲沃人民的抗日救亡运动在党的领导下蓬勃发展。仅一个多月的时间,全县牺盟会员发展到2万多人。县、区、村均建立起牺盟会组织,工、农、青、妇抗日救国群众组织相继成立,农救会会员发展到8600人,妇救会会员多达1万余人。9月,牺盟曲沃中心区成立,郭钦安任牺盟曲沃中心区党团书记,遵照党的抗日民族统一战线政策,领导着曲沃、翼城、绛县、垣曲、闻喜、夏县、安邑、平陆、解县、虞乡、永济、芮城12县牺盟会工作。一个以中国共产党为领导核心的抗日民族统一战线全面形成,从而将曲沃县的抗日斗争不断推向高潮。

曲沃县工人救国会

曲沃交通便利,商业繁荣,以手工业为主的各类作坊极为发达,特别是烟草加工作坊更是兴盛。抗战初期,全县有烟坊40多家,雇用工人近万人。除烟坊外,还有油坊、粉坊、酒坊、醋坊,以及铁匠、木工等各类作坊分布在广大农村,集中于曲沃、侯马、高显、曲村等集镇。聚集在这些作坊中的广大工人劳动强度大、工作条件差、收入很低,生活很是贫苦。日军侵占曲沃后,各作坊主为了应付日益繁重的捐税,加大了工人的劳动量,使工人们的劳动更为繁重。为了让这些作坊的工人迅速觉醒,尽快参加到抗日救国运动中,在中共曲沃县委的指导下,曲沃牺盟会于1938年9月成立曲沃县工人救国会。救国会成立后,领导和工作人员积极工作,尽快深入全县农村中的各个作坊,特别是深入日伪力量相对薄弱的高显、曲村一带,相继成立四区、五区工人救国会,在一些村子也成立起工人救国会小组。通过救国会组织的广泛宣传、深入发动,使广大工人了解到牺盟会的宗旨,明白了抗日救国的道理,产生了投入抗日斗争的激情和动力。

通过一年多的宣传发动,至1938年底,全县工人救国会的会员发展到120人。

从1938年9月开始,先后担任曲沃县工人救国会的领导有:秘书翟德隆、组织委员杨文学、宣传委员魏金珠,第四区工救会秘书刘文厚,第五区工救会秘书赵龙殿。

曲沃县农民救国会

1937年11月,在中共曲沃县委指导下,曲沃县牺盟会根据《抗日救国十大纲领》"全国人民动员起来,武装群众,参加抗战,实行有力出力,有钱出钱,有知识出知识"的要求,首先把动员民众抗日救国的重点放在广大农村。通过发展牺盟会员,建立牺盟会组织,宣传党的抗日政策,推行"合理负担""减租减息",使全县农民在政治地位和生活条件上得到改善,农民在斗争实践中认识到自己的力量,很快,在县、区、村都成立起"农民会"。

1937年12月,战地总动员委员会颁布了由刘少奇代牺盟会起草的《山西农民会章程》,曲沃牺盟会根据《章程》中的精神,对县、区农民会进行健全和扩大,并改名为"农民救国会"(简称农救会),大量吸收会员。凡承认农救会章程、宗旨,并从事农业劳动的人,不分年龄、籍贯、信仰、性别,均可加入农救会,全县农救会员很快发展到16000人。

曲沃农救会成立以后,根据"团结农民,提高农民知识,改善农民生活,提高农业技术"的宗旨,积极动员农民起来参加抗日救亡运动,发动农民同贪官污吏、劣绅、坏人作斗争,号召农民参加抗日斗争。1937年12月,各区、村都普遍建立起农民自卫队,初步形成抗日武装力量。农救会的建立,迅速冲涤着封建社会所遗留的污泥浊水,它的一举一动都代表着农民利益,形成了领导和团结农民的核心力量。日军侵占曲沃后,农救会活动转入地下。1938年7月,在中共曲沃县委的领导下,县牺盟会对农救会工作进行了调整,将农救会的工作放在曲沃边缘地区和日伪势力相对薄弱的农村来开展工作。

从1937年11月开始,曲沃县农民救国会秘书先后为:靳志成、贾金禄。

曲沃县青年救国会

1937年11月,曲沃县牺盟会为了激发青年们的爱国热情,让他们踊跃加入抗日救国的浪潮中,在中共曲沃县委的指导下,根据《山西民族革命十大纲领》精神,成立起曲沃县青年救国会(简称青救会),逐步建立区、村青年救国会组织。到年底,青救会会员发展到8600多人。

青救会成立后,从抗日救国大局出发,通过办识字班、办夜校、演节目、出墙报等形式,开展适合青年特点的活动,使他们了解国内外形势的发展、日军侵华暴行,引起广大青年对侵略者的痛恨,从而激励他们参军参战,积极投入抗日斗争中。在青救会鼓动下,协助八路军扩军工作团完成扩军5000人的任务,动员400多名爱国青年参加决死队。日军占领曲沃后,青救会工作转入地下,主要活动在四区、五区一带,协助地下县委,组织游击队,进行秘密武装斗争。

从1937年11月起,先后担任曲沃县青救会秘书的是:石修家、王益民。

曲沃县妇女救国会

1937年11月,曲沃县牺盟会在中共曲沃县委的指导下,根据《山西民族革命十大纲领》精神,发动妇女参加抗日救亡,成立曲沃县妇女救国会(简称妇救会)。妇救会设秘书、宣传、组织等领导职务。经过广泛发动,区、村妇救会纷纷成立,全县妇救会员发展到1万多人。妇救会成立后,为了解放妇女思想,鼓励妇女们走出家门,积极参加各项社会活动,各级妇救会都举办了妇女识字班、普训班,宣传抗日发展形势,讲解抗日故事,促进她们思想觉悟的提升,提高她们的政治文化水平,同时,还经常组织她们给抗日部队做鞋子、缝衣服,慰劳抗日军队,优待抗属,说服自己的丈夫、家人参军、参战,投入抗日斗争。还注重提拔妇女干部,激励妇女参政,动员妇女参加生产劳动,提高妇女们的政治、社会和经济地位,使广大妇女们从封建桎梏中挣脱出来,积极投身抗日救国浪潮中。1938年3月,日军侵占曲沃后,妇救会工作转入地下,主要活动在四区、五区一带,成为一支秘密的抗日力量。

从1937年11月开始,先后担任妇女救国会秘书的有:倪学惠、任淑贤、郭长青。

第五节　曲沃抗日武装的创建及发展

曲沃县人民武装自卫总队,是在共产党领导下,由牺盟会组织的曲沃县抗日游击队改编而成。总队成立于1937年11月,王清川任总队长,武之城兼任指导员。全队150多人,设两个中队。一中队队长杨寰宇,指导员由席炳午兼任;二中队队长徐森(原是国民党部队的军医),指导员侯任民(是从民族革命大学来的)。总队成立后,中共曲沃县委加强自卫队党的建设,在中队建立党支部,吸收积极分子入党,学习八路军的建军思想,战士们抗日热情高涨。

太原失守后,山西形势日趋紧张,曲沃县人民武装自卫总队改编为曲沃县人民自卫支队(以下简称自卫队)。支队长由阎顽县长姚绍光兼任,政治指导员由中共曲沃县委书记、县牺盟特派员刘裕民担任。支队下设两个大队,第一大队由县政府人员、公安局警士为主组成,大队长由公安局长曹斌兼任;第二大队由自卫总队原班人马组成,大队长王清川,副大队长郭瑜、邓鸿儒,政治指导员武之城。

部队刚成立时,驻扎在城北席村的烟坊里。1938年初,日军南侵,3月2日,曲沃沦陷。为了保存抗日力量,部队由曲沃转移到翼城县曹公村。几天后,又转移到绛县续鲁峪,驻扎在一座大庙里。当时,由于阎顽县长姚绍光极力争夺自卫队领导权,所以刘裕民一方面与姚进行公开斗争,一方面指使二大队脱离支队,独立活动。于是,王清川和武之城带领二大队中的一中队返回曲沃,开展敌后游击战争,打击敌人,发展部队。二中队因为只有60多人,战斗力较差,所以暂留续鲁峪,继续整训。在一中队开赴曲沃的当天晚上,二中队队长徐森暗中与土匪张仁杰勾结,胁迫二中队中的大部分人员投靠土匪张仁杰。支队领导当即带着一、二中队的留守人员赶回曲沃,与一中队会合,驻扎在上、下陈村一带开展游击战争。尽管当时环境恶劣,但在人民的抗日高潮中,自卫队发展很快。不久,重新恢复起二中队,中队长上官德礼、指导员史景城。接着又建立三中队,队长石佩英、指导员赵侃。为了加强对敌斗争还组建特务队,由麦沟村人李生祥担任队长。1938年9月,又建立四中队。这时自卫队已发展到500多人,活动范围遍及全县。在人民群众的支持下,自卫队打了不少仗,保卫了人民的生命财产,打击了日伪政权的嚣张气焰,使自卫队不断走向强盛。

在中共曲沃县委的关心和领导下,这支队伍的活动范围覆盖曲沃全境,平时写标语、散传单,打击日伪政权,镇压恶霸汉奸,有敌情时又随时出动,在安居至蒙城的太风公路上,炸桥破路,袭击汽车,在上裴庄镇压了作恶多端的伪区长。7月初,二大队还配合山西青年抗敌决死三纵队在绵岭、秦岗阻击日军进攻,战斗三天三夜后取得巨大胜利。

1939年初,阎锡山为了把全省各县的自卫队都控制在手里,下令把晋南各县自卫队统一整编为政治保卫队,直属第二战区领导。曲沃县自卫队编入政治保卫一支队,牺盟会推荐王清川担任第二战区政治保卫队第三支队支队长,刘裕民任夏县抗日政府县长兼第三支队政委。曲沃县自卫队指导员武之城担任浮山县抗日政府县长。这样一来,曲沃县自卫队二大队党的骨干力量削弱了。郭瑜任大队长后,走上了反动道路。以杨寰宇为首的进步力量同以郭瑜为首的反动势力斗争逐渐达到白热化。1939年3月,杨寰宇在环境极为恶劣的情况下,把郭瑜抓了起来,带部队从曲沃出发,经垣曲到夏县寻找活动在那一带的武装自卫队的帮助。在垣曲城附近,郭瑜企图逃跑,被当场击毙。部队到夏县后,回到了政保一支队,后来编入山西新军二一二旅。在阎锡山发动"晋西事变"后,整编为八路军,成为一支正规抗日力量。

第六节　山西青年抗敌决死第三纵队

　　山西青年抗敌决死第三纵队是中国共产党领导的山西新军之一。在抗战期间,他们和曲沃牺盟会紧密配合,宣传抗日救亡,开展游击战争,发动曲沃人民全面抗战。特别是绵岭、秦岗战斗,给曲沃、翼城、绛县一带人民留下了深刻印象,鼓舞了人民的抗日斗志。

　　决死三纵队的前身是阎锡山成立的山西新军中的国民兵教导十团,1937年10月底受阎锡山委派到曲沃一带活动,当时称决死三总队。到曲沃后,总部设于五福园饭店,后又转移到孝母巷花店,部队驻扎在南关小水巷。在曲沃活动期间,他们深入农村,广泛宣传发动,号召人们参军、参战,曲沃青年热烈响应,先后报名入伍的有400多人,使部队得到迅速发展。当时共产党在总队内的秘密领导人先后有胡熙安、杨献珍、高治国、郝廷、王光、赵若襄等。

1937年12月25日,决死三总队在凤城大营盘进行整编,正式组成山西青年抗敌决死三纵队,下辖七、八、九三个总队,总兵力4500多人。阎锡山委任陈光斗为决死三纵队队长、戎伍胜为政治委员、董天知为政治部主任、颜天明为参谋长。三个总队各设政治部主任一人,他们大都是共产党员或牺盟会会员。三个总队下各设三个大队,大队有大队长和教导员;大队下各设三个中队,中队有中队长和指导员;中队下各设三个分队,分队有分队长和政工员;分队下各设三个小队,小队有小队长。政治委员制度是这支军队同阎锡山旧军队的本质区别,也正是这个制度保证了部队的领导权牢牢地掌握在共产党的手中。

1938年3月2日,日军侵占曲沃,决死三纵队奉命撤离曲沃,转移到浮山、翼城、绛县一带,其中八总队以绛县南樊为基地,在曲沃、翼城、绛县一带开展敌后斗争。部队经常秘密潜回曲沃,割电线、破公路、伏击日军汽车、偷袭日军据点,给日军以致命的打击。特别是1938年7月初,以决死八总队为核心力量的绵岭、秦岗阻击战,给南侵日军以重创,取得了毙敌400多名和击落一架飞机的重大胜利,大长了曲沃人民的抗日志气。

决死三总队扩编成决死三纵队之初,七总队驻凤城大营盘,八总队一大队驻县城大水巷,二大队驻南关,三大队驻下西关,九总队驻运城等地,开始了严格的军事训练。

随着部队逐渐壮大,各总队的兵力都发展到1500人左右,每个战士都有一支崭新的六五式步枪,小队长、分队长都有一支山西造的冲锋枪,一个分队还配有一挺轻机枪,机炮中队还配有几挺重机枪和数门迫击炮。

由于大部分战士都是刚穿上军装的青年学生和年轻农民,所以开始进行的都是一些基本常识训练,如出操、射击、投弹、野战、破路、攻碉堡等。后来,八路军还派来一些军事干部,为战士们讲毛泽东的战略、战术思想。政治机关的政工人员不断加强部队的政治思想教育,做到"官兵一致、军民一致、军政一致",还教战士们学会《三大纪律八项注意》歌曲。

当时的政治军事训练,虽然抓的都是一些普通的培训科目,但这些培训却有力地保证了战士们的军事素质和政治觉悟的不断提高,使部队的面貌为之一新。

太原陷落后,日本侵略军沿同蒲铁路南下,晋南处于危难关头。为保卫晋南重镇临汾,阎锡山决定调决死三纵队参加保卫临汾的战斗。1938年2月22日,决死三纵队接到命令,到临汾以北的曲亭镇待命。25日晨,九总队和日军接火,激战一天,双方各有伤亡,后因敌强我弱,为保存抗日力量,决死三纵队全部撤至浮山县境。这时朱总司令、彭德怀副总司令也率部队从东路赶来,阎锡山决定将决死三纵队拨给朱总司令指挥,战士们都非常高兴。朱总司令指示三纵队开赴翼城、绛县一带,开展敌后游击战争。

第七节　军民团结打击日军

在中国共产党的领导之下,在抗日民族大旗的感召之下,曲沃大地上燃起了抗击日军的熊熊烈火。中共曲沃县委和各区委领导下的曲沃人民抗日武装自卫队、游击大队,活动在广大农村。他们平时在家劳动,一有敌情便立即集中起来,给流窜到各村中骚扰的日军以致命的打击。国民党中央军的爱国官兵们,或暂驻曲沃,或路经曲沃,只要发现有日军外出活动,便主动进行伏击或围堵,坚决彻底地予以消灭。决死三纵队更是主动出击,不仅割敌人的电线、破袭公路、伏击汽车、偷袭据点,还组织大规模的绵岭、秦岗阻击战,同敌人展开激烈的阵地对抗,顽强不屈地阻击敌人,给敌人以巨大的杀伤。曲沃人民更是踊跃支前、送粮、送水、抬担架、救护伤员,给抗日武装以全力支援,经受了严峻的考验,做出了巨大的奉献。各支武装力量抗击日军英勇顽强,挥洒出不畏强暴、敢于牺牲的爱国主义情怀和无坚不摧的英雄主义豪情。

杨谈杀敌

1938年农历三月十四日中午,驻守在塔儿山上的三个日本骑兵到杨谈村骚扰。他们进村时,被自卫队二大队一班班长老蒋家发现,老蒋家顺手抄起一把大砍刀,躲在村东门内沟东的土塄后边。当敌人走到这里时,老蒋家猛然跳出,抡起大刀向走在最前边的敌人砍去,敌人毫无防备,一下子被砍下马来。后边的两个敌人不知道前边还有多少人马,便空放了两枪,立即拨转马头跑了回去。老蒋家将倒在地上的敌人脑袋砍下,背着敌人的枪,骑着敌人的马向曲村方向奔去。

当时曲沃县人民武装自卫队二大队队部就设在曲村。自卫队二大队一中队指导员席炳午和吉蔼元听了老蒋家的汇报后,知道敌人会来报复,便立即召集各村的游击队员火速到杨谈村南门外集合。当队员们全部来到村外桥头时,就听见村子里传来了惨叫声。吉蔼元立即进行战斗部署。他让张好问、张保引带领一个班沿沟向东门打过去,让边乐平、李生祥带领一个班从村西门打进，自己亲率一个班，从南门打进。三路人马很快进村，在村中大庙、村西门外陈家坟和村东门外桥下及砖瓦窑附近与敌人展开激战。当时敌人有100多人，都拿着长枪、刺刀、手榴弹，而二大队的队员们大都只有土枪、土炮，还有不少人拿着长矛大刀，他们利用围墙、树木、房舍的有利地形同敌人激战两个多小时，后来因弹药不足，担心伤亡惨重，便主动撤出战斗，分散撤退到村南沟中。

这次战斗，取得了打死敌人9名、缴获战马1匹的战绩。这是曲沃县人民武装自卫队成立以来打响的反侵略第一枪。它不仅锻炼了游击队员们的战斗意志，也大长了曲沃人民抗击日军的志气和豪情。

任庄村南遭遇战

1938年4月23日，盘踞在曲沃县城的日军石黑支队200多人从曲沃城开出，向任庄进发，企图穿越紫金山，打通晋豫路。当日军行至任庄村南古月桥时，与川军第六连相遇。该部川军是邓锡侯属下的第四十七军的一部分。他们参加完忻口战役后撤退下来，奉命在紫金山一带修筑工事，守备中条山战线的前哨阵地。这一天，第六连连长黄威正带领20多名战士沿山巡哨，发现敌人后，他们且战且退，把敌人引至山谷中。之后，五班班长李尚思带领两名战士翻越深沟，迅速占据古月桥东侧的蚕姑姑庙，其余战士在黄连长的带领下埋伏在桥西侧的山崖上。

任庄村中许得义、高国义等5名青年也因避难来到谷中，他们跟着战士们一起走进庙里。李班长问他们："你们谁会打枪？"高国义说："我当过几天兵，打过枪。"李班长就把多余的一支步枪交给高国义，又给另外4人每人一颗手榴弹，并教给他们投弹的方法和时机。刚准备好,敌人就从隘口进来,走过古月桥,向南走来。李班长见敌人距离他们仅有几十米时,便下令开枪,对面的黄连长也下令射击。他们充分利用山石、沟壑,凭借有利地形灵活、多点射击,还不时投弹,打死打伤敌人4人,严密控制着古月桥,使敌人寸步难行。战斗从上午一直打到黄昏,日军终因地形不明,道路狭窄,不敢贸然前行,天黑前龟缩回曲沃县城。

这次战斗,虽然只是一次偶然的遭遇战,但以少数的20多人,阻挡了200多名日军的横行,使日军穿越紫金山的企图没能得逞。

夜袭西许据点

1938年5月上旬的一天夜里,决死三纵队二大队在翼城县曹公村驻地紧急集合。大队首长说:"日军侵占曲沃后,在西许村驻扎了一个骑兵护路中队,他们修炮楼、建据点,时常侵扰和祸害附近的老百姓。上级领导决定,今晚将它端掉。"接着便作了简短的宣传发动和战斗部署,全体指战员便向曲沃方向进发。

经过70多里路的急行军,半夜3点钟部队到达西许村附近。分队长郝凯带领奋勇队的战士们迅速、机智地绕过敌人设置的陷阱,剪断铁丝网,搭人梯翻过村堡围墙,向日军骑兵驻守的裕宏源烟坊大院摸去。

战士们摸到大院门前时,一个日军哨兵还抱着枪打盹。说时迟那时快,杨炳敬、张得功二人从后面一把搂住哨兵的脑袋,随手将尖刀刺入敌人的心口窝。随着郝凯的一个手势,战士们冲进院内,分头把住每个房间的门窗。紧接着,手榴弹"嗖嗖嗖"地扔进敌人的宿舍和马厩。霎时,枪声、爆炸声、喊杀声、惨叫声和马嘶声响成一片。成堆的饲料和麦草也被奋勇队点着,浓烟滚滚,火光冲天。突如其来的袭击如同神兵天降,敌人晕头转向,乱作一团。

五中队二分队担负掩护奋勇队挺进出击和安全撤退的任务。这个时候,他们也在紧靠敌人据点的护村堰上架起机枪,紧握着步枪、冲锋枪严阵以待。当看到奋勇队袭击成功,一个个喜形于色,激动不已。为保证奋勇队能够顺利撤出战斗,中队指导员马明和分队长司培录立即带领两个分队的战士,把村堡的围墙挖开了一个宽敞的豁口。

裕宏源烟坊的战斗进行得迅猛、快捷,待到敌人清醒过来,准备组织力量反击时,决死队已完成预定任务。这时,中队长郭培恩命令司号员吹起冲锋号,村外的战士们喊杀声震天响起,用各种枪支向村子里猛烈扫射。

这次夜袭击毙敌人30多人,炸死战马10余匹,缴获步枪16支,而决死队却无一人伤亡。

第八节　绵岭、秦岗阻击战

绵岭之战

1938年7月,日军从太原调来牛岛师团一个联队2000多人,加上附属王英、李守信两支伪军6000余人,在飞机的掩护下,步、骑、炮兵联合行动,为曲沃城内日军解围,向绛县、垣曲进犯,扫荡中条山。

在共产党抗日民族统一战线的旗帜下,驻防在曲沃的山西青年抗敌决死三纵队之八总队同国民党军的部分官兵,为掩护后方军民转移,以日军侵犯必经之秦岗、张范、西杨为重点防线,于绵岭上下之听城、西常、周庄、县册、西海、史村东西20余里构筑工事,布阵防守,阻击敌人。

7月2日拂晓,敌人的大部队越过滏河,接着,步兵向决死队阵地蠕动。八总队二、三大队的勇士们团结一致,同仇敌忾,居高临下,严阵以待。不多时,敌人窜到绵岭以下,发起全线进攻。在常村坡一带,有二三百日军沿沟向五中队阵地冲来。五中队队长郭培恩、指导员张师周指挥全中队早已作好迎战准备,等敌人爬到半坡时,只听一声令下,一排排仇恨的子弹一起射向敌人。顷刻间,枪声、杀声混成一片,震天动地。战士武学义沉着冷静,瞄准敌人,一枪一个,枪枪不空。小队长徐安吉面对疯狂进攻的敌人,愤怒地瞪着发红的双眼,每打一枪都要大吼一声。战士张小狗把脸绷得紧紧的,不喊也不叫,只是一枪一枪地瞄着敌人射击。敌人连滚带爬地溃败了下去,半坡里横七竖八地躺着许多敌人的尸体。

中午,日军炮击开始了,决死队的战士迅速隐蔽。霎时,绵岭上下一片轰鸣,随着刺耳的尖啸声,二大队阵地上成了一片浓烟火海。猛烈的炮击持续了20多分钟,紧接着,又有二三百日伪军爬了上来。坚守在阵地上的决死队指战员个个仇恨满腔,决心给敌人以有力回击。当敌人离我阵地只有30来米的时候,突然"嘟、嘟、嘟"的军号长鸣,霎时,手榴弹纷纷向敌人倾泻下去。机炮中队的战士们用事先已测好距离的几门迫击炮一个劲儿地向敌群猛砸,阵地前顷刻腾起一片火海,敌人纷纷溃逃。战士们跃出工事,用机枪扫射着,一阵猛打,敌人像退潮一样败了下去。就这样,战士们奋不顾身,打退了敌人一次又一次的进攻。

战斗越来越激烈,阵地前敌人的尸体越积越多,二大队队长靳福忠和副大队长王鸿猷在前沿指挥部队阻击敌人,战士们以坚强的意志和惊人的勇气坚守着阵地,打退了敌人数次冲击。三大队坚守在绵岭以东的阵地上,大队长李荫汉看到二大队被围,情况十分紧急,便留下部分人员坚守阵地,派大队教导员李柽带人前去支援。李柽带领庞惠润、刘树茂、王忠民、韩立三等80余人,杀出一条血路,和二大队兵合一处,把敌人赶出了阵地。

由于二大队伤亡较重,总队指挥部命令他们撤出阵地,同三大队一起向秦岗一带转移。

在绵岭血战中,日伪军在决死队二、三大队英勇顽强的阻击下,遭受了重大伤亡。

血战秦岗

7月3日,当从绵岭战斗中撤出的决死八总队第二、三大队的战士们全部汇集在秦岗村后,总队长白英杰把各大队、中队的干部召集到秦岗大庙——总队指挥部,共同对敌我情况进行了分析。根据秦岗村南面临近浍河,其余三面为开阔地的特点,重新调整兵力。一二大队部署在村北一线,三大队部署在村西,国民党那个营部署在秦岗以北至东面的高地,各阵地还安排了专打敌骑兵的分队。部署好后,各部队进入阵地,开始了紧张的侦察地形、构筑工事的战前准备。

7月4日拂晓,敌人开始向村里打炮,接着,空中飞来两架日本飞机,轮番轰炸扫射。不多时,秦岗被敌人三面包围,敌人步兵、骑兵向秦岗发起了联合进攻。

决死八总队指战员沉着应战,严阵以待。在村北头,200多日军在伪军的配合下冲了过来。当敌人爬到离枪口只有二三十米的地方时,一大队大队长贾青海一声令下,一排排手榴弹投向敌人,步枪、机枪一起开火,阵地上天崩地裂,震耳欲聋,枪声、爆炸声响成一片,村里尘土障目,村外天昏地暗。转眼间,敌人的前卫队横七竖八地倒下一大片,其余敌人见势不妙,连滚带爬地向后撤。

二、三大队阵地对面的敌人开始炮击了,李荫汉迅速组织部队隐蔽。顷刻间,民房倒塌,树木枝叶横飞,炸起的泥土不住地往脖子里灌,硝烟呛得人喘不过气来,阵地上的工事有的已被炸塌。轰击刚停,龟缩在堰下的敌人开始了进攻,有300多日军像恶狼似的向前移动。当距离只有30米时,大队长李荫汉一声令下:"打!"机枪、步枪、冲锋枪一起向敌群射击,手榴弹在敌群中爆炸。分队长张万财大声叫喊着,冲锋枪在他的胸前跳上跳下,愤怒的子弹像长了眼睛,把冲到前面的敌人打倒一大片。他在射击时,敌人投过来的手榴弹在他旁边爆炸,不仅炸伤了他的双腿,头部也负了重伤,鲜血顺着脸流了下来。他瞪着双眼,咬紧牙关,爬到掩体边不断射击,直到鲜血糊住了他的双眼,倒了下去。分队长杨凤翔拿起烈士的冲锋枪向敌群扫射,最后不幸头部中弹牺牲。这时,整个阵地上,枪弹如同瓢泼大雨向敌人压去。村外小庙里韩立三的机枪更是大显身手,让敌人的几次进攻都未得逞,敌人只好丢下几十具尸体撤走了。就这样,日伪军的一次又一次正面进攻都被击退。

不多时,空中出现一架日本飞机,擦着屋脊突袭过来,盘旋在村子的上空。接着,又飞来两架敌机,轰轰的枪炮声响成一片。村庄里烟火弥漫,房屋震动,给八总队造成很大威胁。

三大队队长李荫汉和教导员李柽冒着敌机轰炸扫射的危险,组织各中队机枪、冲锋枪向敌机射击。这时,二大队也组织火力对敌机射击,敌机连续降低高度,在远处对准阵地,猛地加速俯冲过来。随着机枪手们一阵猛烈的射击,那架飞机冒出一股火来,拖着长长的烟雾,一头栽到吉庄浍河滩里。其余两架敌机见势不妙,飞走了。

当天下午,100多日军又攻上来了,战士们面对侵略者,个个怒火中烧,专找日军的军官刺杀、扭打。一霎时,刀光闪闪、鲜血飞溅,刀枪撞击之处,敌人发出惨叫。张三虎一口气刺死6个敌人,刺刀弯了,他顺手拣起一把东洋刀,又向敌人扑去。尚玉国是东北人,从小目睹日本强盗在中国土地上的残酷暴行,总想有一天能报仇雪恨。他勇猛地刺杀着日军,嘴里还不住地骂着:"该死的东西,有种的再上来!"战士个个都是满头大汗,哪里有日军就扑向哪里。不少战士刺刀刺弯了,就用枪托砸,枪托砸断了便拳打脚踢、嘴撕牙咬地和敌人厮打。阵地上到处是刀枪相击的铿锵声响,到处是日军残缺不全的肢体,到处是敌人的污血,到处是日军的惨叫。敌人尸横遍野,鬼哭狼嚎,一片混乱。没有被刺死的日军也被吓破了胆,发出一阵呼天抢地的哀叫,连滚带爬地溃败了下去。

7月5日夜12时许,八总队完成阻击任务,三大队做前卫,一大队做后卫,二大队和徒手人员、伤病员夹在中间,顺利地撤出阵地,过了浍河,撤到绛县续鲁峪一带进行休整。

这次战斗,决死八总队共毙伤日伪军500余名,俘虏两名日军士兵,八总队伤亡指战员300多名,一大队队长贾青海、二大队副大队长王鸿猷、三大队队长李荫汉、六中队代指导员史慕颐、通讯分队指导员张之霈、政治工作员王世南等光荣牺牲;八中队队长李志刚和政治工作员马明、高云龙、王忠民等负伤。

秦岗战役,创造了抗战期间首次用机枪击落日军战机的成功战例,进一步击破了"日军不可战胜"的狂言,极大地振奋了曲沃及晋南人民抗战必胜的信心,提振了中国人民抗战到底,走向胜利的浩然正气。

第九节 隐蔽战线的斗争

1939年12月,在国民党顽固派掀起的第一次反共高潮中,阎锡山在山西向共产党领导的山西新军发起进攻,摧垮抗日民主政权,杀害大批共产党员和进步分子,制造了震惊全国的"晋西事变"。事变期间,中共曲沃县委各级组织均受到阎顽特务袭击,共产党领导的抗日群众团体和牺牲救国同盟会遭到破坏,中共曲沃县委书记、牺盟特派员卫光荣惨遭杀害,党的工作和曲沃抗日救国活动处于非常艰难的阶段。

1940年初,中共中条地委(秘密五地委)决定派遣对情况熟悉,担任过曲沃县委书记的席炳午,重新返回曲沃任县委书记,开创曲沃对敌斗争的新局面。

席炳午来到曲沃后,先在群众基础较好的焦庄村住下,随后又转移到下陈村,将县委机关设在赵龙殿家里。当时席炳午的公开身份是赵家的长工,落脚后便和县委组织委员樊逸民、宣传委员史景城(李顺天)取得联系,三人一起开展工作。不久,翼城抗日政府县长李丙辰的爱人陈英同志也找到下陈,暂住到赵协盛家。

为了与上级党组织取得联系,席炳午派赵龙殿以送陈英走亲戚为名,到安泽、沁源一带的根据地寻找组织。历经千辛万苦,总算见到了原在曲沃牺盟中心区担任过秘书的王竟成,通过王竞成与上级党组织取得联系。赵龙殿带回了上级指示,指示中分析"晋西事变"后的革命形势,阎锡山同蒋介石相勾结,破坏抗日民族统一战线的情况,要求县委坚持"隐蔽精干,长期埋伏,积蓄力量,以待时机"的敌区工作方针,组建灰色武装,坚持对敌斗争。

得到上级党组织的指示以后,县委决定首先联系地下党员,恢复整顿各区、村党的基层组织,采取整顿中不发展新党员的工作方式,从混乱中理出头绪,安排党员以社会职业为掩护,隐蔽下来,坚持斗争。

组织活动稳定下来以后,县委指定各区的负责人:一区王守仁、郭长俊、吉霭元;二区巨景仁、巨景智;三区庞养太、樊逸民、唐华民;四区李顺天、常全福、杨金钟、王云、王承恩;五区任淑贤(女)、贾启明(南亮)、李浚川。此外,日伪警备队、自卫团、警察所都有地下党员打入。不久还建立起9个秘密联络点。他们传递情报,保护进步同志,为党做了不少工作。

党组织整顿后,县委领导也作了分工,席炳午负责五区工作,同时负责全县党的活动安排,李顺天分管四区,樊逸民分管三区。当时县委的主要任务,就是要求党员隐蔽起来,团结群众,积蓄力量,随时准备开展对敌斗争。

在隐蔽斗争的岁月里,曲沃人民在日军铁蹄蹂躏下,过着暗无天日的亡国奴生活。国民党的溃兵、散兵和逃兵流落到曲沃后,拉杆子、做土匪,占山为王,到处抢粮、要钱、下条子、绑黑票,肆意残害群众,百姓被搅得不得安宁。这样的惨景,不仅让党组织感到震惊,也让所有党员愤怒不已,大家都想赶快行动起来,痛痛快快地和敌人干一场,拔掉敌人的几个据点,同时,策反几家土匪,打掉土匪的嚣张气焰。

在大家一致要求下,县委书记席炳午在曲村联络站——宁来恭饭店召开县委秘密会议,研究决定派王益民打入土匪内部,摸清情况,做土匪的瓦解工作。王益民以靳庄村小学教师身份,被土匪中我方事先安排好的进步青年李某常带入土匪中。在那里,王益民广交朋友,分化上层,团结下层,将出身贫苦、不满土匪行为的兵勇争取过来,为以后策反工作打下了良好的基础。

接着,又做北山土匪韩老九队伍的瓦解工作。这次由县委书记席炳午、翼城牺盟特派员李用生,还有李虚儒、王醒民、杨谈坡、孙老六等人一起出面,找到土匪中曾任过决死三纵队队长的武振华,给他讲革命形势,讲日军罪行,使他逐渐醒悟,不想再做土匪。后来,武振华在带队向绛县转移时,趁机摆脱掉韩老九,把队伍拉到八路军的根据地。临走时,还给曲沃县委留下一部分活动经费。

三是做通原在县牺盟会工作过,后来跟随阎属曲沃县长侯嘉藩县府的办事处主任郭鸿世的工作,让郭鸿世借维护曲沃治安的名义组建自卫团,定名为"国民党曲沃县政府特务队"。这支队伍由最初的30人发展到100多人,主要活动在五区、二区一带。在杨谈打击土匪韩老九,在靳庄袭击土匪抢粮队,活捉土匪头子鲁国明,惩戒了张范日军据点里的小汉奸,使这支队伍成了在敌占区中由中共地下党掌握的灰色武装,对日伪政权形成威慑,让人民群众受到保护。

第十节　抗日先锋

抗战期间,无数优秀党员、爱国志士,勇敢地挺立在抗击日军的最前线，他们有的高举抗日大旗，组织、号召人们起来斗争，投入抗日的大潮中；有的拿起刀枪参军、参战，置身革命战争的洪流中。他们以不畏强暴、不怕牺牲、敢于斗争的英雄豪情，在烽火与硝烟中英勇战斗、顽强不屈，为祖国的解放、人民的安居乐业，做出了可歌可泣的奉献，成为世代难忘的英雄人物。

李哲人

李哲人(1910—1969.1)，又名李明义，山西省临猗县李家庄人。1931年参加革命，1934年毕业于运城第二师范学校，1935年考入南开大学，是一二·九运动领导人之一。1936年任天津"民先"总队队长，后任全国"民先"总队副总队长、党团书记兼组织部长。1936年12月西安事变后返回运城。1937年7月后，任中共河东特委宣传部长。1937年11月任中共曲沃特委书记。1938年2月任中共晋豫特委（地委）宣传部部长。1939年9月任中共中条地委书记。1940年率领中共中条地委机关干部向太行区转移。1941年调任中共晋豫区委宣传部长。

1943年4月任中共太岳第四地委书记、太岳军区四军分区政治委员等职。解放战争期间，担任中共中央华北局政策研究室主任。历任华北事务部农业组组长。1952年，任华北行政委员会贸易局局长。1953年，改任对外贸易部副部长、商业部副部长、国家经济委员会副主任、物资管理部副部长等职。"文化大革命"期间受到迫害，1969年1月13日逝世。

刘裕民

刘裕民(1915.2—1970),原名刘毓英,字隽千,1915年2月1日生于山西省太原市麻绳巷一个城市平民家庭。

1934年加入中国共产党。1936年1月,由于叛徒出卖被捕,被关押在太原陆军监狱。

1937年6月,刘裕民任曲沃牺盟会特派员,发展牺盟会会员,宣传抗日救国,组织开展抗日救亡活动,同时按照省委指示发展党员,建立党组织。

1937年11月,中共曲沃县委建立,任县委书记,为曲沃县首任县委书记。

1938年7月,调任夏县县长,后任二一三旅五十九团政委、晋豫联第三专署专员、太岳四专区专员、南下行署代主任。

中华人民共和国成立后,任福建省工业厅厅长、实业厅厅长、省财委副书记等职。1953年,刘裕民调任建筑工程部部长助理、副部长、部长、党委书记,国家建委副主任。

"文化大革命"期间,被迫害致死,年仅55岁。

1979年1月平反。

席荆山

席荆山(1899—1974),曾用名润璞、纯甫、席勒、袁平,化名老常。1899年生于山西省闻喜县岭西村,1927年加入国民党,曾编辑出版《野草》《涑波》等杂志,宣传革命思想。1933年加入中国共产党,任中共闻喜县委组织委员。1934年初,任中共闻喜县委书记。1935年,闻喜县党的组织遭到破坏后,到西北军第七师任上士文书,并与党组织取得联系。

1937年全面抗战爆发后,返回闻喜。中共闻喜县委恢复后,出任书记。随后,闻喜县抗日游击队组建,出任游击队政治主任,带领游击队在敌后开展游击活动。

1938年,晋豫边区革命根据地创建后,时任闻喜县委书记的席荆山在闻喜发展党的组织,壮大党的力量,组织动员广大民众开展抗日救亡运动,并与反共顽固派进行了有理、有力、有节的斗争;同时,他组织带领人民武装进行游击抗战,打击日伪军。同年8月起,先后任中共夏县中心县委组织委员、翼城中心县委书记、曲翼绛中心县委书记,中共中条地委副书记、书记等职。

1939年12月前后,在阎锡山发动的"晋西事变"中,他与县委领导一道,紧紧依靠广大民众,充分发挥各个救亡组织的作用,与反共顽固派进行坚决的斗争。"晋西事变"后,中条地委党组织完全转入秘密状态,对敌斗争十分复杂尖锐。他与中条地委领导一道,联络地下党员,在中条地区开展隐蔽斗争,在绛县、曲沃、翼城三县恢复党的组织,保存党的力量。

1943年,中条山抗日根据地重新开辟后,任中共条西地委副书记兼组织部长。他在异常艰苦恶劣的环境下,进行根据地的开辟工作,为重新创建和巩固建设晋豫区革命根据地作出重要贡献。

抗日战争胜利后,历任中共太岳第三地委副书记兼第三军分区副政委、汾南中学校长等职,为支援全国解放作出积极贡献。

中华人民共和国成立后,历任运城师范学校校长,山西省监察委员会秘书、主任,山西省监察厅厅长,山西省监委副主任等职。

1974年4月28日病逝于运城,享年75岁。

席炳午

席炳午(1913.12—2005.2),曾化名席斌、赵丕荣,1913年12月4日出生于山西省垣曲县古城镇一个农民家庭。

1935年9月参加革命工作,1937年5月,任曲沃牺盟会宣传干事。

1937年6月加入中国共产党。1937年9月,在曲沃杨谈村组建曲沃抗日游击队,任指导员。在游击队内秘密发展党员并建立党支部,席炳午任党支部书记。1938年7月,任曲沃牺盟会特派员、中共曲沃县委书记。

1939年初,调往政卫四支队。1940年,任中共条东地委组织委员。

1940年初,再任中共曲沃县委书记,先驻焦庄后驻下陈。1942年3月,任中共晋豫条东地委组织部长、军分区基干二团政治委员、剿匪工作委员会书记。1943年10月,任山西太岳四分区人民武装委员会主任,太岳军区第四军分区司令员。1947年,任中共山西省太岳二地委组织部长。

1949年秋,任中国新民主主义青年团山西省委第二书记、第一书记。1952年,任中共山西省太原市委副书记、山西省太原市总工会主席。1953年,任山西省总工会主席兼太原市总工会主席,山西省太原市工会联合会主席。1958年,任上海市万人检查团黄浦区五团副团长。1959年2月,任中共上海市普陀区党委第二书记、第一书记。1965年5月,任中共上海市委机电一局"四清"工作团副团长,中共上海市第一机电工业局党委书记。

"文化大革命"中,受迫害。

1978年2月,任上海仪表电讯工业局党委书记兼局长。1979年4月任上海市人民政府国防工办党组副书记、副主任。1984年,任上海工业系统老龄委常务副主任。

2005年3月,在上海逝世,享年92岁。

卫光荣

卫光荣（1914—1940.2）,1914年出生于山西省浮山县西佐乡西佐村。

1937年,在浮山县参加牺盟会。1938年,被翼城牺盟中心区派到曲沃县担任牺盟特派员。

1939年1月,任中共曲沃县委书记,组织发动群众开展减租减息斗争,对顽固分子进行说理斗争,开展隐蔽战线斗争,组织应对突发事变。1940年2月10日,在曲沃县郇村西部被阎顽曲沃县政府便衣特务丑狗杀害,年仅26岁。

李顺天

李顺天（1915.2—1975.12）,原名史景城、史景峨,字介山,高中文化。1915年2月22日,李顺天出生于曲沃县石桥堡村一个农民家庭。

1937年9月,在曲沃县参加牺盟会,任村政协助员。

1937年10月1日,由刘裕民、徐力之介绍加入中国共产党。1938年2月,任中共曲沃人民武装自卫支队自卫队分支部书记,同年4月,任曲沃人民武装自卫支队第二大队二中队指导员。1939年5月,任中共曲沃县委宣传部长兼武装部长。1942年2月,任中共曲沃县委代理书记,同年5月任中共曲沃县委副书记,同年8月任中共曲沃县委书记。1943年3月,任中共曲沃县委副书记。1944年1月,任中共垣曲县委城工部部长。1945年10月,任中共曲沃县委副书记兼组织部长。1947年7月,任中共曲沃县委代理书记,同年8月赴晋冀鲁豫中央局(邯郸冶陶镇)参加整风。

1948年4月后,任中共陕西省白河县委书记,安康行署副专员,西北煤矿基建局副局长、局长,铜川工程公司党委书记兼经理,铜川市副市长,铜川市矿务局党委书记,中共铜川市委第一书记等。

1975年12月14日,在临潼医院去世,享年60岁。

宋志先

宋志先(1911—1994.2),1911年生于山西省代县。

抗日战争爆发后,投身抗日斗争。

1937年秋,参加牺盟会,动员民众进行抗日救亡运动。

1938年6月,加入中国共产党,先后任同蒲铁路总工会护路队大队长,工人游击队第四大队大队长、军需处处长等职,组织动员工人与游击队开展抗日游击战争。

此后,先后担任夏县、平陆等县工会主席、晋南总工会常委、宣传部长等职,发动工人进行抗日救亡运动。

1939年,任中共翼城县委组织部长。

1939年"晋西事变"后,先后任中共条东地委宣传部长。在此期间,晋豫区处于地下隐蔽斗争时期,宋志先秘密活动在日伪区,与中共条东地委书记杨蔚屏等领导人,组织隐蔽在当地的地下党员,以公开职业作掩护,秘密开展多种形式的地下斗争,为重新开辟中条山抗日根据地做了艰苦的努力。

1942年初,中条山抗日根据地重新开辟。5月,奉调出任中共曲沃县委书记,组织带领曲沃县军民进行了艰苦卓绝的反"扫荡"、反"蚕食"斗争,千方百计进行根据地的开辟工作。

1943年1月,任晋豫区农救会筹委会常委,继续战斗在晋豫区。

从1944年9月起,历任中共太岳第四地委常委、第二地委常委和第二地委城工部部长、中共绛县县委书记、侯马"恢复交通委员会"主任兼同蒲铁路管理局政治部主任、中共太岳区党委调查研究室研究员等职。

1949年1月,任太岳区工会主席。1949年7月,参加山西省总工会的筹建工作,任山西省总工会常委、生产工资部部长、办公室主任、副秘书长兼山西省劳动竞赛委员会主任。

1953年后,历任山西省劳动局局长、党组书记,山西省劳动厅副厅长,大同市革命委员会业务组副组长,山西省计划委员会副主任、党组成员,山西省总工会副主席、党组副书记,政协山西省常务委员,中共山西省纪律检查委员会委员等职。

1994年2月6日,在太原逝世,享年83岁。

党永立

党永立(1919—1945.8),又名党炳辉。1919年出生于山西省新绛县王庄村。

1936年,在太原进山中学读书期间加入中国共产党。

1938年,到延安抗日军政大学第四期学习,后任中共条东地委(晋豫区四地委)组织部长。

1943年3月,任中共曲沃县委书记。

1943年7月,因叛徒出卖,为坚持敌后斗争,只好将中共曲沃县委迁到新绛县汾河岸边东木赞水灌站。

1945年8月20日,在去往中共条东地委的路上,在翼城县西梁村隆唐桥遭到阎顽特务陈红喜(三麻)枪杀,牺牲时年仅26岁。

任淑贤

任淑贤(1921—2004.12),女,祖籍浙江省绍兴,后徙居河北保定市。

1936年加入中国共产党。1937年10月,到曲沃县城找到牺盟特派员刘裕民,留在曲沃县牺盟会工作,后分配到曲沃人民武装自卫支队二大队一中队。后来离开一中队,到二区牺盟会工作。

1938年秋,在翼城牺盟中心区训练班受训后,留在夏县中心区翼城办事处,分管曲(沃)、翼(城)、绛(县)、垣(曲)等四个县,担任妇救会秘书。

1940年春节前,被赵丕显接回曲沃,住下陈村,不久,与席炳午结婚,担任曲沃五区北小区区委书记。任淑贤经常借送传单瓦解敌人,还发展史亲儿、史随娃、郝玉森入党。

1942年春,离开曲沃回根据地阳城学校学习。1942年8月,在中共条东地委工作。

1943年3月,在翼城河山高小教书。

1946年10月,在太岳二地委工作。

1949年10月,在太原市工会工作。1950年3月任太原卷烟厂书记。1956年秋任山西省纺织印染厂党委副书记。

1980年离休。

2004年12月3日逝世,享年84岁。根据任淑贤同志的遗言,她的骨灰葬在曲沃县下陈村西南路旁。

王守仁

王守仁(1918.1—1992.5),原名郭景仪,山西省曲沃县东凝(东宁)村人。曲沃县立师范毕业后,于1936年6月在曲沃南杨村(也称南阳村,现属侯马市)小学当教员。1937年4月,任牺盟会村政协助员,随后成立"曲沃浍川读书研究会",宣传抗日救国主张。

1937年卢沟桥事变后,经刘裕民、武之城介绍加入中国共产党。1937年7月,受刘裕民指示创建中共窑院支部,任支部书记。1937年10月初,受李哲人、刘裕民指派到临汾刘村参加中共中央北方局召开的党的活动分子会议。

1937年11月,中共曲沃县委建立,王守仁任组织部长。

1938年3月日军侵入曲沃后,王守仁等仍坚持在海头、羊舌、陈村、石桥堡等村开展建党工作。

1938年7月,王守仁任中共曲沃县委宣传部长。此后不久,王守仁长期从事地下工作。他常与靳庄卫焕章、万户张河雨、羊舌李吉清、西海石修家、西宁张玉岗等,在李顺天家里秘密开会,收集、传递情报。

1943年夏,由于石修家叛变,日伪警察去东宁村抓王守仁。日伪警察没抓到王守仁,便把他的父亲和二弟抓进监狱。后经家人疏通,并有地下党营救,父子二人才被释放出狱。

1946年1月,陈赓将军率部解放曲沃,王守仁冒着生命危险潜出城外,为攻城部队送来敌人的曲沃城防实力布防图。其后,王守仁随军继续从事谍报工作。

1950年,奉调到中央某部任局级干部。

1992年5月,在北京逝世,享年74岁。

徐力之

徐力之(1917.9—2010.6),山西省曲沃县郭村(现属侯马市)人。1937年,从曲沃汾川学校(校址在小里村)毕业,考入太原中学,参加山西牺牲救国同盟会。

抗日战争时期,于1937年8月从太原到曲沃,任三区牺盟会特派员。11月,由李哲人介绍加入中国共产党。12月,任三区分委委员。

1938年2月,担任曲沃抗日游击队政治部副主任、党总支组织委员、军法处处长。为发展牺盟会,加强党的建设,宣传抗日救国十大纲领,积极开展工作。

1938年10月至抗战结束,先后担任过晋豫地委宣传科长、晋豫边唐支队宣传科长、新一旅宣传科长、太行四分区敌后武工队政委。

解放战争时期,从1946年起,先后担任四十二团政治部主任、洛南县委常委兼一区党委书记、华中支前司令部参谋处长、机关党总支书记。

1950年调回北京工作。

20世纪50、60年代,先后担任过民政部秘书处长、社会处长、内务部移民局副局长、农垦部计划局局长,国务院知青安置办主任。

70、80年代,徐力之先后担任农垦总局局长兼党组成员、农垦部生产局局长、中国农业影视中心党委书记等职。

2010年6月逝世,享年93岁。

唐华民

唐华民（1916—1991.2），又名唐树铭、唐风鸣、汤凤鸣。1916年秋生于山西省曲沃县张少村（现属侯马市）一个农民家庭。1926年在侯马高等小学上学。1929年，因家境贫寒辍学，在曲沃瓷器店当学徒，后到手工业编制铺当学徒。

1938年初，加入中国共产党，随后到晋豫边区军区军政干校学习，结业后在一二九师独立七团三连任指导员，后任教导员。

1939年12月"晋西事变"后，到垣曲县蒋营区办事处任科长。1940年5月，任中共曲沃三区区分委书记。1942年5月，任中共曲沃县委组织部长。

1943年7月，随党永立把中共曲沃县委迁移到新绛县汾河岸边东木赞水灌站，坚持敌后地下斗争。

抗日战争胜利后，转战东山期间，带领民兵夜袭东张敌粮站、火烧杨谈编村，在翼城伏击敌人，为解放曲沃做出贡献，受到太岳区表彰。

1949年9月，任中共曲沃县委副书记。1951年5月8日，带领张少村民兵，活捉稷山县反革命暴乱分子杜启明，受到地委嘉奖。

1952年8月，任中共襄汾县委书记。1956年，到中共中央党校西安分校学习。1957年，任临汾钢铁公司书记。1959年，调中条山有色金属公司任常务副书记。

1965年，调省交通厅秘书处任副主任。1970年，下放到忻县汽运公司任核心小组组长。

1972年，调省汽运公司任革委会主任、副经理。1980年，在省交通厅任顾问，1983年离休。

1991年2月因病去世,享年76岁。

杨寰宇

杨寰宇(1912.12—2004.1),洪洞县南段村人。1938年1月参加革命并加入中国共产党。抗战期间,在曲沃县任武装自卫队中队长,在浮山县任抗日民主政府武装科科长、公安局局长等职。

1940年2月,参加八路军并在晋东南抗大一分校和总校学习;1940年7月,在八路军炮兵团教导营二队任班长;1941年8月,调陕甘宁边区在延安抗大三分校和军事学院学习;1942年,部队开往南泥湾桃宝峪边训练边生产;1945年1月成立延安炮校任一区队队长。解放战争时期,参加平津战役、解放太原战役,参加北平入城仪式。

1951年初,参加抗美援朝任志愿军炮八师三十一团副参谋长、副团长、党委委员;1955年5月,任炮七师副师长、党委委员;1958年秋,任福建省军区司令部炮兵处主任。被国防部授予三级独立自由勋章、三级解放勋章;1952年,被朝鲜民主主义人民共和国授予二级自由独立勋章、三级国旗勋章。

曾荣获解放东北纪念章、解放华北纪念章、解放华中南纪念章、东北人民解放军艰苦奋斗奖章等。转入地方后任太谷县政协副主席,20世纪60年代退休,后改为离休。

赵龙殿

赵龙殿(1896—1944),祖籍山西省万泉县(今万荣县)。1896年生于山西省曲沃县下陈村一个农民家庭。兄弟三人,他为老二,小学文化程度。青年丧妻,有一体质瘦弱的儿子与他朝夕相伴,艰难地苦度岁月。

1938年,经赵丕显介绍加入中国共产党,成为下陈党支部第六名党员。1939年"晋西事变"后,中共曲沃县委书记席炳午即把县委驻扎在下陈,开始就住在赵龙殿家里。

1940年1月,受席炳午等县委同志委派,与翼城县长李丙辰的爱人陈英兄妹相扮,以走亲戚的名义,徒步到太岳根据地岳阳(今安泽)与上级党组织取得联系,"完成了一件了不起的工作"。

1942年后,任中共曲沃县委秘书。1944年,与其胞兄赵龙池在根据地染上伤寒,因缺医少药不治身亡,终年48岁。

常全福

常全福(1923.5—1943.8),1923年出生于山西省曲沃县常家村一个普通农民家庭。

抗战初期,他和同学们在小学教师李顺天的带领下,写标语、演节目,积极参加抗日宣传。1938年3月,16岁的常全福加入中国共产党,并担任中共曲沃县委武装部交通员,经常往来于县委和中条地委之间,出色地完成任务。县委派常全福打入高显火车站做地下工作,当巡道工。他利用合法身份,保护和接送过很多同志,从未发生过任何事故。

1942年4月,任中共曲沃第四区分委书记。1943年6月,由于叛徒出卖,常全福翻墙越院跑回太岳四地委,在地委敌工科工作。

1943年5月,奉命到垣曲、夏县交界的徐家山执行任务,途遇日军"扫荡",为掩护战友转移,只身同30余名日伪军奋战,负伤被俘。敌人用尽酷刑,但他坚守党的机密,宁死不降。

敌人将常全福杀害于夏县城内,年仅20岁。

王益民

王益民(1917.9—2006.2),原名卫焕章,曾用名宁流,1917年9月出生于山西省曲沃县靳庄村。

1933年毕业于曲沃县立二年制师范学校,曾在东辛村、靳庄村等村庄任过小学教员。

1937年冬,在曲沃凤城兵营(现侯马市凤城村北,山西青年抗敌决死队三纵队在这里成立,山西民族革命大学第四分校旧址),参加牺盟会李长庚、崔斗臣举办的为期一个月的"教师培训班",接受革命思想。

1939年4月,在陕西宜川秋林镇第二战区军、政、民训委会三处任文书,后在集训团民运队学习一个月调牺盟会总部工作。

1940年1月,任曲沃县牺盟会青救会秘书。1940年4月加入中国共产党,是曲沃县靳庄村第一任支部书记。

1940年5月,受中共曲沃县委派遣和吉蔼元一起组建曲沃县特务队,吉蔼元任队长,卫焕章任指导员。

1940年10月,受党组织派遣,打入国民党第五集团军中条山游击二支队,任第一大队大队长。

1941年3月,任曲沃县五区南小区组织委员,1942年5月任翼城敌工站曲沃负责人,1943年4月任中共曲襄县委城工部曲沃负责人,1945年12月任中共曲沃县委城工部副部长(负责全面工作)。

1947年7月任太岳区党委党校支部书记、太岳区党委工委副书记。

中华人民共和国成立后,历任太原市委办公室秘书,太原市政府人事局干部科科长、副局长、局长。1960年3月至1967年1月任山西省人事局副局长、党组副书记,山西省人事局局长、党组书记,山西省人委副秘书长兼省人事局局长。

"文化大革命"中,受到迫害,被批斗、审查,下放到临汾地区西侯马村插队。

1973年任侯马纺织厂党委书记兼厂长,1975年任山西省政协筹备组成员、副秘书长,是山西省政协第四届、第五届委员。1979年4月任山西省委统战部副部长(正厅级)。

1984年离休。2006年2月去世,享年89岁。

张裕龙

张裕龙(1920.7—2005.9),山西省曲沃县安居村人。1937年4月参加革命,同年11月加入中国共产党。

战争年代,先后在山西国民兵军官教导十团、山西青年抗敌决死三纵队、太行三分区轮训大队、武乡独立营、决九团、太岳军区二十三旅(临汾旅)任学员、分队长、排长、连指导员、连长、团作训参谋、营长、旅轮训大队大队长、团参谋长等职务。参加秦岗阻击战、百团大战、青浮战役、上党战役、平汉战役、白晋战役、安阳战役、解放曲沃城战斗、运城战役、临汾战役、晋中战役、太临战役、扶眉战役、秦岭战役。因伤势复发到华北军区干部疗养院疗养,被评为二等甲级伤残军人。1950年获西北军政委员会颁发的人民功臣奖章,及解放华北、解放西北纪念章。

1948年临汾战役时,任二十三旅轮训大队大队长,在黄定基旅长直接指挥下,担任攻城主坑道爆破指挥组成员之一，具体组织指挥挖掘一号主坑道,27个昼夜没有离开前沿一步,挖掘坑道117米,装填炸药6200公斤,将临汾城炸开37米,出色地完成战斗任务。二十三旅被中央军委授予"光荣的临汾旅"称号,张裕龙功不可没。

1950年转业地方工作,先后在贸易部、北京华北金属结构厂、山西省第一石油厂、山西石化工业厅、山西轻工厅、山西轻工设计院任科长、厂长、处长、院长等职。

1982年,张裕龙在山西省轻工设计院院长职位上离休,享受红军时期离休干部及正厅级待遇。2005年,荣获中共中央、国务院、中央军委联合颁发的"纪念抗日战争胜利60周年纪念章"。

2005年9月3日逝世,享年85岁。

杨文学

杨文学(1918—2002.8),化名赵玉奎。1918年生于山西省曲沃县靳庄村。

1938年,任曲沃县工人救国会组织部长。1940年1月,由王益民同志介绍加入中国共产党。

1943年,任靳庄村党支部书记。1943年,担任中共曲沃县委第五区分委组织委员。1945年,任中共曲沃县委秘书。1946年1月,任中共曲沃县第三区分委书记兼区长。1951年,任中共曲沃县委组织部副部长。1956年,任晋南地区企业公司党委书记。

"文化大革命"期间,受到批斗。

平反后,杨文学先后担任襄汾县化肥厂党委书记、厂长,襄汾县委常委、革委会副主任,侯马发电厂党委书记兼厂长,临汾纺织厂党委书记。

1981年,任曲沃县人大常委会副主任。

1985年离休,享受副厅级待遇。

2002年8月逝世,享年84岁。

第三章　解放战争
（1945.9—1949.9）

抗日战争胜利以后，国民党在美帝国主义扶蒋反共政策的支持下，疯狂抢夺人民抗战胜利果实。在晋南，由于日伪阎勾结，国民党垄断受降权利，日伪军拒绝向太岳部队投降。国民党阎锡山部第六十一军在日伪军的接应下，控制了南同蒲铁路及沿线重要城镇。胡宗南也派部队渡黄河入晋，向晋南解放区进犯。

1945年8月17日，日伪曲沃县长郭连庆迎接阎顽曲沃县长侯嘉藩进城。20日，日军从曲沃大营盘撤离，阎顽曲沃爱乡团接管曲沃城防。日伪曲沃县长郭连庆摇身一变，又重新成为国民党阎锡山的军政要员。不久，胡宗南部第十六军所部开进曲沃。上党战役后，阎顽山西省第五专员公署专员续济川溃逃曲沃，晋东南阎顽12个县的军政要员也先后逃往曲沃城。这些阎顽势力为了长期与人民为敌，从10月上旬开始，强迫1.5万余群众挖城壕、修碉堡，大建曲沃城防，把曲沃城修成了阎顽在晋南的第三大堡垒。阎锡山称曲沃是"晋南要塞"，攻不破的"铜墙铁壁"。曲沃人民又一次陷入血与火的深渊。

面临两种前途、两种命运的抉择，曲沃人民同仇敌忾，在中国共产党的领导下，打阎顽、斗恶霸、除汉奸；转战敌后，浴血奋战，为冲破黎明前的黑暗，迎接新曙光的到来，打了一场人民战争，书写了可歌可泣的篇章。

第一节　中共曲沃县委的重新组建

1945年8月15日日本宣布无条件投降以后，中共太岳区委为了迅速开辟南同蒲铁路沿线工作，根据中共中央"针锋相对，寸土必争"的方针，首先把开辟新区的重点指向曲沃。

曲沃是晋南三角地带重镇，这里交通便利，土地肥沃，历来为兵家必争之地。日军投降以后，阎锡山抢占战略要点，日伪曲沃县长郭连庆接应阎顽曲沃县长侯嘉藩进城，抢夺曲沃人民抗战胜利的果实。上党大捷后，阎顽第五专员公署专员续济川溃逃曲沃，逼迫大量民工挖壕筑堡，加强曲沃城防，企图以此为阎锡山统治晋南，进攻上党建立堡垒阵地，继续与人民为敌。

曲沃是太岳区的南大门，开辟曲沃地区的工作，对于打开南同蒲沿线局面，有着极其重要的意义。

10月初，中共太岳第四地委重新组建中共曲沃县委，任命陆达为中共曲沃县委书记兼太岳第四军分区西线工作队队长，任命原中共垣曲县委城工部部长李顺天为中共曲沃县委副书记兼组织部长，组织部副部长唐华民，宣传部长李琦。初期，由陆、李二人全面负责曲沃地区的开辟工作。由于敌人对曲沃控制甚严，陆达他们很难插进去，只能以西线工作队的名义在翼城、绛县边缘山区活动。后来，通过杨文学与曲沃地下党组织取得联系，调出来一些共产党员和积极分子，组织了一个几十人的曲沃县大队，也就是西线工作队直接指挥的武装力量。10月下旬，在中共翼城县委的帮助下，队伍逐渐扩大，曲沃县大队发展到100余人。县大队经常深入敌后开展游击战争，打击阎顽编村政权，走到哪里就开辟到哪里，最后的目的是要落脚到曲沃县。

11月初，陆达和杨鹤翔率领县大队，在邹桐带领的翼城武工队配合下，深入五区进行侦察，并和听城党的地下工作人员吉子温取得联系。傍晚，县大队从翼城东山出发，连夜越过浍河，直插距曲沃县城只有十几里的听城村，在吉子温的接应下，潜入听城编村驻地，当场处决了作恶多端、民愤极大的同志会编村特派员秦华，沿途还散发了大量揭露阎顽黑暗统治的宣传品。第二天拂晓，阎顽北董据点之敌人到贺村一带巡逻，在群众的帮助下，县大队打了敌人一个伏击，活捉一人，其余狼狈逃窜。

这次大胆的行动打掉了听城编村，处决了恶霸分子，散发了大量传单，特别是蒋玉梅机智地潜入曲沃城关，把宣传品贴到了敌人炮楼上，吓破了敌人的胆。八路军下山的消息不胫而走，迅速传遍曲沃村镇。广大群众欢欣鼓舞，认为八路军就要打过来了，曲沃人民有了希望；而敌人却惶惶不安，一到晚上便龟缩在碉堡里，不敢轻易出动。

12月，县大队配合太岳军区第四军分区第十七团，在翼城、绛县、闻喜一带进行游击活动。一次，配合十三旅陈康部队攻克闻喜乔寺村时，消灭晋南剿共自卫队王万顺的一个支队1000余人。后来又打下绛县南樊镇，接着攻克翼城县郑壁村。

12月28日，四纵队十一旅攻克翼城县城，歼敌千余人。西线工作队配合部队深入曲沃五区、二区一带攻击敌人据点。

在八路军声威震慑下,曲村、北董据点之敌害怕被歼,仓皇逃回县城,五区、二区大片土地解放了,西线工作队全体人员进驻曲村。

12月下旬,太岳行署重新调整了行政区划,曲沃归属太岳二专署。中共太岳区委宣传部长李哲人和中共太岳二地委书记杨蔚屏、宣传部长祁果、民运部长邹桐等领导同志,相继到曲沃指导工作。

1946年1月3日,在曲村成立了曲沃县民主政府,中共曲沃县委、县民主政府驻曲村大悲院。后来中共曲沃县委迁往郇村,县民主政府驻毛张。

此间,中共曲沃县委、县民主政府组织全体干部深入农村宣传党的政策,开展群众工作。随后,又开辟了三区、四区部分地区,准备迎接和支援八路军攻打曲沃县城。

第二节　李信忠、苏文起义

1945年10月30日,国民党第十一战区副司令长官兼新八军军长高树勋,为反对蒋介石打内战,率万余人在邯郸前线宣布起义。这一举动,打破了国民党蒋介石沿平汉、同蒲、平绥、津浦4条铁路向解放区进攻的阴谋。消息传开,世人震惊。为此,毛泽东主席号召全党全军开展"高树勋运动""策动敌军起义,反对内战,瓦解国民党军的战斗意志"。

李信忠起义

1945年8月17日,阎属曲沃县长侯嘉藩进入曲沃城。同时,阎锡山把伪曲沃县保安队改编为省防军十二师。

省防军十二师一营二排排长李信忠思想进步,其属下有个士兵叫石建民,是抗战时期地下党派遣的共产党员。

1945年10月,保安队在高显驻防。

一天,李信忠带一个排护送省防军的刘师长去曲沃城。顺利完成任务后,他们在返回途中,夜宿南上官(现属侯马市),这时部队处于独立状态。石建民认为策反的时机已经成熟,就立即找李信忠面谈,没想到李信忠也早有此意,只是苦于没有机会。石、李二人一拍即合,为了防止夜长梦多,他们当机立断,决定立即起义。他们连夜带领志愿加入的20余人奔赴新绛俊耳庄,第二天一早顺利到达汾南游击队驻地。

汾南游击队是共产党领导的一支地方武装,解放战争时期主要活动在新绛以东、侯马以西地区,打击地主武装,破坏交通,配合主力部队作战。

经过整编,李信忠带领的起义人员组成汾南游击队之曲沃游击队,李信忠任队长,不久发展到40余人,在曲沃、侯马、新绛一带活动。

苏文起义

中共太岳区委响应毛泽东主席的号召,决定策动山西省防军第四军十二师三十五团、三十六团举行起义。这两个团是抗日战争时期曲沃县日伪警备队、自卫团改编的。

"晋西事变"以后,中共曲沃县委书记卫光荣被阎顽杀害,曲沃革命处于低潮,为了保存革命力量,根据党的"隐蔽精干、长期埋伏、积蓄力量、以待时机"的敌区工作方针,中共曲沃县委派遣部分党员打入伪军,掌握武装,长期隐蔽。打入日伪警备队、自卫团的中共党员也被编入省防军第四军三十五团、三十六团(党员之间为单线联系,不发生横向关系)。所以,策动这两个团举行起义有一定的有利条件:1. 部分共产党员掌握了该团的团、营领导权;2.在打入日伪军内部的中共党员数年辛勤工作下,团结了大批同情分子,他们都是倾向进步、革命的下属士兵。中共太岳区委决定把起义重点放在驻汾城县史村(今襄汾县城)的三十六团。该团团长吉蔼元,营长苏文、王秉法,侦察科长樊逸民等均为中共党员,如举事,成功把握较大。对于驻高显火车站的三十五团一营(营长王凯、副官段国祥均为中共党员),因距史村较远,组织领导和武装保证难以达到,要求他们:如条件允许,尽量参加起义,困难过大时,也不要勉强。起义时间定在11月23日晚上9时。

举事前,中共太岳区委成立了由中共曲襄汾县县委书记姚登山、城市工作部部长张浩、曲沃敌工站负责人王益民组成的起义工作领导组,具体负责起义的有关事宜。

阎顽省防军三十六团驻扎在史村火车站一带,这里还有阎顽另一个团,两团相距不远。为保证起义行动万无一失,太岳第二军分区司令员张祖谅、政治部主任王中青率领军区两个团和洪洞独立团,前来接应起义官兵。

三营营长苏文根据起义指挥部的要求,立即开始行动。他分别找地下党员和同情分子进行谈话,部署任务。凡是要害部位的岗哨,都换成共产党员和同情分子。轻重机枪等重要武器,均掌握在可靠人手里。郭顺田还亲自提了一挺机枪,准备应对突变。约定时刻一到,张祖谅率部直插苏文营,苏文立即下令部队紧急集合,当即宣布起义。接着,王益民作了简短的讲话,除顽固排长王秉成一人逃跑外,全营两个连队全部被带到安全地带。

王秉法二营附近,还驻有阎军一个团,发现二营行动,便开始射击。我接应部队亦投入战斗,战斗非常激烈。靳宗山、朱希圣等带领四连全部、董焕士带领五连一部迅速赶回到接应部队防区,宣布起义。但王秉法、祁英杰、白国宝没能摆脱敌人封锁。

郭玉莲(三十六团副官、中共党员)把团部剩余人员和机枪连全部人员,均带到安全地带,宣布起义。中共党员、团长吉蔼元借故带他的几个警卫去了临汾,拒不执行起义指示。之后,党组织派交通员蒋玉梅到临汾,继续要吉蔼元起义。但吉蔼元仍拒不执行指示,并企图杀害蒋玉梅同志,未遂。冬季,吉蔼元带省防军向安泽革命根据地进犯,行至富家滩时,被晋冀鲁豫野战军第四纵队第十旅周希汉部包围,在阵地上被击毙。

起义部队集中后,经过编队清查,发现还有部分中共党员和同情分子没能摆脱敌人封锁,因此部分官兵未能带过来。王益民当即决定,派郭玉莲迅速返回三十六团,继续做党的地下工作,同时监视吉蔼元的行动,争取尽快把剩余官兵拉过来。郭二话没说,提上手枪立即返回三十六团。

在这次行动中,苏文坚决执行党组织的决定,和副营长郑耀辉一起,对起义工作作了周密安排,使240余名官兵携带150余支步枪、6挺机枪、万余发子弹,在接应部队配合下,顺利回到解放区,受到解放区人民的热烈欢迎。

经过集训,12月5日,成立了汾东民主建国军第一支队,苏文任支队长、樊逸民任政治委员、畅光明任一连指导员、边有功任二连指导员、朱希圣任三连指导员,祁英杰到曲沃县武工队任副队长,并通电全国,坚决反对国民党反动派打内战。

第三节　第一次攻打曲沃城

1945年，国共双方签署《双十协定》后，阎锡山为在停战前夕迅速抢占战略要点，不断侵袭解放区，国民党胡宗南部也北渡黄河，沿同蒲铁路北犯，侵入太岳解放区，妄图控制晋南。

为了保卫抗战胜利果实，截断南同蒲铁路，阻敌北上，粉碎胡宗南、阎锡山企图分割和摧毁太岳、太行解放区的阴谋，晋冀鲁豫野战军第四纵队（以下简称第四纵队）和太岳军区部队主力，遵照中共中央军委指示，发起同蒲战役。在我军连续打击下，国民党军聚集于临汾、洪洞、赵城三个交通据点，不敢贸然进犯。但考虑到临汾以北国民党军主力集结，不易歼灭，而临汾以南汾河两岸地区敌守备薄弱的情况。陈赓司令员决定第四纵队并太岳军区主力乘虚向曲沃、翼城地区进击。

12月28日，十一旅攻克翼城县城；第二十三旅六十七团攻克翼城郑壁；六十九团到达曲村、高显后，守敌闻风逃进曲沃城；第二十三旅六十八团攻克曲沃万户。

1946年1月5日，中共中央军委电令第四纵队和太岳军区部队，迅速攻占曲沃、新绛地区，控制侯马南北交通，以保持太岳部队已得阵地的有利态势。据此，陈赓、王新亭于1月6日率第四纵队并太岳军区主力，分别从翼城、浮山、赵城等地同时出动，十三旅三十九团和二十四旅直插蒙城、高显，阻击临汾之敌南犯；十一旅直捣晋南重镇侯马，乘机攻占新绛；第十旅、第二十三旅和第十三旅主力围攻曲沃城。

攻打曲沃城是这次战役的重点，由陈赓、王新亭共同部署。攻城部队以十旅政委刘忠、旅长周希汉，十三旅旅长陈康、二十三旅旅长黄定基组成前线指挥部。

7日,八路军开始向曲村、听城、辛村桥、北董、东张寨集结。部队到达后立即派人对曲沃城周进行侦察,并着手进行攻城准备。指挥部首长均亲临前沿察看地形,研究作战部署。中共曲沃县委和新成立的曲沃县民主政府,随前线指挥部组织群众配合部队攻城。潜伏在城内的地下工作人员王守仁冒着生命危险潜出城外,为攻城部队送来《曲沃城防实力部署图》。

指挥部根据掌握的情况,明确第十旅担任主攻,夺取西关后从西门发起登城战斗;十三旅三十七团、三十八团在北关佯攻;第二十三旅、汾东民主建国军第一支队攻打东关;长子独立团佯攻南关。

9日,部队进入阵地,开始修筑工事,进行战前准备。

曲沃北有蒙坑之险、南有铁岭之固,北通临汾、南连运城,为进攻上党之大门,古为兵家必争之地。在连年的战乱中,日、伪、阎都把曲沃城作为军事要地一再修筑加固。曲沃城墙坚固雄厚,青砖高墙,巍然壮观,城防易守难攻。早在抗战时期,即为日军二十师团司令部所在地。日伪县长郭连庆为加强曲沃城防,强迫民工挖战壕、筑寨墙,城周修了数百个炮楼,城防工程十分浩大,把曲沃城营造成一座难攻易守的坚固堡垒。为此不知多少劳动人民死于日军的屠刀之下。上党战役后,阎顽山西第五专员公署溃退曲沃,为继续与人民为敌,专员续济川巧取豪夺、横征暴敛,在曲沃、翼城、绛县等地拉丁抓夫,调用民工万余人再次加筑城防工事,历时4个多月,耗费民工160多万个,把曲沃城修成阎锡山在晋南的三大军事基地之一,号称"晋南要塞"。

曲沃城周设三道防线,以城关外多个支撑点组成外围防线,其中城东最强。关帝庙外南北两侧依自然地形构筑成南北两个土寨,寨外有外壕,壕内沿有围墙、高碉和暗堡,两寨之间有一大碉堡连接,并有暗道直通大东关,所有道路、外壕都布设了地雷、鹿砦、铁丝网、绊马坑。

大东关、小东关、北关、上西关、下西关、香关、大南关、小南关为第二道防线,各关四周都挖有深10米宽15米的外壕,外壕内沿筑有1.5米高的胸墙,壕内设有陷阱、竹尖桩、地雷等,关内大街上筑有各种碉堡。

县城四周长4000余米、高12米左右的古城墙为第三道防线。城墙顶部宽6米,城墙上筑有2米高的垛口,城周均设女儿墙。全城8道城门均建有城楼,四角有角楼,在城楼、角楼上构成火炮、轻重机枪、步枪等多种火器联合使用的瞰射阵地工事。城头四周筑有150多个卧射伏地堡,城墙中部开有射孔,形成交叉火网,接近地面处每50米筑有一暗堡,防止攻城部队云梯越壕、爆破攻击和坑道攻击。城内72条街道均筑碉堡设防。

三道防线都有暗道相连,利于扼守、便于机动。城内驻有阎顽山西省第五专员公署、曲沃县政府,晋东南长治、长子、晋城、壶关、陵川、潞城、阳城、屯留、沁水、平顺、高平、浮山等12个逃亡县政府的反动势力,均集中于此。城防司令为专员续济川,守军为保安五团、九团、十团、十三团、十四团、十五团并曲沃、翼城、沁水、长治爱乡团,总兵力1万多人。如此顽敌,如此坚固之城防,使攻打曲沃城的战斗无疑成为一场非同小可的硬仗。

东关第二十三旅阵地上,六十九团为主攻团,六十八团协同六十九团行动,六十七团为预备队在南关佯攻以牵制敌火力。要拿下东关,就必须首先解决东关外围之敌的两个牛眼土寨子。这两个寨子为东关外围集团阵地，其东、南、西三面为一片开阔地，北部为起伏的土坎高地。守敌在这个据点西北角留有小门进出，其余三个角和北边高地均筑有碉堡，共同组成交叉火力网。

11日晚6时，围城部队开始了攻打敌外围防线的战斗。六十九团团长张国斌和二营营长张裕龙，指挥二营六连由东关外西南角小路登上高地，向大东关老爷庙东北方向敌土寨子集团阵地发起进攻。这个阵地依自然地形构筑而成，主阵地有城墙似的高墙，墙上有城垛，开有射孔，墙外有外壕，远处望去好像只有两丈多高，因此攻击突击队准备了3丈多高的梯子。战斗开始，主攻二营在全团火力的掩护下，经过数次冲锋，突破敌阵地，将梯子架起，但距墙头还有丈余高，突击队的战士无法登上敌阵地。营长张裕龙亲自到外壕边沿观察，原来敌墙外壕只有外沿没有内沿，梯子只能在城壕内竖起，这样就不够高了，所以无法登城。随即将部队撤离阵地，攻击中我部伤亡百余人。黄定基旅长命团长张国斌另选进攻路线，重新组织战斗。

张团长命一营接攻敌外围土寨子。一营教导员景仲武和二连长郝其林身先士卒，带头率部向敌阵地发起冲锋，激战中郝连长不幸中弹牺牲，二连指导员李逢祥也身负重伤。这时二连副连长王明典、副指导员李建勋代理连长、指导员指挥全连继续对敌阵地攻击。战斗中，指挥部发现射击、投弹均对敌威胁不大，经观察分析才了解到此阵地围墙为双墙夹层，底层下面有暗堡，可以对外平地射击，墙中部有立射枪眼，墙头可以向外投弹，两墙之间有通道相连，人员可以来回运动，易守难攻。这时代营长刘兆明令三连接替二连继续攻击。三连长李茂元接受任务后,首先组织火力压制敌人,然后率部迅速越过外壕向敌猛冲,战士们登上墙头与敌展开肉搏,打退敌人后乘势占领东南角碉堡。连长李茂元指挥部队向西南方向发展,战斗中不幸头部中弹英勇牺牲。三连指导员李炳立即接替连长指挥部队继续向敌进攻,攻取西南角碉堡后,他又指挥全连向东北方向发展。敌人看势不妙,向西北方向逃跑,三连乘势攻占东关外围土寨子集团阵地防御工事。

12日拂晓,敌人组织了疯狂的反扑,妄图夺回土寨子阵地。六十九团参谋长武士元指挥一营一连奋勇反击,经过反复激战争夺,打退敌人一次次反扑。

六十九团三营营长王玉成、教导员梁超带领战士们向东关外壕抵进,经过激烈战斗,越过外壕并巩固了阵地。这时,敌阵地枪声突然减弱,营长王玉成立即意识到敌人可能逃跑,便命令八连长郭学义迅速率部越过外壕投入战斗。全连指战员在连长带领下,翻过围墙,猛打猛冲,一举突破东关阵地,然后沿东关大街向南北两侧发展,迅速占领了大东门两侧的居民院落,俘敌大部分,少数敌人通过地道逃入城内。战斗中参谋长武士元英勇牺牲。占领东关以后,八路军直抵大东门下,这时,距敌城墙只有几十米远,城墙中部敌人各种武器、射口都看得很清楚。城头敌人不断开枪向八路军阵地射击,并从城头扔下手榴弹,阻止三营进击。张国斌团长命令部队暂停攻击,调整部署,为总攻做准备。决定九连为登城突击队,九连长李佐军、指导员邵永禄接受任务后,在全连进行了短暂动员,战士们情绪非常高涨,很快就做好了登城战斗准备。

西关阵地上,十旅二十八团、二十九团并肩战斗,三十团为预备队,向西关敌阵地发起攻击。只见二十九团一营、三营在营长阙启普和田涯带领下,一鼓作气,突破敌人阵地。接着他们实施了连续爆破、穿墙越院、快速进攻,摧毁了几十个敌地堡,经过7个多小时激战,占领了上西关和下西关。残敌大部龟缩城内。12日晨,外围战斗结束,城外大、小东关,上、下西关均被我军占领。

12日夜11时,总攻战斗开始。

西门外,在强大火力掩护下,二十八团一营和二十九团一营并肩突击,向城外碉堡工事、暗堡守敌发起冲锋,在城下同敌人展开激战。经过顽强拼杀,歼敌一个加强连,毙敌40余人、俘敌60人,缴获轻重机枪6挺、步枪70余支,摧毁了敌城外前沿阵地。这时架梯队的战士们抬着云梯,冒着敌人的封锁,把云梯搭在城门南侧的城墙上,登城突击队的战士们立即出动。不料外壕太深,云梯显得短了些,战士们爬上梯子也难登上城头。二十八团登城突击队的战士上梯后已接近城头,云梯突然被敌从城头扔下的地雷炸断,战士们全被摔了下来。这时城角敌碉堡密集的侧射火力不断打来,城头守敌一个劲地向城下丢手榴弹,突击队的战士们一批批地倒了下去,第一次登城受挫,攻击未能奏效。接着二十八团二营和二十九团二营投入战斗,向敌发起了第二次进攻。

十旅政委刘忠和二十八团团长周学义、二十九团团长蒲大义在西门外前沿指挥战斗。两个团的突击队战士沿西关大街两侧向前冲锋。城头敌人加强了火力,高碉堡、伏地堡的机枪对攻城部队造成极大威胁。六连排长刘福旺在冲锋中英勇牺牲,战士们奋勇战斗,冲到城壕边沿强行架梯登城,敌炸药包又把云梯炸断。这时,敌城墙上炮楼里密集的侧射火力打来,突击战士一批批地倒了下去,百余名指战员伤亡于城壕内外，二十九团二营营长陈梦华在战斗中观察进攻路线时，被敌侧射火力击中胸部壮烈牺牲。攻城未果，只得暂时停止攻击。

十三旅旅长陈康提议，从北关调十三旅主力到西关阵地，以增强突击力量，配合十旅攻城。旅参谋处长郭志伟即刻率三十七团、三十八团主力赶赴西关，向周希汉旅长、刘忠政委报到，领受任务。

为了争取攻城胜利，十旅旅长周希汉带病从北董旅指挥部赶到西关前沿，坐在担架上亲自组织火力、指挥战斗。副旅长楚大明调集4门山炮，排在西关大街上，对着上西门城楼抵近射击，猛烈的炮火把上西门城楼并两侧敌碉堡摧毁。经旅工兵连成功爆破，半壁城墙被炸塌，塌下来的黄土砖石，压断了吊桥，填塞了一段西关通往城下的外壕，使城墙以外形成一个斜坡。

13日凌晨3时，在炮火的掩护下，二十八团、二十九团突击队沿西关大街南侧，三十七团突击队沿西关大街北侧高喊着向城墙冲锋。三十团和三十八团为预备队，随时准备投入战斗。上西门城头两侧守敌并城角高碉堡敌人以迫击炮、轻重机枪、步枪、手榴弹组成密集的交叉火力，疯狂阻拦我登城突击队。

第一批冲上去的突击队战士们大部分伤亡于外壕内外和被炸塌的城墙上下；接着第二批突击队又冲了上去，又遭到敌人火力的重大杀伤。突击战士第三、第四……连续多次冲锋均被敌人强大火力阻拦，未能登上城头。战斗打得十分惨烈，攻城部队付出了重大牺牲。

这时，东方渐渐发白，天就要亮了。如在白天进攻将要付出更大的代价,指挥员们非常着急。十旅副旅长楚大明坚决要求再攻,并拿起手枪准备带头冲锋,政委刘忠也主张再攻,接着又向城头发起冲锋。三十七团九连在连长周肇体、指导员耿玉廷的带领下,在十旅二十八团阵地左侧投入战斗,连续发起两次冲锋,又付出了10多人伤亡的代价,仍未登上城头。部队伤亡很大,战士们都打红了眼,气愤至极。前沿指挥部的十三旅参谋处长郭志伟,手提美式汤姆冲锋枪,不顾警卫员和参谋们的拦阻,跳出战壕举枪高呼:"同志们,跟我冲!"只见二十八团二营营长袁武高、副营长顾永武带领五连、八连突击队,九连副连长辛寅戊带领九连突击队,二十九团一营营长阙启普、三营营长田涯带领三连、九连突击队奋勇冲锋。三十七团九连一班王福生紧跟排长李福茂之后,率领全班从掩蔽处一座房子的窗口一跃而出,冒着敌人密集的弹雨,踏着烈士的血迹,箭步冲向城垣。他们和十旅二十八团、二十九团的突击队共50多人英勇地登上城头,部分战士已冲入城内,沿西街打到城隍庙附近,向文庙方向发展,遭到西门内社仓巷大碉堡和城内侧大碉堡火力封锁。守敌保安五团团长张鸿德组织300余顽徒赤臂反扑,特别是敌人山炮、迫击炮、轻重机枪严密封锁登城道路,攻城突击队员成排倒下,后续部队不能跟进。

由于登上城头的人数太少,城头地方限制,兵力施展不开,登城人员又不成建制,无人统一指挥,加之敌人疯狂反扑,部分进入城内人员前进受阻,无力继续扩大突破口向纵深发展,至晨5时,登城人员控制了上西门城头50多米一段阵地。由于敌城角碉堡侧射火力严密封锁,使后续部队无法登上城去,城头突击队员不能攻入城内,亦不能撤下来,这就形成了城外我攻敌守,城头我守敌反扑的僵持局面。

13日上午,攻城前线指挥部刘忠、周希汉、陈康、黄定基并楚大明对战况进行了研究,决定黄昏以后利用夜色大量投入预备队,最后发起总攻,全力夺城。首长们分头下到主攻团队指导总攻准备,周希汉亲自调整部署,组织总攻火力。部署就绪后刘忠向陈赓司令员通过电话作了汇报。

陈赓司令员问:"你们今晚12时以前能攻下吗?因为军委有命令,今日午夜停止战斗。"

刘忠答道:"我们决心攻下曲沃城,不拔掉这个钉子,对我解放区很不利,同时我们突击队的战士们还蹲在城头,敌火力严密封锁了道路,白天不能进兵,也撤不下来,特别是伤员撤不下来。"

陈司令员讲:"你们能否下午继续攻击呢?"

刘忠答道:"白天攻击伤亡太大,主要是白天登城的把握不大,我们已部署就绪,黄昏后立即攻城。"

陈司令员最后说:"好吧,我们研究后通知你们。"

纵队司令部驻东凝村(现曲沃县史村镇东宁村)。

下午2时30分,谢富治政委和杨奇清副政委、参谋处长李懋之来到曲沃西关指挥部,刘忠、周希汉、陈康、黄定基等进行了详细汇报,并报告黄昏后继续进攻的计划。纵队政委谢富治亲自到前沿阵地查看后提出:"万一今晚12时前攻不下来怎么办?"刘忠答道:"决心12时前拿下,万一攻不下来,三人军事小组又不在场,有什么关系,拂晓前定可攻下!"陈康、楚大明都同意黄昏继续进攻,谢政委说:"城内72条街巷,都筑有高低碉堡,今晚12时能解决战斗?你就那么有把握?"表示不同意继续攻城。

政委走后，指挥部对政委的指示和战况进行了认真分析。周希汉旅长讲："谢政委的态度很明确，不让我们再攻了，如果我们继续进攻，就违背了纵队首长的意图，更重要的是要严格执行中央军委的停战命令。"周希汉同意撤兵。黄定基、陈康亦表示同意。楚大明认为仗打到这个份上，眼看就要胜利，思想上一时转不过弯来，仍坚持继续攻击，并说："消灭敌人还犯罪吗？"刘忠经过反复考虑，为了顾全信义，忠实履行停战命令，最后下定决心，取消黄昏继续攻城的计划，并下令天黑后掩护城头突击队员撤下阵地，退出战斗。

攻城部队接到撤出战斗的命令后，多数指战员想不通，认为几天的战斗付出了重大牺牲，眼看就要胜利却放弃了，纷纷要求继续战斗，拿下曲沃城，为牺牲的战友报仇。同志们的要求反映到陈赓司令员那里，陈司令耐心地说："指战员们的心情我能理解，但按时撤出战斗的命令必须执行。国共双方零点停火的电报，是以周恩来副主席的名义发来的，要求各战区部队必须无条件遵守，我们哪能例外？撤出战斗后的思想工作由我来做。"二十三旅攻城部队已将梯子抬到冲锋出发地，马上就要开始登城动作。这时旅长黄定基亲自来到东城墙下，给指战员们传达撤退令并做解释工作。他语重心长地说："同志们，我们都要听党中央的话，坚决执行中央军委的命令，要顾全大局，一切行动都要从大局出发。"经耐心说服，指战员执行了命令，恋恋不舍地撤出阵地。

天黑以后，部队撤退完毕，刘忠政委还待在西关指挥部不愿离开，参谋人员说："政委，部队撤完了，我们走吧！"刘忠气愤地说："打了半辈子仗，都没有这次窝囊，我的心都要碎了！"

从 1945 年 10 月 26 日开始,到 1946 年 1 月 13 日为止,晋冀鲁豫野战军四纵队并太岳军区部队,在霍(县)、赵(城)、曲(沃)、翼(城)地区作战,全称同蒲战役。战役历时两月余,歼敌 8000 人,先后解放了赵城、翼城、侯马、高显、蒙城、水头、东镇等重要城镇,破坏了灵石至洪洞之间的铁路交通,控制了南同蒲蒙城至水头 110 多公里的铁路,阻止了国民党胡宗南部沿同蒲铁路继续北上的企图,切断了蒋阎南北联系。这对堵住华北的南大门,掩护人民军队在东北一线战斗的开展,起了重要作用,为共产党和人民军队在晋南地区开辟了停战以后的有利局面,为今后的对敌斗争创造了良好条件。

第四节　开展反奸清算

1946 年 1 月 13 日午夜停战令生效后,阎锡山第五专员公署及其部队孤踞曲沃城,城外所有村镇均属我军防地。

停战后,中共曲沃县委、县民主政府正式开始工作,随后成立了县农会、县武装委员会。

中共曲沃县委决定在侯马召开庆祝解放大会。陆达、唐华民、杨文学等为大会做了充分准备。解放了的人民喜气洋洋、欢欣鼓舞。1 月 17 日,庆祝解放大会在侯马镇召开,侯马商民及西侯马、南堡、张少、上马、隘口、南西庄等 43 村群众,手执红、黄、绿各色小旗,兴高采烈地从四面八方向侯马广场云集。侯马镇到处呈现出解放后的新气象。陆达代表县委、县民主政府发表讲话,慰问驻军广大指战员。孙礼县长在大会上宣讲了解放后的政策、法令。

会后,陆达还陪同陈赓、孙定国到垤上村看望了彭真母亲及全家老小。

中共曲沃县委抓住曲沃广大村镇全部解放的有利时机，安排部署在农村开展反奸清算和减租减息，进而进行土地改革的群众运动，目的是狠狠地打击汉奸、特务、地主恶霸。中共曲沃县委在曲村召开全县干部会议，对开展反奸清算土地改革进行动员。

这次运动在具体方法上采取突破一点、推动全面、点面结合的办法。首先在五区的郇村、下坞、杨谈，三区的侯马、秦村、乔山底，四区的高显、小里、安居，二区的吉庄、北董等村布点，宣传党的政策，充分发动群众，唤醒群众觉悟，使他们自己起来揭露汉奸、特务、地主恶霸的罪恶，镇压罪大恶极的坏分子，推动群众运动广泛迅猛地向前发展。运动共分为三步：

一、广泛发动群众

1946年2月初，中共曲沃县委、县民主政府组织各界人民在侯马、高显、里村、蒙城向三人执行小组控诉阎顽祸国殃民、破坏停战协定的罪行。通过群众诉苦，灭了敌人的威风，大长了群众志气，拉开了曲沃人民反奸清算斗争的序幕。在群众逐步醒悟、情绪高涨的情况下，因势利导，进行反奸清算斗争。

二、打击镇压汉奸、特务、地主恶霸

多年以来，汉奸、特务、地主恶霸骑在老百姓头上作威作福，群众敢怒不敢言，内心早已对其恨之入骨。反奸清算运动代表了人民的愿望和利益，也是人民群众的迫切要求。如果不铲除这些坏人，群众就有思想顾虑，不敢起来实行土地改革，新解放区人民政权也就难以巩固。因此，中共曲沃县委顺应民意，放手发动群众，大张旗鼓地开展打击镇压汉奸、特务、

地主恶霸的斗争,深得人民群众的支持和拥护。

为了迅速打开工作局面,中共曲沃县委、县民主政府在郇村召开了五区、二区、一区3000多群众参加的诉苦大会。群众以血的事实,愤怒地控诉了汉奸屈新盛和伪顽人员朱贵芳在抗战时期为日军卖命,残害人民的滔天罪行。这一举动,使汉奸恶霸闻风丧胆,令受苦人民扬眉吐气。三区乔山底村工作队起初缺乏斗争经验,被坏人篡夺了村政权,让地主韩风鸣、郭宏雁、恶霸刘铁蛋钻了空子,打死了贫农杨金花、杨春城姐弟二人。查明情况后,中共曲沃县委在侯马召开万人诉苦大会,发动群众,揭穿地主阴谋,当场镇压了地主恶霸韩风鸣、郭宏雁、刘铁蛋,为穷苦群众报了仇、撑了腰。

规模盛大的郇村、侯马群众诉苦复仇大会,东西两地相互呼应,大快人心,对全县震动很大。之后,各区、村都相继召开了斗争恶霸地主大会,从而激起广大受苦群众复仇的熊熊烈火,诉苦复仇运动迅速遍及全县,掀起了横扫汉奸、特务、地主恶霸的群众运动新高潮。

八路军在曲村驻扎期间,部队与群众一起,在正月十五、十六和十七举行提灯游行,庆祝和平胜利,并在听城、下坞分别召开万人大会,公审枪决听城编村特派员卫忠、下坞编村村粮服员刘续贵。

三、实行土地改革

在进行反奸清算斗争的基础上,中共曲沃县委根据形势发展,及时引导群众把工作重点逐步转移到土地改革运动方面来。

中共曲沃县委、县民主政府全体干部组成农村工作队,分散到基点村,深入群众,访贫问苦,发现培养群众中的积极分子,组织起贫农组、贫民团,成立村农会。工作中,为掌握好政策,先分析情况,进行小组预演。然后召开群众斗争大会,提升群众觉悟,使贫雇农行动起来,控诉、清算地主恶霸高利贷和重租剥削。运动中,认真遵照党的政策,紧紧依靠贫农,注意团结中农、知识分子,保护工商业者,把斗争矛头直接指向汉奸、特务、地主恶霸,以达到消灭封建制度的目的。

曲沃是棉麦产区,又盛产烟叶,群众生活比较富裕,农民中中农占的比重较大,中农又是发展生产的一支主力军,中农问题是团结大多数的问题,也关系到能否取得土改的彻底胜利,是关系全局的大事。因此,土改中团结中农就显得尤为重要。

曲沃工商业比较发达,主要集中在曲沃城、曲村镇、侯马镇、高显镇。卷烟厂大都集中在曲村镇和高显镇,旱烟作坊以农村为多,产品多在省内销售,有的还畅销俄罗斯等地。土改一开始,工商业者长期受敌人反动宣传,对共产党的政策还不了解,只怕政府没收他们的工厂、烟叶。工作队召集他们开会,明确告诉他们,共产党的政策是保护工商业,支持工商业者发展生产,以稳定市场、保证供应、安定民心。党的政策使工商业者丢掉顾虑,努力生产,从而保障了群众生活,促进了全县生产发展,物价回落。曲沃县三大集镇之一的曲村镇,每逢三、六、九集日,人山人海,繁荣兴盛。商人们高兴地说:"过去只有关门大吉,现在是开市大吉。"

第五节　转战东山坚持斗争

1946年4月,中共曲沃县委书记陆达调回中共太岳区委宣传部任宣传科长,陈冰之接任县委书记,县委副书记兼组织部长李顺天、宣传部长李琦、城工部副部长王益民。县长孙礼调回地委,田明德接任县长职务。

8月18日,蒋介石派嫡系胡宗南部,大规模地进攻晋南解放区。

中共曲沃县委、县民主政府及全县区、村干部,干部家属,民兵,包括彭真母亲、兄嫂(一家十几口人)共2000多人,转战东山,在翼城县的浇底、曹村、石庄、卫庄一带坚持斗争。

25日,国民党第一师与城内守军配合,向曲沃、翼城地区大举进犯。一路沿同蒲铁路北进,侵占高显、蒙城两地。一路由曲沃经苏村、听城北犯,侵占曲村、下坞两地;一路沿曲(沃)翼(城)公路向翼城进犯,侵占秦岗、史村一带。蒋阎占领曲沃后,各村恶霸地主勾结阎军、编村、还乡团疯狂进行倒算报复。据不完全统计,活埋、枪毙农会会员、民兵、妇女、村干部、积极分子和无辜群众50余人,将他们捆、绑、吊、打、割乳、剖腹,惨不忍睹。全县被抓捕关入监狱的竟达130余人。乔山底恶霸地主韩风鸣的儿子韩贵生和其妹韩桂英,勾结阎军营长,将郭村农会主席牛明智、武委主任孟金平绑架到单家营北寺院,用刀、剪、锥子活活刺死,手段极其残忍。

广大群众不甘受蒋阎反动政权的压迫,纷纷转移东山根据地。在县民主政府和县指挥部领导下,有计划地让群众转移,据调查统计,全县55个村139户共有428口人转移出来。二专署指示曲翼两县成立曲沃难民安置救委会,帮助难民安家,发展生产,并拨小米200石予以救济。

因阎军隔离,部分群众转移到曲高公路以南翼城翔山脚下郭家坡地区,大部分转移到路北浮山、青城一带。

曲沃2000多转移群众到了东山,吃住成了大问题。热情好客的解放区群众,尽管自己并不富裕,还是腾出最好的民房,送面、锅灶,帮助曲沃转移群众安家,使大家很快安定下来。晋冀鲁豫边区人民政府主席杨秀峰亲自慰问曲沃转移群众,并拨200石小米予以救济,还发放了贷款,鼓励群众想方设法开展生产自救,共渡难关。

阳城县民主政府特设难民招待站,对转移出来的人员进行妥善安置,找房、借粮、借款,帮助成立生产销售合作社,解决长期生活及子弟入学问题。

在领导的关心和解放区人民的热情帮助下,转移群众成立了各种形式的合作社,有的搞运输,有的做小买卖;有的开荒种地,发展生产;妇女们纺线织布,同时还办起了学校。经过共同努力,不但解决了几千人的生活问题,还保证了前方民兵的穿衣和吃饭问题。

秋季,曲沃民兵总队在东山成立,以区为单位,建立4个民兵大队,在中共曲沃县委领导下,配合太岳部队,打击阎顽军队和胡宗南部队。

冬季,中共太岳二地委书记杨蔚屏率领两个地方团,由曲沃县公安局配合,袭击驻在曲村镇的阎军,未克,撤回根据地,但鼓舞了群众,震慑了敌人。

蒋阎军侵占曲沃后,乘机向翻身农民报复,进行倒算。万户地主张建华威胁翻身农民倾家荡产地给他交粮。山下村地主李自成百般侮辱翻身农民。转战东山民兵干部闻讯后,立即荷枪回乡,开展反倒算攻势。第五区第二连指导员陈鸿德带领史景坊、申清源、兰守信等抓住李自成,还有下坞"复仇团"事务王猛虎,倒算头子胡金殿、孙联荣等,予以镇压。

1947年1月，太岳军区部队配合吕梁解放区二区作战，于除夕夜出击，突入曲翼公路，解放手工业区曲村镇，歼灭"爱乡团"第三营全部400余人及阎伪第四区武装区公所，占领秦岗、王村、辛村桥等多处。收复高显、蒙城、下坞等地，歼灭敌三十九师一团一营500余人。县民主政府接受人民要求，在曲村镇公审倒算头子秦炳章和投敌作恶分子赵瀛台，当即执行枪决。

阎锡山五专署专员兼城防司令侯嘉藩，出动翼城爱乡团、曲沃爱乡团和保五团、保九团各一个营的兵力，在胡宗南驻蒙城四十九团一个连的配合下，于4月2日对塔儿山进行"扫荡"。恰在这里，民主政府县长孙礼带领县大队100余人，在警四团一个侦察排的配合下，插进曲沃活动，与"扫荡"的阎军遭遇，遂发生激烈战斗，被敌人俘虏20多人。此次战斗中，郑村民兵队长张玉臣为掩护部队撤退，遭到数倍于己的阎军包围，他双手拉开腰间6个手榴弹，炸死炸伤敌人7个，壮烈牺牲。

第六节　攻克曲沃城

1947年春，国民党部队向解放区全面进攻破产后，被迫改为向陕北、山东两大解放区的重点进攻。为紧密配合陕北军民作战，坚决打击进攻陕北的国民党胡宗南部侧后。陈赓、王新亭根据中央军委关于"迅速向临汾以南之曲沃、河津、风陵渡方向进攻，大量歼灭敌人有生力量，扩大解放区"的指示，率晋冀鲁豫野战军第四纵队、太岳军区部队共6个旅5万余人，在134个民兵连与6万参战民工的大力支援下，乘国民党军兵力薄弱之机，发动了"晋南攻势"作战，歼灭守军，策应陕北解放区部队作战。

4月4日,人民解放军出其不意多路出击,扑向侯马、高显、蒙城,腰斩同蒲铁路。接着,越过汾河,直插新绛、稷山、河津。5日夜,解放军十三旅、二十三旅突然包围了曲沃城。曲沃、阳城、沁水、晋城、翼城、浮山的民工大队,参加了解放曲沃的支前作战。

曲沃位于晋南交通枢纽,控制着南同蒲铁路和太茅、晋禹公路,在军事上具有重要地位,曲沃城又是阎锡山在晋南长期经营的三大反动堡垒之一。曲沃守敌为阎顽第五专署保安第九、十、十三团和保安五团残部,另有曲沃、沁水、长治等县爱乡团,共4000余人,由阎顽专员侯嘉藩亲自坐镇指挥。

该城城墙高厚、设防坚固。早在抗战时期,日伪县长郭连庆就强迫群众修炮楼、筑寨墙、挖外壕,后又由续济川、侯嘉藩加紧赶修。城周10门9关及城内72条街巷,共修主碉、炮碉、子母碉、梅花碉等明碉暗堡945个,12米高的城墙上筑伏地碉堡150多个。城墙中部设有腰枪眼,上中下作战工事组成三层交叉火力。城墙外,环城挖有一条4500多米长,深宽各15米的护城外壕,壕内沿筑有胸墙并各种防御工事。外壕内外均布满陷阱、鹿砦和雷区。9关均有高厚的围墙,各自形成独立的防御体系。环绕大东关、小东关、北关、上西关、下西关、大南关、小南关以外,挖有16公里长,深宽各15米左右的环城外壕,内外设地雷、铁丝网等障碍物。关外四周构筑了许多作战工事,大东关外又依自然地形筑了南北两个土寨,以外壕、寨墙、碉堡等形成独立的防御据点,两寨之间有个大碉堡相连,可以相互支援,各个核心阵地之间都有暗道相通,便于机动、利于据守。守敌吹嘘曲沃城固若金汤,是攻不破的"铜墙铁壁",并叫嚣"城存成功,城亡成仁,誓与曲沃城共存亡"。4日晚,守敌开始用沙袋封堵城门。

解放曲沃的战斗打响后,十三旅由西、北两面,二十三旅由东、南两面构筑工事,军区两个独立团积极配合行动。

由于攻打曲沃城是在晋冀鲁豫战场上由防御战转为局部反攻的开始,是由运动战转为攻坚战的首战,全军上下非常重视。陈赓、王新亭亲临前沿进行战前动员,组织部队进行认真准备。陈赓司令员具体指挥和布置了对曲沃城的攻坚作战。他指出,部队由运动作战转入对敌设防坚固城市的攻坚,是一个大转弯,一定要稳扎稳打。陈赓司令员反复叮咛,一定要做好充分准备,上述各项准备好之前,不发起攻城战斗。

战斗准备过程中,陈赓司令员还多次深入前沿检查落实情况。他要求指挥员对战前的各项准备,要逐项进行反复检查,重要任务要落实到每个人,做到万无一失。总攻前,陈赓司令员亲自到北关前沿,召集旅团指挥员,研究爆破以及突击方向等具体问题,对部队鼓舞很大。围城后,人民解放军以土工作业向敌步步逼近,到10日,完成攻击前的准备。

10日黄昏,各部队同时发起迅速扫清外围之敌阵地的战斗。二十三旅六十九团三营、六十七团二营分别攻击大东关外南北两个土寨。六十九团第九连通过暗道爆破,5分钟冲进突破口,经过半小时的战斗,攻占了南寨,全歼守敌两个排,击退关帝庙内敌人反扑。三营乘胜夺取玉皇阁、关帝庙、南稍门,接着攻占南坛巷。六十七团第二营于20时攻占北寨,全歼守敌一个排,随后又夺取北稍门、车巷,协同六十九团沿东关大街继续攻击。24时,大东关被二十三旅全部占领。六十八团于21时攻占大南关外大碉堡,继而攻击大南关,至11日5

时,夺取大南关。

由西、北两面攻城的十三旅三十七团、三十八团、三十九团,经过6个小时激战,全歼守敌两个营,俘敌200余人,相继攻占上西关、下西关、老北关等处。至此,敌外围两道防线全部被突破。

从11日起,解放军根据敌人防御特点修订作战方案,调整部署,积极进行攻城准备。决定以三十七团第一营并六十九团第一营分别担任北门、东门突击任务。以坑道爆破、火力掩护、奋勇突击三结合的战术,登上城墙,打开突破口,保障后续部队突入城内,全歼守敌。战前,登城突击队集中到听城村,利用又高又厚的南城城墙进行多次登城演练,并选择特等射手将敌人雷绳打断多条,扫除前进障碍。

为保证工兵突击分队迫近爆破,各团在曲沃数百名支前民工协助下,一直把坑道挖到敌城外壕边沿,同时,构筑了各种火力工事。

14日下午,攻城准备就绪。

战前,太岳军区司令员王新亭到团前沿指挥部,对登城突击队进行动员。他说:"阎顽地方顽固军比他的正规军更顽固,要狠狠地打,坚决将其消灭。"

曲沃县长孙礼代表曲沃人民为突击队的战士们戴花,对指战员们鼓舞极大。

14日18时,解放军从四面发起总攻,曲沃城完全陷入炮火连天的浓烟火海之中。二十三旅以坑道爆破将大东门城楼右侧炸塌,外壕被填成斜坡。

与此同时,以猛烈的火力压住敌人,六十九团一连、三连并肩突击。一连突击班(第五班)在班长、共产党员黄兴正率领下,迅速冲上突破口,占领城楼北侧两个地堡。突击队排长赵金龙指挥部队勇猛战斗,夺取50米城头阵地并打退了敌人敢死队的首次反扑。激战中,登城英雄黄兴正英勇牺牲,排长赵金龙负重伤,部队由班长马宝才指挥,扼守城头阵地,与反扑之敌展开激烈的战斗。三连连长荆来发指挥一个排同时占领大东门城楼一角,与反扑之敌展开激烈的争夺战斗。突破口上,冲锋与反冲锋、白刃格斗激烈地进行着。一营营长成友全指挥二连强行登城,刚登上突破口,后续部队便被敌猛烈的炮火拦阻割断。

此时东城楼被炸起火,敌又反扑,一度抢占城楼,情况危急。一连、三连伤亡较大,二连奋勇投入。他们以连续爆破和小组突击的战术,血战城头。

经过连续反击,夺回城楼阵地,并向南北两翼发展,夺取了大东门北侧5个地堡和南侧数个单人掩体,坚守在南北80米长的城墙上。敌人疯狂从城墙两端和城内大四牌楼阵地向解放军反击,以猛烈的炮火封锁突破口,妄图把解放军突击队逼到城下。城墙上,硝烟弥漫、震耳欲聋,轻重机枪、手榴弹的爆炸声响成一片。此时,解放军炮兵压制、拦阻敌人的火力射击开始了。炮弹从战士们头上呼啸而过,准确地落在阎军的军事要害部位。不一会儿,后续部队恢复了同突破口阵地的联系。

20时,张国斌团长来到城头,下达指挥部的命令:"突破口牵住了敌人的主力,我们要坚守阵地,拖住敌人,争取时间,配合兄弟部队北门登城。"一营营长成友全表示,不惜一切代价也要守住阵地。敌人发起一次次进攻,炮弹炸得城头砖石横飞,连长荆来发指挥4挺机枪和六〇炮向黑压压的敌群猛扫狠打,只见敌人成排倒下,其余狼狈溃逃。激战中,二连长被炮弹掀倒在城下,该连一排排长石巨元立即站出来指挥全连进行战斗,连续打退敌人八九次反扑。炮火中,石巨元双腿被炸断,仍坚持躺在弹雨中指挥战斗,直到光荣牺牲。这时,二班长张来贵挺身而出,代理排长、连长指挥战斗。他把全连所剩人员和伤员共20余人组织起来,顽强坚守阵地,连续打退敌人13次疯狂反扑。二连指战员发扬"只要还有一个人,这个人就要继续战斗下去"的英雄气概,像钉子一样钉在阵地上,坚守突破口7个小时,紧紧拖住敌人主力,有效地配合了十三旅从北门攻城突击。充分体现出人民解放军英勇顽强的战斗作风。

北门外,在十三旅的阵地上,三十七团一连在6门山炮、12挺机枪的掩护下,迅速冲出坑道,搭起外壕跳板。旅工兵连二排长翟维俊指挥一、二排战士,冒着弹雨巧妙地绕过雷区,越过外壕,将3000斤炸药送到北城门实施爆破。一声巨响,一连指战员乘烟雾迅速冲过外壕。由于地面爆破欠妥,只把城墙揭了一层皮,未能炸开突破口,部队无法突击登城。接着,部队又开始了架梯登城。敌人上中下三层交叉火力猛烈射击,并从墙内的暗堡里用木杠硬顶登城云梯,三次搭梯均未成功,二、三两连相继强攻也不得克。随即,三营投入战斗。九连先行组织登城,云梯均被集束手榴弹炸坏。战斗中,八班战士陈兴智发现城门边被爆破震开了裂缝,班长王安国机智地带领全班扒开砖块、沙袋,从裂缝突入城内。同时,派陈兴智向连部报告了情况。团长王长有听到张志武营长报告九连八班从城门小洞进城的消息后,即令团作战参谋柳森林随八班战士陈兴智钻洞入城进行勘察。柳参谋匍匐入城后,选择好小分队从城内攻占城门楼的进击道路,即刻返回报告。团长命九连连长王希文迅速进城掩护王安国班攻夺城楼。连长王希文马上率领机枪班紧跟进城,一举歼灭城门守敌一个加强排。随即从城内攻克北城楼,向城头西侧扩展。这时,第三连也将北门东侧城头敌人4个碉堡摧毁,一、三两营指战员相继入城,分左右向纵深多路扩展,敌人数次疯狂反击,均被解放军击溃。三十七团英勇顽强突破北城,为攻克曲沃城起到关键作用。此时,三十九团、六十七团并三十八团一部相继进入城内,投入纵深战斗,迅速攻克了保安九团指挥部,打乱了东门反扑之敌的阵脚,激战在东城头的六十九团乘势攻入城内,后续部队相继登城。团长张国斌指挥部队迅速穿插前进,分割包围敌人。党员带头冲锋、战士猛打猛攻,枪声、爆炸声此起彼伏,与敌展开激烈的巷战,连续打退敌数次反扑,占据了大东门内侧8座院落。接着,和兄弟部队一起沿后街、孝母巷、因家巷向南扩展。

巷战中,六十七团九连焦五保战斗组勇猛冲击,结合政治瓦解,连克敌两座院落,俘敌64名,缴获机枪5挺、小炮3门、步枪50支。三十七团九连八班长王安国,入城时挤掉了一只鞋,他赤着脚带领战士们由北门打到西门,战斗了一个通宵,摧毁敌碉堡40个,缴获机枪11挺、步枪106支,俘敌130名。战斗中,有的同志劝他从缴获的敌人物资中拿一双鞋子穿,他严守战场纪律,坚决不拿,直到战斗结束。另有百余名残敌经城西南角向外潜逃,被六十八团、三十八团堵围部队和民兵生俘。敌人在解放军各路部队的夹击下,混乱不堪。最后,解放军在靳家衙将敌城防司令部全歼。

战斗至15日晨6时胜利结束,曲沃城宣告解放。

在攻克曲沃的战斗中,全歼守敌4000余人,其中击毙伤敌1100多人,俘敌3000人。缴获3部电台和大批枪弹、物资。除阎顽五专署专员侯嘉藩带几个残敌逃跑外,五专署同志分会主任王卓五、新任同志会主任李有家、解救团长李增谭、保安九团团长武鸿瑛、阎顽曲沃县长李养源、县同志分会主任张中和,以及晋东南长治、长子、晋城、壶关、陵川、潞城、阳城、屯留、沁水、平顺、高平、浮山等地12县阎顽县长,数百名县政府要员和一大批汉奸、恶霸、逃亡地主等反动势力,均被一网打尽。

曲沃的解放,切断了运城与临汾之敌的联系,使晋南战局发生根本变化,为拔除运城、临汾两孤立据点,解放晋南地区创造了良好的条件。

攻打曲沃期间,十旅、十一旅、二十二旅、二十四旅以席卷之势,横扫汾河南北,从4月4日到15日,解放了翼城、新绛、河津、稷山、荣河、万泉、猗氏、绛县、浮山等9座县城,直捣秦晋天险之禹门口及秦晋豫天险风陵渡,歼敌两万,残敌被压缩到临汾、运城等少数孤立据点。此举打乱了蒋、胡、阎联防体系,使胡宗南侧后之陕西、豫西暴露于人民解放军强大威势之下,有力地配合了陕北解放军作战。

晋冀鲁豫野战军四纵队司令员陈赓对攻克曲沃城的战斗赞许有加,他说:"这是继上党战役以来最大一次攻坚战斗。曲沃城高壕深,比攻打长子、洪洞、赵城、霍县、灵石等城困难都要大。曲沃攻坚,特别是坑道爆破,为以后攻打运城、临汾、太原以至全国的解放战争中的攻坚战斗,提供了成功的经验。"

第七节　土地改革运动

土地改革运动，是亿万劳动者在中国共产党的领导下，彻底摧毁封建的生产关系，以适应生产力发展的大革命。

曲沃县的土地改革运动经历了将近4个年头（1946—1949），大致可分成三个历史阶段。1946年1月，曲沃县第一次获得解放，从3月份开始，全县进行了轰轰烈烈的反奸清算运动。到同年5月，中共中央发出《关于清算减租及土地问题的指示》。按照这一指示，全县在反奸清算的基础上，又进行了没收汉奸、恶霸大地主土地分配给贫苦农民的斗争。直到1946年8月，胡宗南进犯晋南，全县人民被迫中断了这一工作，转移到东山根据地。因此将1946年5月以后至同年8月间的清算反霸、没收土地的斗争作为土改的第一阶段。

1947年4月，曲沃县第二次获得解放，5月，在全县范围内继续开展反倒算以及平分土地的工作，直到1948年2月。这期间的土改主要还是依照中共中央1946年5月《关于清算减租及土地问题的指示》及1933年划分阶级标准所规定的政策进行的。取得很大成绩，但也存在轻微的"左倾"偏向。因之，把1947年5月至1948年2月的土改作为第二阶段。

1948年2月至5月，曲沃县、区主要干部在翼城北冶进行"三查整党"。这期间，《中国土地法大纲》已转达下来，对照《大纲》的精神，从1948年5月至1948年9月，全县对1947年土改中"左"的问题进行了纠偏，并于1948年10月开始，按照《中国土地法大纲》的精神，在全县重新进行了全面的土地改革运动，其方针是"抽多补少，抽肥补瘦，填平补齐"。直到1949年6月，全县土地改革运动基本结束，此为曲沃土改的第三阶段。

土地改革前的阶级状况

曲沃县地处晋南临汾盆地南部,汾水东岸,土地肥沃,气候温和,远自十万年前的旧石器时代,我们的祖先就劳动、生息、繁衍在这块肥沃的土地上,创造了光辉灿烂的文化。经过千百年来劳动人民辛勤的耕耘,曲沃成了闻名三晋的富庶之乡。然而,无论在古老的封建社会,还是近代半殖民地半封建社会,劳动人民虽然创造了数不尽的财富,但在封建主义、帝国主义、官僚买办资产阶级残酷压榨下,生活仍然十分贫困。据载,全县(截至1949年)共有人口105642人,耕种着565500余亩土地,分为5个行政区,散居于塔儿山下、浍水两岸103个行政村、244个自然村中。土改前占人口总数50%以上的贫雇农人均土地仅3亩左右,而占人口不到10%的地主、富农人均土地竟达14.1亩,有的村甚至达30亩左右,中农和其他成分,约占人口的40%,人均土地6亩。广大无地、少地的农民,不得不以租种地主和富农的土地或扛长工、打短工为生。

在仅仅500多平方公里的曲沃境内,竟云集了韩老九、潘利仁、伊国华等十几股土匪,他们占山为王,出没无常,打家劫舍,无恶不作,连日军、阎锡山老县府对他们也奈何不得,转而同他们不断勾结、狼狈为奸。

更为甚者,国民党阎锡山疯狂推行"兵农合一""三人编组"的暴政。

1946年反奸清算后的土地斗争

1946年1月,陈赓率军在粉碎了阎锡山对上党解放区的进攻之后,乘胜追击阎军第五专署续济川部,来到了曲沃,很快解放了除县城以外的广大农村,并在5个区内迅速建立民主政府和各级农会、武委会等组织,开展了轰轰烈烈的反奸清算运动。其主要目标是罪大恶极的汉奸、恶霸,经过群众依法惩办,没收他们的土地财产。对一般地主,则按照抗日民主政府颁布的减租减息合理负担等法令,清算应该退还农民的部分。全县广大农民,在抗战时期深受日军及为虎作伥的汉奸、恶霸、地主和"油房老板"(编村长)的残酷压迫,有着强烈的阶级仇、民族恨,加之从抗战初期以来,全县就有党的地下组织从事群众工作。因此,反奸清算运动很快在全县范围内普遍展开了。

正当全县反奸清算运动深入开展之际,1946年5月4日,中共中央发出《关于清算减租及土地问题的指示》,《指示》决定,把抗日战争时期的减租减息政策进一步改变为没收地主的土地分配给农民的政策,并指出:"解决解放区的土地问题是我党目前最基本的历史任务,是目前一切工作的基本环节。""必须坚决拥护群众,从反奸、清算、减租、减息、退租、退息等斗争中,从地主手中获得土地,实现耕者有其田。"

在中央指示精神鼓舞下,在前段反奸清算运动的基础上,全县向大地主、恶霸夺取土地的斗争迅速开展起来。这次土改,并没有进行过细的登记财产、划分成分等工作,而是在发动贫苦农民积极分子的基础上组织农会,对较为明显的汉奸恶霸、大地主进行斗争,没收他们的土地、房产及浮财等,分给缺少生产资料和生活资料的贫雇农。

通过这些斗争,全县群众运动在很短的时间里迅速地开展了起来。运动中涌现出许多积极分子,一部分加入中国共产党,壮大了党的力量,更为重要的是使共产党在曲沃更赢得了民心,扩大了群众基础。在运动中建立了农会组织和民兵组织以及各级政权组织,为此后二次解放和各项工作的开展打下了良好的基础。

第二次解放后的土地改革

1947年4月15日,曲沃第二次获得解放。但由于破城、参战等任务较重,直至5月底全县才开始土地改革工作。

为了搞好这次土改,中共太岳区党委派出以宣传部办公室副主任赵培心为团长的区委土改工作团来曲沃帮助工作。

中共曲沃县委、县农会组织了本地和外来干部130余人,于5月17日分赴各区。在每个区以邻近村庄划成几个基点村,派能力较强的工作组,负责联系掌握周围各村的情况,指导土改,各村分别派有工作员。

土改开始不久,即进入夏收大忙季节。为了了解情况,改进以后土改工作,趁各村正忙于麦收,中共曲沃县委又召开各基点组长联席会议,在这次会议上,发现许多村子对如何搞土改的问题没弄清。

会上,大家仔细分析了全县的状况,认为曲沃县大部分地区的群众,在1946年反奸清算运动中曾积极地行动起来,搞起了轰轰烈烈的除奸反霸夺取土地的运动。但在蒋阎军占领以后,群众遭受了敌人残酷的倒算,地主夺去了分得的土地,抢了地里的粮食,有的群众因参加运动而被杀害,有的被逼逃亡在外。因此,会议决定全县土改首先应顺应群众最迫切的要求,同地主、恶霸算账。

这次县委基点组长会议后,全县的土改运动按照先试点,后全面的方法,先在各区所在村以及较有影响的大村子开始了土改试点。据了解,全县第一批土改试点的村子有张寨、苏村、郑村、北辛村、吉必、史村、西杨、曲村、下坞、靳庄、张少、北赵等,每个村都派有工作队。

工作队进村后,首先依靠转战东山党员、民兵及家属去串联,动员贫苦农民向他们讲解放军胜利的战争形势,讲他们深受地主、编村、蒋阎政府残酷压榨的历史,从而启发群众找苦根,弄清穷人为啥穷,富人为啥富,自己为什么会受别人欺负。通过这些骨干分子的积极宣传,一些持听天由命思想的人也很快觉悟起来,认识到只有打破封建的地主土地所有制,自己才能掌握自己的命运,从而积极行动起来,成立贫农团和农会,并作为土改的权力机关。

这次土改组织了农会,分了地主一部分土地,建立了村政权,取得了一定的成绩,但由于各种影响,许多村庄群众没有真正发动起来,工作发展极不平衡。因此,县委在1948年又对这些偏向做了纠正。

北冶"三查整党"及纠偏运动

1947年9月,为了适应全国革命形势的发展,党中央在河北平山县召开全国土地会议,制定《中国土地法大纲》,并于同年10月公布。晋冀鲁豫中央局、边区政府又于同年12月28日公布,全区实施《中国土地法大纲》,并制定了补充办法。1948年2月,党中央又陆续发表任弼时《关于土地改革的几个问题》的讲话和《一九四八年土改与整党工作的指示》、毛泽东《在晋绥干部会议上的讲话》等一系列关于土改工作的政策文件。

为了贯彻党中央土改和整党的指示精神,总结前段曲沃县土改的经验和教训,曲沃县于1948年2月开始,分两批在翼城县北冶村(太岳二地委、二专署、二军分区驻地)进行"三查整党"。

北冶整党期间，县委组织学习《中国土地法大纲》等一系列文件。回到县里，县委又组织一大批半脱产的村干部、民兵骨干分子学习，并对照以往的工作找差距。初步认识到曲沃在1946年和1947年的两次土改当中存在的一定程度的"左"倾。因此决定在全县结合土改进行纠偏工作。

全县的纠偏工作是从1948年4月下旬开始的，为了很好地把握政策，县委又于1948年5月20日明确作出了纠补办法（共十一条）。

县委书记曹素人和县长宋钦等主要领导亲自下去指导纠偏工作，并召开工商业会议和一区城关街干部会议，进展很顺利。在曲沃城、侯马镇、曲村镇等工商业集中区纠偏的同时，全县各农村的纠偏工作进展比较顺利，取得很好的效果。

到1948年底，纠偏工作基本结束。这次纠偏运动，由于政策指导思想明确，领导得力，群众积极拥护，很快取得了显著成效，工商业者也逐步安下心来，一心搞经营，市场逐步繁荣起来。

1948年以后的土地改革

纠偏基本结束以后，遵照上级有关指示，县委确定1949年曲沃县的土地改革方针为"抽补调节，而不是在全县范围内再发动一次平分"（在数量上抽多补少，质量上抽肥补瘦）。但由于全县运动发展不平衡，对不同地区又要执行不同的方针。

该阶段土地改革的总路线是："依靠贫雇农，联合中农，有分别、有步骤地消灭封建剥削制度，发展生产。"

在具体政策上，则是发动贫雇农，使其掌握党的土改政策和土改主动权，然后没收地主土地财产，连同公地、庙地、黑地、绝户地和干部退出多占的果实,按"数量上抽多补少,质量上抽肥补瘦"的方针予以填平补齐,分给贫雇农。每个村子搞抽补调剂的具体步骤根据各村情况而定。

全县的土地改革运动,到1949年夏收前基本结束,党的中心工作也由领导土改转向领导大生产和支前等工作上来。

经过土地改革,全县有10万以上的劳动农民摆脱了封建枷锁,实现了耕者有其田,极大地鼓舞了曲沃人民在党的领导下,夺取革命胜利的信心。

经过土地改革,大量翻身农民加入中国共产党。据统计,1947年底曲沃县仅有党员139人,36个党支部,而1949年土地改革结束后,除了提拔外援的人以外,曲沃县未脱产的党员就达1947人,110个党支部,党员占全县总人口的1.5%,全县108个行政村,除了10个行政村外,都普遍建立了党支部。

土地改革极大地鼓舞了广大农民的革命热情,他们深深懂得,只有打败了蒋介石、国民党反动派,才能保住翻身果实。因而,支前的积极性和自觉性空前高涨。仅有据可查的,支援临汾战役,曲沃县就出动民工每天10000余人、门板近45000块、白面120万斤以上;支援陈谢兵团过黄河,出民工、民兵2500多人,历时3个月;支援解放大西北,两次共出民工、担架队1008人,历时半年之久。1947年、1949年两次扩军当中,全县有2910名翻身农民加入人民解放军,其中"妻送夫、父送子、兄弟争相上战场"的动人事迹更是不胜枚举。

土地改革,使广大农民获得了土地,生产积极性空前高涨,为恢复发展历经战乱的国民经济提供了条件。

烟叶是曲沃县一大特产,素有"拉不完的曲沃、填不满的平遥"之称。到1948年,全县种植烟叶15000亩,产值达200万元。

土改前的1947年曲沃县仅种棉花3070亩,而1948年就扩大到5100多亩,产棉花150万斤。土地单产和总产量都有了显著提高。

1947年时,全县仅有工商业634家,而到了1948年10月后,就发展到702家,新增工商业68家。工业、农业、商业到处呈现出一派欣欣向荣的景象。

第八节　民兵武装

曲沃民兵是在中共曲沃县委领导下的一支人民武装力量。

全面抗战之初,中共曲沃县委就以山西牺牲救国同盟会曲沃县分会的名义,组建曲沃抗日游击队。他们在县委领导下,一边发动群众,一边开展游击作战。在人民群众的支援下,他们向着敌人薄弱之处主动出击,破公路、打汽车、割电线、炸碉堡,活跃在曲沃城乡,同敌人周旋。让敌人终日惶惶不安、心惊胆战,平时只能龟缩在据点内,不敢轻易出动。特别是曲沃抗日游击队参加了杨谈战斗和秦岗阻击战,为曲沃人民反对外来侵略立下不朽功勋。

解放战争初期,中共曲沃县委重建后,第一项工作就是建立民兵武装。1945年10月,县委秘书长杨文学同五区靳庄、下陈村等村地下党组织取得联系,抽调部分党员和党的同情分子,组成曲沃县大队。他们在敌区散传单、打编村、除恶霸,积极开展对敌斗争,不到一个月,队伍就发展到100多人。12月下旬,曲沃民兵配合太岳部队参加解放曲沃广大村镇的战斗,民兵们给部队当向导、运弹药、抬担架,并肩作战,为曲沃人民的解放立下了赫赫战功。

停战以后,中共曲沃县委、县民主政府成立了全县民兵的领导机构——曲沃县人民武装委员会(简称武委会),其主要任务就是带领全县民兵开展对敌斗争。当时全县村镇虽已解放,但阎顽山西省第五专员公署并阎顽曲沃县政府还盘踞在城内,并拥有万余反动武装。敌人组织了特务队,经常偷袭八路军防区,绑架农会干部群众,破坏停战协定,破坏农村减租减息和反奸清算运动的进行。逃亡在汾河以西阎占区的曲沃编村、地主恶霸以及日伪时期的汉奸走狗,不甘心灭亡,纠集地痞流氓等,组成复仇团、暗杀团、还乡团等反动地主武装,不断潜入解放区进行破坏捣乱。先后发生了"东贺村惨案""安居惨案""常家惨案""下郇惨案"等。

敌人的破坏震惊了全县人民。为了打击敌人的嚣张气焰,保卫反奸清算运动和群众财产的安全,县委、县民主政府决定,各区、村要建立人民武装委员会,组织翻身农民参加民兵,保卫胜利成果。此后,民兵组织如雨后春笋般在全县迅速发展起来。各村用部分翻身果实向曲沃驻军换回了枪支弹药,组织起保家队、民兵排,守护着村庄,巡逻在交通要道和汾河沿岸监视敌人,随时准备打击敌人的破坏活动。

这一时期,民兵的主要任务就是保护村镇安全和反奸清算、土地改革运动的顺利进行。他们在各级武委会的领导下,英勇作战,加强巡逻,使全县反奸清算工作从61村迅速发展到125村。夏收期间,民兵们一手拿枪、一手拿镰,除保卫本村夏收外,还组织了轮战队,保卫全县夏收安全。成绩突出的民兵组织有:五区石桥堡、听城、靳庄、曲村;二区东贺村;三区程村、张少、郭村、东庄;四区高阳、高显、郑村等。他们为保卫翻身成果作出了重大贡献。

1946年6月26日,蒋介石撕毁停战协定,挑起全面内战,向解放区发起全线进攻。

8月中旬,为保存革命力量,中共曲沃县委、县民主政府根据太岳区党委决定,先组织干部、民兵、知识青年和革命家属立即撤离,进行战略转移,到翼城、浮山解放区备战,开展敌后游击战争。转战前,中共曲沃县委、县民主政府在郑村召开干部、民兵等2000多人参加的动员誓师大会,讲清内战形势,进行战前动员,传达上级命令和转移备战的指示。群众情绪非常高涨,表示坚决执行上级决定,各区民兵在大会上分别作了表态发言。会后,迅速进行转移准备。

期间,阎顽敌特并地主恶霸大肆活动,散布谣言,威胁利诱,策反民兵近百人(其中二区70余人),损失机枪3挺、步枪百支。当然,也有部分民兵害怕东山条件艰苦,不愿离家,从而做了逃兵。

为了安全转移,县上对区、村干部分别做了安排,明确了任务。二区区长陈笃仁带东贺、北董各村民兵,三区孙光烈带大李、小里等村民兵,四区张玉臣带郑村民兵,五区郭俊儒、吕恩荣带领听城、靳庄民兵,陈鸿德、郭存礼带万户、陈村民兵,朱兴隆带兴隆庄、下坞、石桥堡等民兵,转移民兵共计1300余人。此时,他们担负着掩护群众安全转移到东山的责任。民兵身背枪支,前后警戒,护卫着运输衣、食、灶具和生活用品的牛马大车,保护着数百扶老携幼的群众,经万户村向东到了东山解放区,分散到曹村、卫庄、青城一带。

敌人侵入曲沃后,到处烧杀抢掠,搜捕共产党员、农会干部、民兵及其家属。逃亡在河西的地主恶霸、豪绅等反动势力，带着复仇团、倒算队、还乡团杀气腾腾卷土重来，疯狂掠夺贫苦农民的翻身果实，屠杀农会干部和群众，同阎顽政权一起，向翻身群众进行倒算，反动气焰十分嚣张。

转移民兵听到敌人在家乡残害群众的消息后，个个义愤填膺，纷纷请战，要求下山打击阎顽政权，惩处首恶分子。县武委会对转移民兵进行了短期训练，然后以塔儿山为依托，深入敌后，开始了打击编村、镇压地主恶霸的游击战。

全县千余民兵跟随县委、县民主政府转战东山8个多月，主动开展敌后游击战，攻曲村、打下坞、克高显，战斗200多次，镇压了地主恶霸，打击了阎顽政权，有力地保护了广大群众的利益，极大地鼓舞了全县人民争取胜利的信心。经过频繁的战斗和艰苦生活的锻炼，在思想上和军事素质上都有了明显提高。领导和群众吃在一起、睡在一起、战斗在一起，虽然生活艰苦，大家思想上相互鼓励、生活上相互帮助，共同的斗争，密切了干群关系。在下山执行任务中，县长孙礼总是以身作则、处处带头，和普通民兵一起站岗放哨，他的行为对民兵的鼓舞很大。战斗中涌现出很多民兵英雄，县武委会副主任卫洪德，民兵申清源、王金堂、晁有功等光荣出席太岳区民兵群英会，申清源还荣获太岳区杀敌民兵英雄的光荣称号。

在战斗中，曲沃民兵队伍不断壮大，成了曲沃政权建设和军事建设的一支主力军。

1947年4月，解放曲沃期间，曲沃民兵积极参战支前，他们为陈赓部队做向导、送弹药、抬担架、看俘房、清查伪顽人员，个个机智勇敢，不少民兵立下了赫赫战功。曲沃解放后民兵进城首先打开敌人的监狱，救出受难的战友和群众，张嘉祥、杨安家就是此时被救出的。但仍有27名被俘的解放军战士、干部、民兵和群众,在解放军攻城期间被侯嘉藩杀害。

曲沃解放以后,转战东山的干部、民兵、知识青年都成了曲沃各级党、政、军、教育、工商等各条战线的骨干。有390名民兵参加了地方各级政权建设,他们根据组织安排,回村担任起行政村长、农会主席、武委会主任等职,成为农村基层政权组织的骨干。他们在党的领导下,组织群众斗地主、分田地,开展了轰轰烈烈的土地改革运动。在斗争中,曲沃民兵组织逐渐壮大,军政素质不断提高,涌现出一大批积极分子,经党组织培养,吸收入党,壮大了党的队伍。

解放战争期间,曲沃有2910名青年(多数为民兵)光荣参军,西进、南下参加解放全中国的战斗,立下显赫战功。

为适应战略反攻的新形势,更好地执行民兵远征作战任务,县上组织了野战民兵连。1947年8月,5个民兵连带领曲沃支前民工共2300多人,随陈赓大军渡河赴豫西作战,历时75天,胜利完成任务。1948年2月,曲沃5个民兵连又开赴运城前线支前作战。临汾战役期间,曲沃民兵连首先开赴前线,配合攻城部队挖坑道、送弹药,支援前线。随着战役的发展,又有4个曲沃民兵连开赴前线,带领5000多曲沃支前民工运粮食、抬担架、救伤员,和攻城部队并肩作战。

柴村民兵队长庄玉祥(曲沃县新定村人)在配合二十四旅攻打临汾小东门外碉堡时,自己的枪被打坏,他奋不顾身冲向前,夺过敌人的枪支,继续进行战斗。1951年9月,庄玉祥代表曲沃民兵赴京参加华北区民兵代表大会,被授予"民兵战斗英雄",10月1日,在天安门前受到党和国家领导人的检阅。10月24日,曲沃县劳模会举行"欢迎战斗英雄庄玉祥赴京归来"大会。

1949年,曲沃1008名民兵分两批开赴解放大西北的前线,参加了解放西安、宝鸡、兰州等地的支前作战,历时9个半月,为全国解放战争的胜利做出贡献。

第九节　扩军支前

扩军运动

1947年12月,曲沃进行了第一次规模宏大的扩军运动,2300名青壮年自动报名参加中国人民解放军,奔赴解放战争第一线。

1947年4月15日曲沃解放后,全县立即开展了土地改革运动,劳苦农民分得了土地、房屋、农具,过上了幸福的生活,到处都是一派欣欣向荣的景象。但全国大部分地区还未得到解放,国民党反动派还妄想卷土重来,部分翻身农民害怕变天,唯恐胜利果实不能巩固。7月,战争形势发生变化,我军由战略防御转入战略进攻,胜利消息不断传来。10月,中国人民解放军发布宣言,向全国人民发出"打倒蒋介石,解放全中国"的号召,大反攻的喜讯传遍曲沃城乡。战争扩大了,兵力就得补充上去,中国共产党及时发出扩军号召。

这次扩军,各区采取形式不一的办法,但都掌握"政治动员,自觉自愿"的基本原则。11月18日,区干部到县上接受任务,并根据县委决定,参军也要发动群众,走群众路线;要在动员群众思想上下功夫,推动轰轰烈烈的参军高潮。

各区结合自己的情况,分别召开干部群众大会。经过政治动员,宣传大反攻形势,广大青年积极报名参军。这些带头骨干又在群众中积极活动,亲戚劝亲戚,朋友劝朋友,邻居劝邻居,3天时间,参军热潮遍及全县乡村。一区256名,三区558名(超过原计划68名),二区、四区600余名青年积极参军。

曲沃中学有71人要求参军,经过审查有65人投笔从戎,城关商户也有31人积极入伍。

据统计,自愿报名者达到3100多人,经审查后有2300人被批准入伍。

为了让新战士放心奔赴解放战场,各村把新战士和其家属请到一块,让他们自报困难,干部们一一记录下来,家属们说:"这样我们就放心了。"

29日设宴欢送,新战士骑马、戴花、披红,在鼓乐声中沿街游行,情绪十分高昂。在参军热潮中,有不少翻身农民争着要当兵,新战士已经出发,有的人还要再追上去要求参军。

这2300名新战士,编到了六纵队新兵旅第三团。

1949年8月,又有610名优秀青年入伍补充到西北炮兵团。

这2910名曲沃籍战士,为曲沃人民在解放战争中写下了光辉的一页。

豫西支前

1947年7月27日,中央军委命令太岳兵团挺进豫、陕、鄂作战,为了适应战略反攻的新形势,更好地执行民兵远征参战的任务,太岳军区组成太岳人民野战军随军支前参战民兵指挥部,对所属各县远征参战、支前民兵实行统编领导。经过宣传发动,曲沃人民热情高涨,踊跃报名到豫西参战,经过区、村严格挑选,2300余名民兵于8月10日在县城集中。曲沃远征参战民兵被编为太岳第二支前大队,县领导决定由鲍刚带队,负责随军参战的全过程。

危险时刻,党员干部总是首先带头,从而获得人民群众的信任和支持。8月23日,由茅津渡过黄河时,黄河正处于汛期,风急浪高,头上还有敌人的飞机昼夜轮番轰炸,封锁河面。用小船渡河危险很大,部分民兵迟迟不动,不想登船,担心敌机轰炸;有的民兵还怕干部把民兵送过河,自己回家。于是,县、区主要带队干部,首先坐船过到对岸。在干部们的带领下,2300多民兵趁夜色顺利渡过黄河,投入支前参战工作。他们随太岳兵团第四纵队西打潼关、东打洛阳,连克渑池、灵宝、陕县、孟津、偃师等县,接着由北向南发展。由于连续行军,食宿均在野外进行,加上气候水土不服,支前民兵中出现了大批病员,有的重病号还得坐担架。在这期间,随行县、区干部工作上、生活上常和民兵们打成一片,帮助民兵抬担架、背弹药,照顾病号和伤员。由于干群一心,战胜了各种困难,不仅出色地完成了参战支前任务,还做了大量的宣传和发动群众工作。为此,后勤司令部授予曲沃县支前民兵"豫西支前模范"奖旗一面。

10月中旬,敌人三师回援洛阳。太岳兵团回撤到柳泉、新安地区。曲沃支前民兵胜利完成任务,在返回家乡的路上,敌人分别由洛阳、潼关派兵沿途封锁黄河渡口,情况非常紧急,部队派了一个排护送民工过黄河。曲沃支前民兵于25日由柳泉出发,日夜兼程行军一天一夜,路上没敢停住吃一顿饭,抢在敌军到来之前赶到陕州渡口,拂晓前迅速渡过黄河到达北岸。当天中午,敌人即把渡口封锁住了。

鲍刚带领的支前民兵,于10月27日胜利返回曲沃。

支援攻打临汾城

1948年3月初,临汾战役拉开序幕,翻身的曲沃人民在县委、县政府的领导下,积极投入支援解放临汾的战斗。

曲沃位于临汾南60公里处,当时全县10.5万人,解放不到一年,在政治、经济上正处于恢复发展时期。

3月6日晚,临汾战役前线指挥部徐向前司令员和后勤司令部裴丽生司令员在太岳二专署秘书主任赵大斌的陪同下来到曲沃。裴司令员向曲沃县政府部署了支前任务:第一,立即组织人员,在襄陵县邓庄设立粮站,每天按时送白面1万斤,并同临汾贾得粮站和上官村粮站取得联系,应在两个粮站供应不足时,由曲沃全力支援(这两个粮站是分别由襄陵、临汾县设立的);第二,立即派两个民兵连、1500名支前民工和担架队到邓庄集中,听候调用;第三,准备门板、檩条等物资以备攻城部队修筑工事。

由于原县委书记、县长已调离,新任书记和县长未到职,战勤科长鲍刚代表曲沃县政府、曲沃支前指挥部接受了任务,并连夜召开紧急会议。命令各区、村立即组织成立支前指挥部,抽调大批县、区、村干部参加组织支前工作,确定设立粮站的地点、人员,对运送粮食、木材的车辆进行周密安排。

曲沃人民饱受蒋阎军队的压榨、掠夺之苦,对敌人恨之入骨,一听到解放军攻打临汾的消息,都奔走相告,欣喜异常。他们说:"攻打临汾是挖阎锡山在晋南的老根,挖我们受苦受难的穷根,解放军需要什么,我们就支援什么。"经过广泛组织发动,全县城乡掀起了轰轰烈烈的支前热潮,男女老少都投入支援临汾战役的伟大斗争。"解放临汾城,活捉梁培璜""一切为了前线,一切为了胜利"的口号响彻曲沃大地。

为了完成支前任务,曲沃县政府在侯马、高显设立两处弹药转运站,在里村设立一处粮食转运站,在临汾屯里村和康庄堡各设粮站一处,配备工作人员。县、区主要干部全部参加支前工作,组织1500名民工,出动大车2273辆次,把粮食、弹药、门板、铁锹、绳子、口袋、梯子、跳板源源不断地运到阵地前沿。

在炮火连天的临汾前线,曲沃支前民工运输队住在襄陵县邓庄、安里等村,每天徒步60余里向前沿阵地转运器材。白天敌人炮火封锁无法通过,晚上敌机还不断飞来干扰。一天深夜,二区支前民工在区干部马安国、张荣等带领下,由邓庄向临汾前沿转运门板、铁锹,敌机突然投下照明弹,接着就俯冲扫射,狂轰滥炸,把门板等物资炸得老远。飞机过后,支前民工拍拍身上的土,抬上门板,继续前进。一区干部郭绍斌带领三辆大车,往前线运送木材,在通过敌人封锁线时,五头牲口被敌人炮弹炸死,他们硬是连推带拉,克服种种困难,圆满完成任务。

曲沃中学师生也组织了近百人的战地服务队,奔赴临汾前线。许亚平老师带领一队学生协助县区干部组织民工挖战壕、抬担架、设兵站;王伯诚、郭坚、郭宝宾、李孝文等老师带领40多名学生组成支前护理队。在部队召开的庆功会上,分别获得"支前模范""支前先锋"等奖旗。曲沃粮库的粮食一度供应不上前线的需要,县委决定向群众借粮,号召群众就地把小麦加工成面粉,直接送往邓庄粮站。一呼百应,全县人民立即响应。当时,各村青年大部分支前上了前线,妇女老人除肩负生产任务外,在"一切为了前线"的原则下,又挑起支援前线的重担。她们夜以继日地筹粮、磨面,还做了2万双军鞋按时送给前线部队。

在临汾战役的72天中,曲沃人民交付前线白面124万斤、门板44144块、檩条18758根、麻袋20186条、铁轨684根、镢头1823把、棺板1100副、云梯21个等大量物资。

总之,前线需要什么,曲沃人民就支援什么。

战役一开始,曲沃县的4个民兵连就开赴前线,配合主力部队,挖地道、送弹药,并肩作战,还有400人的担架队随军参战。在战役初期的23天内,曲沃人民就投入人工137199个,畜工79214个。随着战役的发展,曲沃实际支前民工每天达1万余人,他们活跃在临汾前线运粮食、送弹药、救伤员,表现出高度的政治觉悟和英勇顽强的作风。

为了临汾解放,曲沃人民发扬不怕牺牲的精神,投入大量人力、物力、财力,作出巨大贡献。正如徐向前司令员所说:"没有成千上万的群众支援,攻克临汾是不可想象的。"

鉴于曲沃人民在临汾战役中的杰出贡献,5月17日临汾解放后,受到后勤司令部的通报表扬和奖励,战士们还把敌人飞机降落伞制成手帕,分赠给曲沃支前民工以作纪念。

支援解放大西北

在解放大西北的战役中,曲沃人民积极参战支前,要人给人,要物给物,不讲价钱,不打折扣,付出了相当大的代价。远征参战的支前民工,出生入死,抢救伤员,事迹感人。他们利用各种场合,宣传党的政策,帮助地方建立政权,严守军纪,秋毫无犯,赢得当地人民群众的好评。总之,不管是随军参战的民工,还是后方支前的群众,都为支援解放大西北,作出很大贡献。

(一)配合解放军战秦川

1948年底,辽沈战役胜利告捷,平津、淮海战役胜利在望。中国人民将要在伟大的解放战争中取得最后的胜利。彭德怀、贺龙领导的西北野战军已转入外线作战。华北野战军奉命挥戈西指，挺进大西北，吹响了解放大西北的号角。

1949年1月初，曲沃县政府根据新绛分区指示，迅速组织了一支远征参战的担架队。这支远征参战的民工大队，是按营的编制组成的，共550人。大队长是高林青，教导员是席照丰。大队下设三个中队，一中队队长李振江，指导员郭绍斌；二中队队长刘德宽，指导员杨春；三中队队长王天堂，指导员李伟。每个中队下设三个分队，人数多少不等。分队下设有班。大队、中队、分队和班干部，分别是从县、区、村选拔的年轻干部担任。另外，大队还有一个武装民兵排，有20多人，配备一挺机枪，其余是步枪。

全大队共有30多个党员（包括预备党员），成立一个党支部，由高林青任支部书记，席照丰任副支书，郭绍斌、杨春、李伟为支部委员。

1月8日凌晨，民工大队奉命出发，曲沃城内600多男女群众齐来县政府敲锣打鼓，燃放鞭炮，热情欢送。街道两旁的商人们摆起带着红桌裙的条桌，摆着酒和点心、糖块，当民工大队穿过街道时，夹道欢送的人们热情招待，对民工说"喝盅光荣立功酒"。在"挺进大西北，解放全中国"的口号声中，民工们告别乡亲，踏上远征参战的征途。

曲沃县民工大队从曲沃城出发时，已下了一场鹅毛大雪，积雪有一尺多厚。远征民工踏着积雪第一天行军到新绛县黄桥村，第二天到距河津县禹门口约有3里路的一个小村，沿路受到解放区人民的热情招待。

民工大队西进陕西要横渡黄河，但当时禹门口河上没有搭桥，河里漂流的冰块太大，根本无法行船。面临滔滔黄河天险,队伍前进受阻,只好就地休息待命。在禹门口停了两三天,西北风越刮越大,天气格外寒冷,河面结成了一座天然冰桥。此时,运送弹药的后勤部队也已赶到。在河边集结的队伍和民工越来越多。第三天晚上,接到横渡黄河的命令,民工们黑夜踏冰过黄河。由于人多,把冰都踩化了。有一个民工,一只脚掉进了冰窟窿,身后的同志急忙将他拉出。在行军中,同志们互相帮助,互相关照,舍己救人的好人好事屡见不鲜。

过了黄河,就将进入敌占区。由于任务紧急,前方急需弹药,过黄河时,民工们除自带担架、行李外,每人还要扛一箱弹药,中队指导员郭绍斌带头扛了两箱,民工们赞扬说:"郭指导员真不愧是共产党员。"

民工大队进入陕西境内,在韩城住了3天后,转移到合阳县宋家庄。民工们发扬解放军"三大纪律,八项注意"优良作风,进村放下行李,就帮助老百姓清理积雪,写黑板报,宣传党的政策,和群众打得火热。当时,韩城和合阳属于新解放区。在合阳县有一条大沟,这条沟深三五十米,长约十里,与敌占区形成一条天然分界线。利用这一天险,部队和民工都集中在沟东整训。

远征民工,既是担架队又是工作队。在合阳整训期间,从部队抽调6名干部战士,在曲沃民工大队中抽调了7名干部民工,组成工作队,由部队的高科长任队长,一中队郭绍斌任副队长,到平民镇田村帮助土地改革,建立政权。

通过整训,民工们士气格外高涨,纷纷表示要在解放大西北的战役中荣立新功。他们参加的第一个战斗是攻打澄城县。3月初的一天拂晓,解放军神速包围了澄城县城,打了一夜,解放了澄城。解放军基本没有伤亡,担架队待命未出动。

之后,解放军又接连攻打富平、高陵、三原、泾阳、咸阳等县城,曲沃担架队担负二梯队的任务。在这期间,敌人闻风丧胆,弃城而逃。担架队除执行零星的运送伤员任务外,大量工作是打扫战场,宣传解放区的喜人情景。至此,解放军扫清了西安城外的国民党军队,实现了远距离包围西安的部署,致使西安变成一座孤城。5月20日,彭德怀、贺龙率领的第一野战军解放了西安。

西安解放后,部队大踏步向西挺进。

解放军在周至、武功、户县、眉县等地步步进击,敌军节节败退,零星战斗几乎天天都有。担架队随解放军转战,日行百里以上。

蔡家坡是通往宝鸡市的交通要道,战略地位十分重要。在此,解放军与敌人打了一个遭遇战。敌我双方短兵相接,战斗打得十分激烈,双方伤亡都很惨重。这次,解放军白天行军120多里,战后实行转移,一天一夜赶了240多里路。曲沃民工大队奉命赶到蔡家坡,立即投入抢救伤员的战斗。为迅速把伤员运送到战地医院,一中队指导员郭绍斌在蔡家坡车站搞了4节火车车厢。那时敌人把火车头都卡在西安和宝鸡车站,铁路不通,他们就靠人推来运送伤员。民工们怕把伤员热着,用被子和树枝搭在车厢口遮太阳。从蔡家坡到战地医院,有30多里路,一中队民工们一天往返3次,可以运送200多名伤员。

6月6日,敌人3个团的兵力在黄渠镇把解放军一个加强营包围了。敌人在村西集中了几十门大炮齐往镇上打。镇子里被打成了一片火海,战斗异常激烈,双方伤亡都很惨重。由于伤员多,担架队抬不过来,一中队指导员郭绍斌当机立断,抽调部分民工组成临时工作组,配合地方政府,分头到各村动员大车。在3个小时内,动员了80多辆大车,运送伤员200多人,出色地完成任务,受到后勤部的表扬。

黄渠镇战斗以后,部队转移到武功县休整,准备解放宝鸡市。曲沃民工住在武功县一个村里,尽管民工们离乡参战已经6个多月了,但多数同志思想很安定。休整中,大家纷纷表示,要坚持到底,勇往直前,宝鸡不解放,绝不下战场。在休息时间,民工们都帮助老百姓碾打小麦,很受群众欢迎。休整一个月左右,解放军攻打宝鸡,民工大队随军亲临战场,担任着一梯队的光荣任务,解放大军兵临城下,城内敌人不战而退,弃城而逃,从秦岭退到汉中,宝鸡解放。至此,曲沃民工胜利地完成了上级交给的支前任务,在宝鸡待了7天,乘火车凯旋。

当时,根据工作需要,领导马上决定让郭绍斌、李伟、杨春等5位同志留下,负责带领陕西民工随军参战。陕西的民工是从两个县抽调的,大约1000人,组成一个后勤大队,由郭绍斌任大队长,随军西征到甘肃、张掖等地。9月下旬,陕西民工奉命返乡,郭绍斌、李伟等骑着部队赠送的战马返回曲沃。

在战火纷飞的西北战场上,民工大队全体指战员临危不惧,出入枪林弹雨抢救伤员,没有一个逃兵;在行军和野营中,大家相互关照,没有一个掉队的,也没有一个违反群众纪律的。他们随军参战长达7个多月,徒步行走5000多里,参加数十次大小战斗,配合部队解放了多个县城和西安、宝鸡两个大城市。

艰苦的战斗生活,锻炼和考验了新解放的曲沃民工。他们没有辜负党的信任和重托,没辜负曲沃父老乡亲、兄弟姐妹的殷切希望。在出色完成支前任务中,不少民工迅速成长为战斗英雄,像安鹄大队的王子刚,就是火线入党,并荣立二等功。

远征民工胜利归来,曲沃县委、县人民政府组织群众夹道欢迎,在曲沃城内召开隆重的庆功大会,表彰和奖励了先进集体和个人,并给支前民工赠送了纪念品。

(二)随军参战到陕甘

1949年4月中旬,华北野战军奉命经曲沃境内继续向陕西挺进。与此同时,县支前委员会接到新绛分区支前委员会关于组织第二批支前担架队的命令后,立即组织了一支458人的支前担架大队,由张继宣任大队长,郭存礼任教导员。大队下设3个中队:一中队队长陈德胜,指导员董吉祥;二中队队长张玉成,指导员王洪宪;三中队队长刘福海。

为进一步提高思想觉悟,增强战斗力,县政府于5月17日,以3天时间,对第二批远征参战的民工进行集训。

1949年6月10日,远征陕西参战的第二批民工支前大队出发了。

民工大队从禹门口出发过黄河,经韩城、合阳、蒲城等县,直奔富平县。在富平县,因等部队停留一个星期。后又经过三原、泾阳到礼泉县。在此,编入华北野战军第十八兵团后勤部。

在西进大军追歼下,盘踞在陕西境内的马鸿奎、马步芳等国民党匪军,闻风丧胆,不战而退。民工大队在礼泉待了7天左右,部队介入追歼的战斗。民工大队在十八兵团后勤部的领导下,随军转战,担任二梯队任务。敌军从乾县、永寿县、彬县、平凉县直向西北方向溃退。敌军逃兵在前跑,解放大军在后追,敌人日退百里,解放军日追百里。敌军的汽车和骑兵从大路上逃,解放军徒步从小路上堵击。因是山路捷径,有时徒步比敌人的汽车轮子还快,追得敌人没有喘气的机会。敌人节节败退,溃不成军,沿路都有伤员在路旁呻吟。敌人为阻止解放军迅速进击,派飞机撒传单,企图扰乱军心,说什么"我们有意不打你们,放你们西进,前面是个大口袋,小心上当"。敌人玩弄的这一招,解放军早已识破,追歼敌人的战斗任务越来越紧。部队连续追击时,平均每天要走120多里路,民工们随军追击在称为"八百里火焰山"的地区,走上几天,连一户人家也没有,连一口开水都喝不上。不少民工脚上打了泡,但从无一人掉队,也没有一人有怨言。二中队队长张玉成身患重病,持续高烧,领导和民工都争着要用担架抬,他婉言谢绝,坚持徒步行军。有一次,部队正在行军,忽然下起了倾盆大雨,在一望无际的沙滩上,民工们整整淋了一天。一中队通讯员刘占山在支援大西北的战役中,立场坚定,斗志旺盛,见困难就上,在山路行军时,因道路狭窄,驮骡上的物资常需随时装卸,他便主动承担了分管5头驮骡的任务,结果累得吐了血。他忍痛负重默不作声,带病参战不下火线,荣立特等功。

  部队追击到兰州市以北10里一个叫狗娃山的地方,加入了解放兰州的战役。狗娃山是兰州的一个战略要地,马鸿奎的部队在狗娃山上,十八兵团某部担任进攻狗娃山的艰巨任务。曲沃民工大队担负攻山部队抢救伤员的任务。战斗是晚上打响的,打了整整一夜,敌我双方火力集中,战斗激烈,伤亡惨重。民工们在枪林弹雨中抢救伤员,表现得十分英勇,战前党员向组织上交了党费,随时准备为解放兰州而牺牲。特别是陈德胜带领的一中队,紧密配合部队,及时将伤员转送到战地医院,被评为模范中队。

狗娃山战斗三天后,解放军发起总攻兰州市的战役。兰州解放后,部队继续北上到宁夏的中宁。这时,因敌人宣布投降,曲沃民工大队奉命返乡,9月24日胜利归来。

第十节　人民功臣

陆　达

陆达(1918.4—2010.4),原名赵宗汉,1918年4月25日生于河北省定县(今定州市)。1930年,在定县高小上学的陆达就同定县师范的学生一道,参加了反对国民党反动统治的游行示威活动。

1931年九一八事变后,担任抗日救亡学生组长,积极投身抗日救亡运动,并和几位同学一起查禁日货。1932年,考入定县中学,积极参加抗日反蒋学生运动,同时与学校进步师生一起闹学潮,赶走反动校长马澍之。1935年中学毕业后,到大道观小学任教,向学生灌输革命思想,受到中共定县秘密中心县委书记李德仲的重视。

1936年8月,由李德仲介绍加入中国共产党。入党后,他胸怀报国志向,投身抗日斗争之中。1937年卢沟桥事变后,全身心投身抗日救亡运动。

1939年4月后,历任八路军华北抗日军政干校教员、"民先"组织委员、八路军豫北工作团副团长、中共河南省博爱县工委书记兼八路军博爱县工作团团长等职。

1941年1月,奉调到中共晋豫区党委工作,不久赴中共中央北方局党校学习。11月,党校结业后,奉调返晋豫区,任中共晋豫区委敌工委员会秘书,并兼任《大众报》编辑。

1942年2月，中共阳城县委重新组建成立后，时任中共晋豫区第一地委委员的陆达出任重建县委后的第一任县委书记，积极投身于晋豫区革命根据地的开辟建设工作。随后，历任中共晋豫第三地委宣传部长、中共阳北县委书记兼阳北县独立营政委、中共阳城县委副书记。

抗日战争胜利后，历任太岳军区第四军分区西线工作队队长、中共曲沃县委第一书记、中共太岳区委宣传科长、中共洪洞县委书记、中共晋绥第九地委秘书长等职。

中华人民共和国成立后，历任中共临汾地委宣传部长、地委副书记、中共山西省委第一副秘书长、中共晋东南地委代理第一书记、中共忻县地委第一书记兼忻县军分区政委、华北局计委副主任、中共北京市委统战部部长、北京市计委副主任等职。

1984年离休，享受副省级待遇。

2010年4月在北京逝世，享年92岁。

陈冰之

陈冰之（1914.8—1988.7），河南省荥阳县人，1914年8月生。1936年8月在北平中国大学上学期间，加入中国共产党。

七七事变后，陈冰之接受党组织派遣，到伪军孙殿英部队做统一战线工作，把自己掌握的武装力量带回抗日根据地。冒着危险经常带领部队奔赴抗日前线，同日军进行顽强的斗争。

先后任晋察冀游击支队政治部主任，陵川八路军工作团团长，中共壶关、青城县委书记。

1946年5月，任中共曲沃县委书记。

1946年8月18日,带领县委、县政府、各区民兵,根据太岳区的决定撤退到东山解放区,分布在曹村、卫庄、青城一带,整训民兵,坚持斗争,为解放曲沃做好准备。

解放曲沃期间,带领县大队、民兵、武工队积极支前。

曲沃解放后,将转移东山的干部、民兵、知识分子安排在全县各级党、政、军、教育、工商等各条战线,以他们为骨干力量,参加各级政权建设。在他的领导下,开展了斗地主、分田地,轰轰烈烈的土地改革运动。

为转战东山、曲沃解放立下了不朽的功勋。

1947年7月,调河南省渑池等县任县委书记。

20世纪80年代,曾任河南省人大常委会副主任。

1985年离休。

1988年7月26日在郑州去世,享年74岁。

鲍 刚

鲍刚(1919.11—2009.10),1919年11月出生在山西省长子县南郭村。1937年4月参加革命工作。

1938年10月,加入中国共产党,先后在长治县牺盟会突击队接受军政训练,在长治县牺盟会三区区分委任协助员,在县牺盟会任干事,后任中共长治县三区区分委宣传委员。

1940年10月,先后任太岳一地委秘书、太岳三专署岳南工委总务秘书、三专署岳南办事处科员、岳南专署干部科员、青城县第五区区长。

1946年,先后任曲沃县民主政府民政科长、曲沃县第二区区委书记、副县长、县长等,期间,参加曲沃的反奸清算运动,参加解放曲沃战斗。

1947年7月27日,带领2300多名曲沃民工,到河南远征参战,随太岳兵团部队西打潼关、东打洛阳,连克渑池、灵宝、陕州、孟津、偃师等县。10月27日,率领曲沃县民工凯旋,后勤司令部授予曲沃县支前民工"豫西支前模范"奖旗一面。

1948年3月,在中共曲沃县委、县政府主要领导未到职的情况下,县政府战勤科科长鲍刚代表曲沃县政府接受了临汾战役前线总指挥徐向前司令员和后勤司令部裴丽生司令员的支前参战任务。连夜召开紧急会议,命令各区、村干部组织成立支前参战指挥部,抽调大批县、区、村干部参加组织支前参战工作,确定设立粮站地点、人员,对运送粮食、木料和车辆进行了周密安排,并带领县、区主要干部参加支前参战工作,设立弹药转运站、粮食转运站和粮站数处。组织1500名支前民工,2273辆大车,把粮食、弹药、门板、铁锹、口袋、梯子、跳板等不断运送到临汾前线。

1951年10月,历任临汾专署财委秘书主任、财委副主任、中共隰县县委书记。1955年,担任山西省财贸部副处长、处长、省粮食厅副厅长。

"文化大革命"后,先后任省粮食局副局长、省气象局副局长。

1983年离休,享受正厅级、副省级单项待遇。

2009年10月17日在太原逝世,享年90岁。

马安国

马安国(1922—2018.6),1922年生于青城县三辽寨村(现属翼城县),大专文化。1941年在青城参加革命。

1942年加入中国共产党,在三辽寨村担任教员、支部书记、抗日政府财粮仓库员。

1946年1月20日，被调到曲沃县，任二区财粮助理员。春节后，带领群众到侯马参加北京军调部派到侯马第十四执行小组召开的群众大会。他担任二区南小区政委期间，带着区村民兵打击阎顽军的袭击骚扰。

1946年7月13日，在南林交村里蹲点时，带领民兵上山歼敌，取得胜利。转战东山期间，参加除掉阎顽暗杀团团长赵振泉的战斗。12月下旬，带领二区民兵配合警卫团攻打曲村镇，歼灭驻扎曲村的爱乡团三营，奉命配合攻打王村编村。

1949年，任曲沃二区区长。中华人民共和国成立后，任曲沃县政府民政科长。1956年，任曲沃县委宣传部长并兼任《曲沃报》主编，1961年12月，任曲沃县委组织部长。

1985年离休，享受副厅级待遇。

2018年6月去世，享年96岁。

陈鸿德

陈鸿德（1920.3—1992.8），化名天才，曲沃县杨谈乡万户村人，1920年3月3日生，15岁就开始给地主当长工。

1940年初，被抓到阎顽二十七军。当兵半年时间里，他目睹了阎顽军不抗日、欺压百姓的罪恶行径，毅然摆脱阎顽军，投奔到襄陵汾东抗日政府第四区邓定禹率领的游击队。

1944年，被调到曲襄县游击大队，给政委解玉田（中共曲襄县委书记）当警卫兵。10月，由解玉田、戈平介绍，在浮山县白河村加入中国共产党。后任大队司务长，为游击队筹集粮食、枪支、药品。

1946年1月，调曲沃县第五区，先后任农会副主席、组织委员兼民兵连指导员。8月,陈鸿德率领民兵安全护送彭真一家、李顺天一家几十口人,向东山浮山根据地转移。

转战东山的8个多月时间,曲沃五区第二连民兵共138人,除了在战斗中牺牲了8人外,没有一人被俘。第二连在陈鸿德的率领下,发扬艰苦奋斗、不怕牺牲的革命精神,克服种种困难,同国民党、阎顽政权、爱乡团、保安团以及编村、恶霸、地主等敌人,进行了大小战斗100余次,缴获手枪20余支,手榴弹200多枚,子弹数万发。他打仗是先锋,爱民是模范,为曲沃的解放作出了贡献。

第二次攻打曲沃城时,带领民兵战斗在第一线,负责救护伤员、运送弹药的任务,连续4天都没有下火线。

在解放临汾的战役中,带领民兵,配合主力部队挖地道、送弹药、支援前线,同解放军并肩作战。

中华人民共和国成立后,在县供销社任副主任。

1956年公私合营,组建起曲沃卷烟厂,陈鸿德作为县政府派的公方代表,任卷烟厂(第一任)厂长兼党委书记。

1968年,任拦山铁矿革委会主任,后回城任工交部经理部主任兼党支部书记。离休时享受县团级待遇。

1992年8月2日因病去世,享年72岁。

杨榜元

杨榜元(1916.10—1946.2),汉族,中共党员,1916年10月生于曲沃县东贺村一个贫苦农民家庭,1950年被曲沃县人民政府追认为革命烈士。

1939年2月,加入中国共产党。

抗日战争时期,曲沃为敌占区。东贺村地处通往太岳革命根据地之交通要道,日伪军、阎顽特务和土匪经常路过此地,情况十分复杂。这里自然也就成了地下党的重点活动地区。为取得敌人情报,方便地下党过往人员,县委指派杨榜元在东贺村路口以开小旅店为掩护,建立地下联络站。

1946年1月,曲沃广大农村解放,杨榜元被选为东贺村农会主席。他带领群众与恶霸地主进行斗争。

1946年2月29日夜,本村坏分子张云山、任贵财勾结城内武装特务10余人,偷偷潜入东贺村,翻墙进入杨榜元家,敌人没有找到他,便将他的妻子孙凤英用枪杀害。接着又摸到村农会,这时杨榜元正和干部们研究对敌斗争。特务突然闯入,虽经搏斗,终因寡不敌众,农会主席杨榜元被敌人用枪刺死,农会干部张全录被乱石砸死,这就是骇人听闻的"东贺村惨案"。

杨榜元牺牲时,年仅30岁。

赵丕显

赵丕显(1907.8—1947.4),汉族,中共党员,1907年8月出生在山西省曲沃县下陈村,1950年被曲沃县人民政府追认为革命烈士。少时家里很穷,但他聪明伶俐,说话诙谐,善哼民间小曲,且唱腔优美、表演逼真,驰名曲沃、翼城一带。

抗战初期,赵丕显参加山西省牺牲救国同盟会,努力进行抗日救国宣传。

1938年1月,加入中国共产党。

1938年3月初,日军侵入曲沃后,县北部环境恶化,中共曲沃党组织转入地下,县委机关迁至下陈村,县委书记席炳午就住在赵家后院小屋。这里也就成为县委机关所在地。县委在此领导着全县人民对敌斗争。为了安全,席炳午改名为赵丕荣,女儿改名赵玲瑾(席养女)。席、赵平时以兄弟相称,亲如一家。为方便工作,利于隐蔽,赵丕显将席炳午一家三口的户口写在自己的户口牌上。

中共曲沃党组织各级负责人李顺天、唐华民、贾亮、王益民、焦玉英等经常在他家开会,商讨开展对敌斗争。在赵家掩护下,县委工作得以安全开展。

赵时任县委交通员,他以唱小曲为掩护,身背三弦,经常深入敌区,为党传递信息,收集情报,沟通上下级联系。他机智勇敢,遇事沉着冷静,1938年冬,曾被日本宪兵队扣捕后趁机逃走。1945年9月又被阎锡山曲沃县政府抓兵,两次均机智地以唱小曲麻痹敌人趁机逃脱。

1946年5月,赵丕显担任曲沃县民主政府公安局侦察员,他工作积极努力,密切联系群众,曾破获多起特务破坏案。

1947年3月27日,曲沃县民主政府县长孙礼带领县政府工作人员并民兵大队,准备深入敌后组织群众,配合陈赓部队攻打曲沃城。赵丕显赶到八顷村一带执行侦察任务时,被阎顽曲沃爱乡团逮捕。审讯期间,被打得遍体鳞伤,受尽酷刑,但他坚贞不屈,后被投入大牢。在狱中他鼓励难友们同敌人进行斗争。曲沃解放前夕,他预料敌人在覆灭前要对被俘人员进行屠杀,就同难友门在各自衣襟下写上姓名。解放军攻城激烈时,他咬破手指在狱中墙壁上写下"祖国山河依然在,壮士一去不复还"的豪迈诗句,表明为国牺牲的决心。

1947年4月12日深夜,解放军对曲沃城发起总攻,敌人把赵丕显等27名壮士押到城内东南大操场的一口枯井旁,一个个地刺杀,刺后投入枯井。

赵丕显牺牲时,年仅40岁。

张 范

张范(1913—1946.1),原名张奉先。1913年生于山东省蒲台县(现山东省东营市东营区)十三图村一个农民家庭。

1932年,张奉先加入中国共产党,为便于从事地下工作,改名为张范。

1937年春,张范进入延安抗日军政大学学习,毕业后奔赴山西抗日前线,先后任山西抗敌决死二纵队随营学校区队指导员、团(支队)政治副主任、政治主任、政委。1944年冬,赴豫西开辟抗日根据地,任特务团团长兼政委。1945年12月,任太岳部队二十四旅七十团政委。

1946年1月6日,陈赓、谢富治率晋冀鲁豫野战军四纵队和太岳军区部队,从翼城驻地出发。十旅、十三旅并二十三旅包围了曲沃城,十一旅和二十四旅直扑侯马、高显,十三旅1个团配合太岳军区独立旅一部直奔蒙城。八路军先后解放了隘口、侯马、高显、蒙城等军事要地。

1月11日晚,张范带领七十团指战员攻打高显车站,12日晨攻克。张范不顾劳累,在留足坚守高显车站阵地的力量后,继续率领七十团指战员奔赴高显东,攻打高显城。在久攻不下,多次进攻受阻的情况下,张范带领战士对城壕实施扫雷。为了减轻对战士们的生命威胁,张范政委亲自排除地雷,拆除地雷引信。在即将排除一种新式地雷时,不幸碰触引信,被炸身亡。

为了纪念张范政委,曲沃县民主政府报请太岳行署批准,将高显镇改名为张范镇。

张范政委牺牲时,年仅33岁。

张玉省

张玉省(1923.6—1947.4),汉族,中共党员,化名王佐臣。1950年被曲沃县人民政府追认为革命烈士。

1923年6月,生于山西省曲沃县郑村。少时,张玉省家中贫穷,随人外出谋生,流落河南洛阳后,又被国民党部队抓了兵,当时只有16岁。在国民党部队挨打受气,备受欺辱。一年后,趁机逃跑,流落到山西省垣曲县打工谋生。数年经历,他看到共产党领导的八路军同国民党军队有着本质的不同。

1943年2月,张玉省参加了中共太岳第四军分区唐天际领导的抗日游击队。1943年10月加入中国共产党。

1945年12月,陈赓率部开赴曲(沃)翼(城)地区作战,到1946年1月13日午夜,停战协定生效后,曲沃广大农村全部解放,阎顽山西省五专署孤守县城。

为了迅速发动新区群众,张玉省被派回曲沃四区开展诉苦复仇、反奸清算和减租减息运动。为了保卫翻身成果,县委决定迅速发展民兵组织,他走村串户动员青年参加民兵,建立村自卫武装。

1946年6月,蒋介石挑起全面内战。8月初,国民党胡宗南部侵入曲沃,县委、县政府带领干部、民兵、群众2000余人转移东山。期间,张玉省担任县保安大队侦察排长,经常带领民兵深入敌后,打编村、除恶霸,开展游击活动,使敌人闻风丧胆。

张玉省在家排行第三,其大哥张玉臣,郑村民兵队长;二哥张玉宪,四区转移东山民兵;四弟张玉贵,四区转移东山民兵;五弟张玉成在四个哥哥的影响下,从小就立志要为革命事业奋斗牺牲。

  1947年4月,也就是曲沃解放前夕,张玉省和张玉臣分别率队随县政府和民兵大队,到翼城老官庄以北待命,准备配合陈赓部队攻打曲沃城。途中,在翼城卦里被曲沃、翼城、浮山阎顽爱乡团包围。因敌众我寡,情况非常紧急,为掩护县政府和民兵大队转移,张玉省带领侦察排迅速占领洞儿窑山头,英勇阻敌,激战中负伤被俘。其大哥张玉臣只身陷入数倍敌军的重围,拉响腰间6颗手榴弹,当场炸死7个敌人,壮烈牺牲。

  在曲沃城解放前夕,敌人开始大屠杀。张玉省与赵丕显等27名壮士被残杀,尸体被投入枯井内,年仅24岁。

吕瑞娟

  吕瑞娟(1927—1947.8),女,又名吕韧娴,山西省翼城县吴寨村人。19岁与《新华日报》编辑江横结婚(江横于全国解放后离开晋东南区,任《人民日报》副总编辑)。

  1947年7月19日,结婚不久的吕瑞娟由晋东南区到曲沃担任土改工作队队员。

  1947年,曲沃刚刚解放,蒋介石的飞机经常盘旋于曲沃城上空,投弹轰炸无辜居民,无辜群众到处躲避。这时,有人关心地劝她:"瑞娟,敌人飞机常来投弹,城内很不安全,你可到村里暂避几天。"瑞娟听后说:"不行啊,城内还有群众。更主要的是,我的岗位就在城内,任务是发动群众搞土改、斗地主、闹翻身。我是工作队队员,不能贪生怕死的!"她以自己的模范行动带动着干部,影响着群众。由于她积极工作,深入群众,发动群众,宣传党的土改政策,把工作搞得有声有色,深受群众好评。

8月4日,敌机突然出现在县城上空。这时,吕瑞娟正在后街村公所和同志们研究工作。听到震耳欲聋的飞机声时,大伙立即引她到对面基督教堂的砖窑里躲避,敌机的炸弹正好落在窑口,砖窑轰然塌下,在窑洞避难的9个人全部被埋住。待敌机飞走后,干部群众急速掘窑抢救,但9人全部遇难。

吕瑞娟牺牲时,年仅20岁。

第四章 社会主义革命和建设
（1949.10 — 1978.12）

第一节 农业社会主义改造

1947年，曲沃解放了，在土地改革中，广大贫下中农团结起来，斗地主分田地，翻身做了主人，开始自己给自己创造美好幸福的生活。

然而，由于天灾人祸，有的人重新破产，有的人却在放高利贷，出现了两极分化。这时，曲沃县委召开农村干部会议，学习毛泽东主席关于《组织起来》的文章，传达上级指示精神，号召大家组织起来，走合作化道路，走共同富裕的道路。

1950年3月，听城村解恒茂、张德正、孙自修3户组成县内第一个农业生产互助组。

1951年3月，杨谈王德合组织7户贫苦农民，办起互助组，王德合被推选为组长。到年底，7户人家粮棉产量都高于往年，好于单干户，人人满意。1952年初，又有9户自愿入组。到年底，村里成立20个互助组，共125户参加。

此后，吉许村常修文，营里村张登科、李伯绪也分别办起互助组。在榜样带动下，互助组迅速发展起来。

到1952年，互帮互助组发展进入高潮，全县入组达19744户，组成互助组4169个。

1952年春天，曲沃县委响应党中央号召，做出了试办农业初级社的决定。派吴华文、郭有三、景元祥分别到东城、安定、营里办初级社试点。结果，东城、安定因种种原因没有办成。而营里却由于合作化基础好，办社骨干强，贫下中农政治热情高，一举而试办初级社成功了。这是曲沃合作化史上一个破天荒的大事，称为"曲沃第一社"，因此命名为"营里灯塔社"。当时办社的骨干有张登科、李伯绪，还有张登龙、张登甲、李伯斗，还有党员李学智、贾俊高、李宪义等。这些人为办社可以说是呕心沥血。社里无论有什么困难，有多少个难办的事，经过大家的努力，都一个一个地克服了、战胜了。在当年三夏大忙季节里，营里灯塔社就显示出"组织起来，由穷变富"的优越性。

听城解恒茂办起了"八一"社，杨谈王德合办起了"三友"农业合作社，安居于孝蓬、边有鳌、张效兰分别办起初级社。

1954年，听城村人全部入社，小麦获得丰收。解恒茂到太原参加了省级劳模大会，受到省委书记陶鲁笳和省长裴丽生的接见，获得40元奖金和金星奖章。1955年，听城、靳庄、东宁、西宁、南常、西常、东常、周庄、河上9个村合起来，组成22个生产小组，牲口、大型农具归社里所有，各组设组长、记工员，统一核算、统一分配，工分值每个工达到1.2元~1.3元。

1955年，杨谈又相继成立6个初级农业社，入社户数达189户。1955年6月17日《山西日报》发表《勤俭起家的三友农业社》，系统介绍了杨谈勤俭办社的经验。1955年王德合出席了县、省互助模范会议，被树为"勤俭办社的一面旗帜"。1955年10月，在三友二社、三社的强烈要求下，"三友"合并在一起。1955年底，又和上麦沟、问卦、歇仙疙瘩、坡上、酸枣沟、下庙神等合并成一个高级社，王德合当选为社长。

1955年11月,于孝蓬等将3个初级社合并为"团结高级农业合作社"。于孝蓬任社长,边有鳌、张效兰、张士阶任副社长。当年张效兰出席省第二届工农联欢大会、省扫盲积极分子代表会。省农业先进单位和先进个人工作者代表会召开,团结社有3人参加大会,于孝蓬代表集体、张效兰代表妇女、边和珍代表青年团员。1956年,安居、郑村、荀王、神泉、上太许、下太许、东许、西许8个自然村的农业社合并成一个大农业社,即高级农业生产合作社(又名联社),社名为"安居团结农业社"。

到1957年底,全县入社农户、工地、牲口分别占到其总数的98.78%、97.5%和88.5%,实现了农业生产高级合作化,基本完成农业生产资料私有制到社会主义集体所有制的过渡。

第二节 手工业社会主义改造

1953年初,曲沃县手工业有38个行业、340户、878人、资金16.55万元。手工业的社会主义改造,全县有300户(88%)、814人(93%)参加改造,涉及资金14.58万元(88%)。经过改造,有238户(579人)组织起26个生产合作社;27户(167人)组织起4个供销生产合作社;35户(68人)组织起4个供销生产小组。至此,全县国营、集体经济中手工业经济比重发生了质的变化,初步改变了经济上的无政府状态。

第三节 私营工商业社会主义改造

1950—1953年,县内对私营工商业进行公私关系调整,同时调整劳资关系和产销关系,引导私营工商业走国家资本主义道路。各种经济成分分工合作,各得其所,初步改变了经济上的无政府状态。

1950年,县花纱布公司与交易所及私营棉店签订合同,对棉花实行计划收购。同年,中国粮食公司侯马支公司在城关、曲村、侯马、高显、北董设粮食交易所,形成国营公司、供销合作社和私商共同经营的格局。1953年1月,县内对粮食实行统购统销,接着又对棉纱实行统购。同时,国营商业扩大机构和经营范围,控制主要工农业产品,取代私营商业批发业务。

1954年,县人民政府根据利用、限制和改造的政策,对私营工商业进行社会主义改造。采取加工订货、公私合营、经销代销、代购代销、直接过渡到合作社等形式。1955年冬,对私营工商业进行全行业社会主义改造,至1956年2月基本完成。

私营工业,1956年初有33家356人,资金34.90万元;参加改造的32户353人,资金34.59万元,分别占改造前的96.97%、99.16%、9.11%。改造后,旱烟作坊20家,卷烟作坊1家,翻砂业2家,砖瓦业9家,组成曲沃县公私合营制烟厂、公私合营晋生铁厂、公私合营侯马砖瓦场3家企业。

私营商业,1956年初有1117户1611人,资金34.69万元;实行改造的672户1108人,资金30.17万元,分别占改造前的60.16%、68.78%、86.97%。未改造的445户503人,其中继续维持原状的154户201人;转农业的291户302人。

侯马镇、城关镇为国营商业分工改造的市场,1956年初有私商515户882人。通过改造,百货、棉布、国药、饮食、服务等26个行业340户682人组建公私合营商店16个(城关、侯马各 8 个);112 户 121 人组成经营小组 5 个(城关 3 个、侯马 2 个);经营代销的 20 户 30 人;经销的 4 户 4 人;继续维持独资经营的 23 户 26 人;转农业的 16 户 19 人。

曲村镇、高显镇及其他农村为县供销合作社分工改造的市场,1955 年底有私商 602 户 729 人。百货、杂货、饮食等行业 60 户(122 人)直接过渡为供销合作商业,改造为合作商店的 17 户 18 人;经营代销的 73 户 80 人;转经销的 12 户 14 人;组成合作小组 2 户 4 人;经营小组 32 户 33 人;继续维持原摊贩业的 131 户 175 人;转农业的 275 户 283 人。

私营工商业社会主义改造的完成,使全县国营、集体经济在整个工商业经济中的比重发生了质的变化。1956 年国营、集体工业总产值所占比重,由 1952 年的 22.12%上升到 92.44%;国营、集体商业经济在社会商品零售额中所占比重,由 1952 年的 35.78%上升到 89.57%。

1958 年,维持原业的私营工商业全部组成合作小组,私营工商业消失。

1966 年,公私合营工商业经济实体,全部改成国营工商业经济实体。

曲沃药业经济历史悠久,自唐代始即有药商往来。台神茵陈、林交白果销往国外。明弘治年间,方城张家兴办"乾育昶"生熟药店,至 1956 年公私合营时已有 460 余年,其经营品种、销售金额在晋南同行业中遥遥领先。

据《曲沃县城工商业考察》载:1937 年前城关为药行中心,全县大小药铺 38 家,从业人员 108 人,分布在城关、曲村、高显三镇。声望较大的有 8 家,其中"乾育昶"为最,城内"永和成""永敬源""日兴镒""荣泰昌""永吉桥",曲村"恒庆德""妙善堂""天盛堂"次之。以城关药店的"永敬源""永吉桥""乾育昶""友善堂""永和成""谦祥药房""宏济药房""仁济药房"共5个中药铺3个西药房,以自愿互补的原则、公私合营的形式组成国新药店总店,总店地址设在东街路南(现在药材公司住址),经理王登五(私方代表)、副经理杨玉堂(公方代表)、副经理姚延锦(私方代表),下设人事、业务、会计三股。

公私合营后,经营的品种:中药材500余种,中成药150种,西药70多种。

第四节　烟草业发展历程及烟行改造

曲沃县是全国种植烟草最早的地区之一,在时间上仅次于福建的漳州、泉州。明万历年间,曲沃人士张士英自闽中携回烟草种子试种成功,烟草加工业便在曲沃应运而生,从旱烟到卷烟,长达400多年。在清代和民国时期,曲沃成为享誉国内外的烟丝生产中心,曲沃境内的烟坊最多时达到百余家,产品销往大半个中国市场,并出口到俄罗斯、阿富汗等国家。在长期的加工制作过程中,曲沃烟坊不断改进制作工艺,使烟丝质量能与时俱进,再加上烟商适时适地设立分号,构建销售网络,使曲沃烟丝历经3个世纪畅销不衰,创造了世界工商业史上的传奇。

烟草业发展历程

明万历年间,曲沃人士张士英自福建引种烟草成功;明天启年间,郑世宽在曲沃下坞村创办永兴和烟坊,成为山西最早的烟丝作坊。1999年,取消了太原卷烟厂曲沃分厂的生产点,曲沃生产烟草的历史结束了。

烟草业作为曲沃经济的支柱产业，延续了4个世纪，其发展历程可划分为以下5个阶段：

第一阶段：烟丝加工业初步形成期（明末清初）

以明代天启年间曲沃下坞村永兴和烟坊创建为标志，曲沃烟丝加工业步入初步形成期。继永兴和之后，后来许多影响较大的烟坊也相继开办。如曲沃北白集村的兴隆昌，创始人王梦龙，此外还有世昌和、福昌公等。这些作坊的经营者大部分都是当地人，作坊主要分布在曲沃的城关、席村、东宁村、北白集村、林节村、杨庄村、下坞村、北赵村、问卦村、杨谈村等地。

第二阶段：烟丝加工业的鼎盛期（清朝中叶至清朝末期）

清朝中叶，平遥、榆次、祁县一带的工商资本家看到新兴的烟叶加工业可以为他们带来丰厚的利润，纷纷来到曲沃开办烟坊，有自己独立开办的，也有与当地人合伙开办的，这样，加速了曲沃烟丝加工业的发展，烟丝生产进入鼎盛时期。在曲沃，先后建有烟坊100余家，其中大烟坊有23家，共生产200余个品牌。之后，魁泰和、祥云集、兴隆昌、隆兴、东谦亨、西谦亨、南谦亨、北谦亨形成曲沃著名的八大烟坊，号称"八大家"。这一时期，全县烟草种植面积高达17.3万亩，年产量7000万吨，年产烟丝4000吨~5000吨，总产值1200万元~1500万元（按现行不变价计算），每年仅生产工人就达3000人左右。

第三阶段：烟丝加工业的低谷期（民国初期、抗战时期）

1914年，隆兴烟坊倒闭；1917年后，国内军阀混战，东谦亨、大德庆、福生庆等烟坊相继歇业、倒闭、转让。1938年日军侵入曲沃后，摧毁烟坊，禁售产品，1943年，日军将30多家烟坊掌柜扣捕，11人被押送太原，烟坊被迫停产，全县烟丝加工业跌入低谷。

第四阶段：烟丝加工业、手工卷烟业的兴盛期（中华人民共和国成立前后）

1947年4月，曲沃解放，烟坊渐次恢复生产，至年底，开业者有39家；翌年春增至47家，其中，新增字号24家。1949年，生产烟丝450吨。1952年第三季度，县工商联合会普查：全县烟丝加工作坊38家，从业799人，资金685364元（折新人民币）。

1938年，河南安阳人王思忠来县内曲村镇创办手工卷烟作坊，生产50支大包王思忠烟，为曲沃卷烟业肇始。1943年，手工卷烟业发展到七八十家。1947年，曲沃解放后，县内卷烟业分布在曲村、苏村、侯马、东关、王村、安定等地，近200家，仅曲村镇就有162家，除个别合伙经营外，大多数是家庭手工业者。

第五阶段：机制卷烟业的稳步发展期（20世纪后期）

1956年2月，曲沃县烟草行业实行公私合营，新新烟厂和魁泰和、丽生源、新隆和等20家烟丝加工作坊组成公私合营曲沃制烟厂。1959年，公私合营曲沃制烟厂转为地方公营企业曲沃烟厂。1973年，列入全国第83家卷烟生产厂。1979年，隶属山西省烟草公司，改名为曲沃卷烟厂。1980年，安装过滤嘴接装机，开始生产滤嘴卷烟。1981年，扩建为年产5万箱的卷烟生产厂。1986年9月，新车间建成投产，全部工序实现机械化流水作业。1995年，实现全线计算机自动控制，物料自动检测，达到国内先进水平。1998年，在国企改革中进行企业重组，太原卷烟厂兼并曲沃卷烟厂为其分厂，更名为"太原卷烟厂曲沃分厂";1999年,取消太原卷烟厂曲沃分厂的生产点,其设备和生产资料并入太原卷烟厂。

曲沃卷烟厂先后生产、开发出"平阳""彩凤""玫瑰香""云鹏"等30多个品牌的卷烟产品,卷烟类别有烤烟型、外香型、雪茄型、混合型等。产品主销临汾地区,远销福建、内蒙古、河北、山东、河南等地。20世纪70年代,产量为4000~15000箱,后5年均超出1万箱;80年代,产量为16000~50000箱,前3年稳定在5万箱以上。1956—1988年,共向国家缴纳利税9879.01万元。1990—1999年,年实现税金2000万元~3000万元,是曲沃县的利税首户。

烟行改造

1956年2月1日,曲沃20家旱烟坊和新新卷烟厂合并为曲沃公私合营制烟厂。把资本主义工商业改造为全民所有制的社会主义经济,建立了崭新的社会主义生产关系。

曲沃烟行的改造,经历了宣传发动、清产核资、合营并产、强化管理4个阶段。

1956年元旦刚过,县委根据省委对资本主义工商业的社会主义改造工作会议精神,在全县工商界开展自查教育活动。组织工商业联合会干部与骨干分子为主的中心学习组和普通学习组开展学习,带动全县工商业者都参加学习。接着又抽调干部组建工作组,分赴城关、侯马、曲村、高显等地,进一步进行宣传教育。

烟草行业属城关工作组分管。

工作组进驻烟草行业,立即深入各户宣传政策,了解情况,掌握思想动向,发展和培养积极分子。组织学习,开展讨论,提高认识。

元月 16 日,旱烟第五组的永和成、协成顺、义和泰、世昌和 4 家烟坊最先提出联营申请,并请求政府批准。

元月 18 日,副县长秦杰礼到城关片,向全体工商户作动员报告,发出要进一步实行全行业公私合营的号召。

元月 19 日至 21 日,各工商户门上挂上了迎接公私合营的横幅和金字对联,大街上搭起了彩门,张灯结彩。人们冒着大雪,纷纷走上街头,参加迎接公私合营的大游行。

元月 22 日,县委召开大会,县长郝子英正式宣布批准烟草行业公私合营。与会的人们自发组织报喜队游行庆祝。

清产核资、定股付息是公私合营中最艰巨复杂又非常重要的一个阶段,关系到公私合营的全面和对资方改造政策的落实。对此,县委十分重视。秦杰礼副县长亲临席村旱烟坊调查摸底,掌握情况。

元月 28 日,召开全县卷烟、旱烟经理、会计、职工骨干积极分子会议。

随后,组建了由公方、职工、资方三方面的代表各 3 人,组成烟业全行业公私合营筹备委员会(简称筹委会)。公方代表是工作组组长、供销社副主任陈鸿德,副组长是城关税务所所长裴世昌,税务局统计股股长郭忠;职工代表是魁泰和烟坊会计梁作楼,永发和烟坊店员刘文耀,新新卷烟厂技师邰焕城;资方代表是福昌公烟坊经理段子美,魁盛盖烟坊经理杜锡霖,新新卷烟厂厂长李家旺。同时,又选出由 5 人组成的清估审查小组,明确分工后,赴各烟坊进行清点。采取资本家自清、自估、自报,职工帮助边清点、边估价的办法。到元月 31 日,经清产核资,21 户总资额为 308421.84 元,其中固定资产 92363.90 元,流动资金 216057.94 元。

1956年2月1日,开始转入合营并厂、人事安排阶段。按照规划,新总厂设在席村,下属一个卷烟车间(第四车间),三个旱烟车间。卷烟车间仍在曲村,在新新卷烟厂基础上改组而成,继续为烟酒专卖公司加工卷烟。三个旱烟车间分别由20户旱烟坊合并而成。第一车间在席村,由席村魁盛盖、谦亨永、原和公,城关永和成、蔚生源、福昌公、天和成,北王村益盛永共8户旱烟坊合并;第二车间在高显镇,由高显魁泰和、长盛源、丽生源、新隆和共4户旱烟坊合并;第三车间在西许村,由西许村宏生、星记,东宁村永发和、永和久,北赵村义和泰,下坞村永兴和,杨谈村协成顺、世昌和共8户旱烟坊合并。

总厂统一领导各车间,厂部设三股一室,即业务股、供销股、会计股、办公室。另有总务、事务、保管等。

人事安排方面,公方代表李树华任党支部书记,陈鸿德任厂长,贾裕德任会计股长,丁日公、李德书分别任二、四车间主任。其余管理人员由资方担任,杜锡霖、郭明任副厂长,武兆铣、杨崇英分别任业务股长、供销股长,李靖唐、王辑瑞二人分别任一、三车间主任。

强化管理是公私合营的关键问题。

召集并组织有技术、有经验的私方人员和职工,花费50多天时间,草拟旱烟生产工艺规程。这个工艺规程共分3个工段,每个工段分3道工序,共9道工序。即抽梗—整理—碾面—榨捆—推捆—包烟—凉烟—贴花—包装。此外,还制定《山西省曲沃县公私合营制烟厂各项经济技术指标》共48条。从而保证了产品的质量和产量,提高了企业的经济效益。

同时,建立和健全各项规章制度。

为激发职工群众劳动热情,促进生产发展,根据经济技术指标,定了评比先进生产者(或工作者)的条件,开展社会主义劳动竞赛,促使车间、班组在工作效率和产量上都有显著提高。

1956年全年生产烟丝1096吨,卷烟1813箱,完成产值255.9万元,比合营前的200万元增长27.9%。烟丝产量比上年增长560吨,增长95.7%。

第五节 浍河水库建设

浍河,是曲沃人民的母亲河。它东起浮山,西至新绛,注入汾河。全长129.5公里,清水流量1.75立方米/秒,一般洪水流量397立方米/秒,最大洪水流量1710立方米/秒,由东向西流经曲沃县境南部19个村庄,流长14.8公里,流域面积226.1平方公里,河床纵坡为千米下降3.4米。即从县内东贺村入境,流经平乐、卫范、吉庄、东吉必、西吉必、东周、卫村、北董、盈村、常村、望绛、上裴庄、下裴庄、交里、堡河、南吉、安吉、东韩入侯马境。

千百年来,浍河水的涓涓清流滋养了曲沃人民,成就了曲沃古往今来的辉煌历史,但浍河洪灾水患也给曲沃人民带来了泪水和辛酸。要么洪水泛滥,淹没田庐,冲走人畜,损伤庄稼,要么河流干涸,土地龟裂,禾稼不收,饿死人民。

北周建德六年(577),县城南部没于浍水,县治移于乐昌堡(今安吉村);隋开皇十年(590)县城南部被洪水冲没,县治迁于新城;清乾隆十年(1745)7月,浍水水涨,蔬果、人畜漂溺甚多;民国初年,浍河泛滥,两岸多少人含泪泣血;1955年7月1日,汾、浍、滏三河洪水泛滥,有13个乡的48个自然村受灾。晋南专署拨救济款4000元。年底，县人民委员会组织全县万余群众挖太子滩排水干渠，排除积水，恢复农田；1958年7月16日，浍河洪水猛涨，冲毁交里桥，沿岸村舍及5万余亩田禾淹没，损失严重。民间流传这样一句俗语"浍河平日枉自流，河水一涨万户愁"。

光绪三年（1877），春夏干旱，赤地千里，汾浍几竭，麦秋无收。冬，大饥，人相食。别号沃国的曲沃白骨遗野，饿殍遍地。灾害连续三年，死人无数。仅浍河北岸垤上村（今属侯马市），百余户人家仅存五室。

曲沃人想水盼水，望眼欲穿，有诗为证："安得天上瓢，洒作地上雨。""晋都三千年，风云由天。"

根治浍河的决策

1957年12月7日，曲沃县委郑重作出《关于开发浍河的决议》，成立"曲沃县浍河工地党委会"，县委书记袁极平兼任党委书记，景文灿、李生泉任副书记，常委10人，委员12人。设立政治部，在各乡、社设立政治指导员，中队配备板报员、广播员，小队设立政治干事、读报员。全县各级党组织和党员在修建浍河水库工程中，发挥了战斗堡垒和先锋模范作用，广大党员经受了一次党性洗礼。

12月10日，曲沃县第二届第二次人民代表大会一致通过《关于开发浍河的决议》；12月18日，曲沃县人民委员会成立"曲沃县浍河水库工程兴工委员会"，县委书记袁极平任主任委员。

1957年12月18日，西北风刮得刺骨，气温降到零下五度。来自全县66个农业社的一半劳力17000多人，从四面八方扛着工具，集中在新修建的晋南专区县级的第一个大礼堂广场。这是一次不平凡的集会,是向浍河进军的誓师大会。中共晋南地委书记兼中共曲沃县委第一书记张耀廷甩掉拐杖,手撑桌沿,深情地俯视着台下广场上上万质朴的翻身农民,张开双臂大声说:"事实证明,群众就是我们战胜一切困难的力量源泉。只要相信群众,紧紧依靠群众,任何困难都不能阻挡我们前进。"

张耀廷代表中共曲沃县委向全县人民发出了气吞山河的号召:全党全民动员起来,为根治浍河而战!他挥舞着右臂,掷地有声地说:"让我们携起手来,同心协力,为美好的生活,为了后代子孙的幸福,向浍河胜利挺进!"

12月20日,中共曲沃县委会、曲沃县人民委员会号召全县人民:紧急动员起来,掀起以兴修农田水利和积肥为中心的农业基本建设新高潮,为完成和超额完成1958年亩产百斤皮棉、300斤粮食的增产任务而奋斗。

曲沃是革命老区,经受了抗日战争和解放战争的长期革命斗争洗礼,逐渐成长起来一批批英雄儿女。古晋国人那种敢为人先、勇敢倔强、包容豁达的性格融入了曲沃人的血脉之中,成就了当代曲沃人的气魄,激发了曲沃人自力更生、艰苦奋斗创造美好幸福生活的豪情,凝聚成曲沃人"根治浍河,造福万载"的伟大力量。

以张耀廷为代表的广大党员干部,不计个人得失,坚持实事求是,不跟风、不虚报、不唯上,为浍河工程上马攒足了底气。

修建浍河干渠

1957年12月18日,17000多名治浍民工,怀着开发浍河的满腔豪气,怀着对于社会主义发自内心的热爱,怀着对于领导他们翻身的共产党的无比忠诚,怀着对于改变干旱落后的自然生产条件的如火般的渴望,开向浍河干渠工地。100万立方米土方的浍河干渠工程就正式开工了!这一天,全长150多公里的数十条干支渠,在曲沃全面开工,整个曲沃路不成行,交通阻塞,人们干脆沿着渠道当坦途。

浍河工程的开工,是一个破釜沉舟式的壮举,它不是先设计,再筑坝,再开渠。而是先开渠,再设计,再筑坝。这显示的是曲沃县委的胆识和气魄,也体现了张耀廷同志的智慧和担当。

大雪纷飞,天寒地冻,英雄的曲沃人民仍然坚持战斗在浍河渠道工地上。安居乡的女英雄们冒着严寒风雪在渠道工地拉车运土。白店乡的特等治浍模范申铜牛脱掉棉衣,赤膊上阵,担土往返飞奔。旭光社双目失明的杨廉月老汉由11岁的儿子带路在修渠工地拉车运土。

省里的有关领导和专家迅速赶到曲沃,初步决定挤出170万元,支援浍河。

来年(即1958年)新春,"二月二,龙抬头",全长50余公里的干渠及总长100多公里的支渠(总土方220余万立方米)全部开通。滔滔浍河水,一路扬波一路歌,流往曲沃古城。曲沃城万人空巷,拥向城北看浍水。

战胜困难征服浍河

1958年4月19日,浍河大坝工程施工誓师大会在东周村的浍河河滩举行,中共曲沃县委书记、县长袁极平作了《全党全民动员起来,根治浍河造福万载》的动员报告。"大坝、涵洞、溢洪道,不同于去年冬季的开渠,它比开渠具有更多、更大的艰巨性、复杂性和时间的紧迫性。"

"它之所以艰巨,就是因为我们要横跨浍河修一条长630公尺,宽180公尺,高30公尺的拦河大坝,还要修一条完全由混凝土钢筋建造的,长180公尺,直径1.75公尺的输水涵洞和一条长1000多公尺,宽40公尺,泄洪500多立方米/秒的溢洪道。整个工程量需要400多万土方,15万个砂石方和400多万个劳动日,工程量大得可以与全国闻名的十三陵水库比拟。"

袁极平在报告中,向曲沃人民描绘了一幅壮美的画卷:一年之后,在曲沃东部的土地上,即会出现一个蓄水7500多万立方米的人造"东湖"。20万亩旱地会变成水田……养鱼池、荷花池也会在各处星罗棋布。几年后,春天,曲沃将会沉浸在百花怒放、桃李争艳的浓郁花香中;夏天,曲沃将会被柳绿成荫、丛丛林带装饰成绿色的海洋;秋天,曲沃将会沉醉在各种农作物、各种鲜果丰收的芬芳中;冬天,曲沃将会被新生的苍松翠柏打扮堪比春天、夏天、秋天。真是一个四季常青,风景优美,气候宜人的好地方。江南风光好,曲沃要比江南强。

根治浍河是曲沃人民千百年来梦寐以求的理想。

袁极平说:"毫不讳言,我们的工程是在机械不足,准备仓促的情况下进行的。主要的力量是依靠我们的干劲和双手,可以设想,在施工中还会遇到许多想象不到的困难,诸如劳力缺乏呀,机械不足呀,照明不亮呀,材料不足呀,等等困难,都会从四面八方向我们袭来。"面对这些困难,如何办呢?

张耀廷等共产党人找到了战胜困难的法宝:第一,贯彻党的群众路线,充分发动群众,依靠群众的智慧和力量,克服一切困难。第二,全体同志都要动脑筋、想办法、找窍门、挖潜力,献计献策,解决一切问题。第三,大搞技术革新,改良工具,使运输车辆化,碾压、抽水机械化或半机械化,提高工效,完成各项任务。第四,发挥群众冲天的革命干劲、革命毅力、革命创造力、革命的首创精神。在各项作业中,实干、苦干、硬干、巧干,保证各个工种开红花、结硕果。

劳力不足怎么办?资金、器材从哪里来?土干,还是洋干?快干,还是慢干?全体劳动力上浍河,农业生产谁干?这就是摆在曲沃人民面前的巨大的、现实的"五难"。

面对"五难",曲沃县委、县人委作出5条战略决策。

(一)破釜沉舟上浍河,大家苦战面貌变

受益区群众表示"有福同享",非受益区群众提出"有难同当",从而万众一心拧成一股劲,决心征服浍河,向浍河要粮、要棉,为实现幸福生活而奋斗。

(二)节衣缩食创大业,思想动员巧安排

在全县范围内发动群众、就地取材、自力更生,开展了"投钱、投石、投砖"的"三投"运动,张耀廷带头拿出两个月的工资,西庄乡科丰农业社社员苏和中,拿出积攒多年准备结婚的200块钱投资,推迟了婚期;安居乡团结社女副社长张效兰,把准备买自行车的180元投资;援工社张成福老汉将自己的寿木卖了投资;还有不少小伙子献出了准备娶媳妇的储蓄,姑娘宁愿少穿几件花衣裳。只用半个月时间,全县农民、工人、干部、商人、学生、解放军官兵,投资达145万元,投石1万余立方米,投砖900多万块;把159座较小的渠道建筑物(桥梁、涵洞、分水闸等),分配给沿渠受益社自己备料、自己修建;经过思想动员,迁村、拆房、移墓、占地,都由乡、社自行合理安排,由群众自己解决;砖、石、白灰自采自烧,发动全县马车运送工料;工地修建民工宿舍和修制工具费用,都由社内自行解决,这样就节约投资335万元,从而基本上解决了资金和工材不足的困难。

(三)土洋并举一起上,技术革命挖潜力

一方面,放手发动群众开展技术革命,另一方面,充分挖掘本县潜力,集中可能集中的工具和机器,投入浍河工程。在工地上提出"活忙出巧匠,人人赛诸葛""找窍门、挖潜力,土法胜过洋机器"的行动口号,充分发挥群众的智慧和力量,从而满足了浍河工程的需要。

(四)不分昼夜连轴转,五年工程一年完

全县抽出一半劳力投入浍河工程建设,不仅没有影响农业生产,而且促进了各项工作的开展。

(五)枯木朽木齐努力,"老弱"撑起半边天

浍河工程一马当先,带动了万马奔腾。1.发挥妇女劳力的宝贵作用;2.组织各方面的大协作;3.传授技术,修定定额,尽可能利用机器,减轻劳动强度,提高劳动效率;4.贯彻男女同工同酬,从而更加激发妇女参加生产的积极性。

曲沃县委发出挺进浍河的命令,还出台三条大胆措施:

1.绝大部分县委常委、副县长上工地,县委只留下张耀廷等少数领导坐镇大后方。2.全体部级领导下基层担任公社党委书记,保证浍河工地的衣食住行,保证扫清浍河民工的一切后顾之忧,保证实现当年粮棉生产产量翻番。3.县委及浍河工程指挥部的一切行动措施按命令对待,军令如山。

修筑浍河大坝

浍河大坝坝址选在棘壁(现为吉必)之南的河谷。3万多治浍民工云集在这里。方圆村庄,家家户户住满了人,炕上住着人,炕下也住人,就连顶棚上也住着人。晚上走路不小心便

会踩着人。沿河两岸,帐篷千顶,连营十里,昼则人声鼎沸,夜则万盏灯火。

浍河水库大坝工程施工誓师大会上,袁极平书记的报告刚做完,各个突击队的挑战书、决心书就接连递上了主席台。省援工队代表宣读了决心书。西杨乡的挑战书上写道:"为了旱地变水田,曲沃变成美江南,不怕浑身汗湿遍,不怕腿痛腰干酸,我们干劲大又大,不怕定额高上天……"是时,曲沃大地春潮澎湃,民情汹涌,上下同心,背水一战。

为了发挥民兵在浍河工地上的骨干作用,张耀廷点名让已任曲沃县公私合营卷烟厂厂长的陈鸿德兼任浍河工地指挥部办公室副主任,协助袁极平书记带领民兵大战浍河。

(一)勘察设计与清理坝基

浍河水库动工之前,曲沃县水利局副局长陈景康就骑着一辆破旧的自行车,跑遍了浍河源头和设计的灌区区域,经过实地勘察、测量,向省水利局和主管农业的副省长刘开基递上了第一份《关于开发浍河的报告》。

为解决技术问题,省里、专区派了坚强的骨干,帮助搞勘察设计,具体指导工程施工。中科院的工程师们也来工地帮助勘察地形。

1958年7月18日,曲沃县浍河兴工委员会工程处制定了《曲沃县浍河大坝填筑工程施工说明》,对大坝填筑施工进行规范,提出技术要求,从而保证拦河大坝的施工质量,使工程标准达到设计要求。浍河工程是舍命硬干的一个典范,决不是蛮干,是按照严格的技术要求,铁的科学法则修筑起来的一项优质工程。

4月的天气,河水刺骨,春风如刃。大坝从排水、清除卵石淤泥、开挖坝基开始，一连串的工序，都在泥水中进行。来此劳动的曲沃中学学生们挽起棉裤，赤脚浸在水里，拣除卵石，手脚浸冻得通红，谁见了谁心疼。11米深的淤泥坑中，担上担子，上一步滑两步；挖成台阶往上翻，台阶同人往往一同滑于坑底。有人干脆空手往上爬，哪里跌倒，就在哪里用双手抠出一团泥往上运。金光社的60岁老汉，人称"土专家"的王风歧，在家听说浍河运泥艰难时，抓起件老棉衣便赶往工地，跳入泥水中左右端详，又连夜赶回家，苦苦思索，赶制出"轮盘双门对转出土器"，是人工工效的20倍。

在清基中，白店乡五一突击队连战四天四夜不离开工地。科丰社突击队长苏丰义发明了滑梯，实际上就是人背着一筐泥，手拉绳索，沿着一条踩实的小路往上爬。下来时，坐在筐子里手抓绳索往下溜。

一个长600多米，宽180米，深11米的大坝基坑，就是这样身背手抠挖出来的。坝基挖好了，还未填进黄土，突然数不清的泉眼滚滚冒水，十几台抽水机开足马力也无济于事。高显猛进营营长孙金盛，带领50多名突击队员跳进半人深的冷水里，整整半天时间，才摸清所有泉眼。郝忠铨工程师又跳进水里，给民工示范，用胶泥团一个个塞进泉眼，再用木锤捣实。

(二)飞车运土与劳动竞赛

拉起平车，手撑辕杆，脚不挨地，疾速向下，曲沃人谓之"放飞车"。曲沃人放飞车，是从浍河工程兴起的，是严酷的施工进度逼出来的。浍河工程以运土为最，在施工机械十分简陋的情况下，平车运土就算较现代化了。民工拉着装满土的平车，由两岸坡上奔向大坝，借着下坡冲力，两臂驾辕，两脚腾空，俯冲而下，有如燕子飞翔，迅如雷电闪驰。和时间赛跑，和洪水赛跑,赢得时间就是胜利,驯浍英雄们为了保证提前完成筑坝拦洪任务,人人干劲冲天,斗志昂扬。安居乡张寨村的民工狄宗让飞车运土,创造了每日拉土运行145公里的新纪录。强中自有强中手,能人之中有能人。北董乡援工社的李金忠又创造了每日拉土运行近150公里的新纪录。男人能够创造新纪录,妇女也不甘示弱。安居乡团结社的青年姑娘康怀梅也创造了每日拉土运行120公里的新纪录。安居乡争光社黄继光突击队的队员们向大坝运土的速度有如怒马奔驰。五四社女子跃进突击队,在连日不停的挖土劳动中,队员们双手都磨起了血泡。但她们没有一个人叫苦喊疼,仍坚持劳动,并创造了挖土的新纪录,受到大坝指挥部的表扬。浍河工地上的佘太君——北董乡的王明花老大娘,人老心不老,干劲赛青年,年轻人推多少车土,她也推多少,真是老当益壮,可歌可敬。战斗在浍河工地的安居乡刘胡兰突击队(现高显镇北白集村),是曲沃妇女的一面红旗。这个队的队长李凤英曾经出席过县、专、省和全国社会主义建设积极分子大会。

　　在浍河水库兴建过程中,中共曲沃县委和县人民委员会的领导经常深入工地参加劳动,和民工们生活在一起、劳动在一起。他们既是领导组织者,又是普通劳动者。他们在哪里劳动,哪里的生产任务就会出现突飞猛进的新气象。县委副书记李志忠和梁星楼也加入拉车运土的劳动大军之中。

　　浍河大坝施工中,开展了各种劳动竞赛活动,通过挑战竞赛,使工地经常保持着高涨的劳动热情。通过劳动竞赛,树立了王凤岐、赵小根、直桂枝、赵哑巴、桑光耀、张海莲、李凤英、马德义、王桂香、叶如风等浍河水库工地上的十面红旗。工地开办了"三台":专登模范单位和英雄人物事迹与经验的英雄台;专登巧计妙策、发明创造和技术革新的孔明台;每天排队公布各乡生产成绩的公布台。政治部和各乡都举办了擂台,民工们在擂台上"夺状元"。

为了鼓励先进,推动后进,浍河大坝工程指挥部先后进行过8次评模发奖活动。

(三)打夯筑坝与抢险护坝

打夯是一项繁重的体力劳动,不要说妇女,就是年轻力壮的小伙子们打上一天夯,也要累得腰酸臂疼。但是,为了曲沃人民的万代幸福,妇女们也勇敢地担当起这项劳动,而且创造了打夯5遍达到质量要求的新纪录。真是"心红出干劲,干劲出奇迹"。"打夯是能手,运土是先锋",这是民工们对和平社赵一曼女子突击队的赞誉。

7月中旬,正当拦河大坝逐日升高的时候,浍河上游连续降暴雨数日,发了百年未遇的大洪水,洪水淹没了一部分拦洪坝区,冲垮了大桥,冲倒了电杆,夺走了器材。战斗在工地上的英雄们立即与洪水展开激烈搏斗,勇敢地抢救桥梁和器材。

曲村乡150名健儿,冒雨拆桥,保护器材,发出了豪迈的誓言:"不让洪水冲走一块木板!"喊声连天,动作敏捷,不到10分钟,就把拆下的木材千余根运向30米以外的高地,60余根钢轨转移到安全地带。如三友社的宁开原、刘明珠、孙惠荣三人,一个多钟头在波涛中夺回木材70余根;光芒社王新亮、三统社史长锁、星火社马永昌,用尽最大的力气,扛木椽、木板,每根都在200斤以上。

1958年7月15日,张耀庭代表中共曲沃县委、曲沃县人民委员会以及15万曲沃人民,向苦战浍河的英雄们致以最亲切的慰问,发表了《乘胜前进,再创奇迹》的慰问讲话。

(四)改革工具与就地取材

艰巨的工程培养出一批能人和土专家,表现出民工们惊人的才智和创造力,闪耀着人民群众创新创造的光芒。整个工地共改造、创造、仿造各种工具60余种,计3500多件。从运土、洒水、供电到碾压,组成一个系列。仅在运输工具方面就有二马分鬃运土车、双展翅运土车、元宝车、四轮三面翻土车、二轮自动翻土车、儿童轻便车、少年独轮车、簸箕车、青蛙车、双轮斗车、铁辕平车等。人小志气高,大胆闹创造。小罗成突击队创造了钢索高空运土器,提高运土效率三倍多;金光社土专家王凤岐老汉,创造了"轮盘双门对转出土器",使大坝清除卵石效率提高了20倍;"双轨快速自动倒土斗车"运行在大坝与取土区之间,斗车借下坡冲力,运行极为迅速。斗车行至大坝时,装土木斗即自动倾斜,将土倒在坝上,比一般平车运土效率提高5倍;工人邢崇义等用20马力汽油机,装成土火车头,在轻便轨道上带动25个铁斗车运土。比平车运土速度提高20多倍,并能节省75个劳力;工程技术人员深入工地,帮助民工改制了铁轨木斗车。使用这种斗车,既省力气,效率又高。

平车是运土的主要工具,保护平车不发生损坏,就能促使大坝逐日上升。浍丰社飞车女英雄徐梅英,创造了"去慢、回快、三检查、二上油"的保护平车法,她的平车从来没有发生过损坏。

水库工程一开始,工程师就向县领导开了这样一张"要货单":斯大林80号拖拉机171台;洋制羊角碾163个;100可鲁发电机5台;翻斗汽车15辆;运输汽车60辆;铁斗车300辆;洋灰震捣器14台。此外,还有推土机、挖土机、挖沟机、压路机、电动机、抽水机、压缩机、电焊机、粉碎机和电动水泵、铁轨、仪器等。

此时,全省斯大林80号拖拉机和翻斗汽车,只有少数几辆车,有些机械甚至还没有。县政府先后派出数十人,跑遍了几十座城市购买机械设备,但一无所获。据此,县委组织了一支以财贸系统为主的供应力量和一支以农业社车马为主的运输大队。

县委号召"全县协作,挖出一切潜力,动员一切力量,支援浍河"。形成"一马当先,万马奔腾"的局面,各个财贸单位和全县各个农业社,掀起了"浍河高于一切,一切服从浍河"的支援运动。当工地夜间需要照明设备时,曲沃中学、席村烟厂、北赵烟厂和有线广播站,将本单位的发电设备,整套搬到浍河工地,农业社集中全县所有的汽灯500盏,也送到工地,基本上解决了照明困难;当工地需要抽水机时,大李机灌站、交里机灌站和全县农业社,又集中40多台抽水机,战胜了没有排水工具的困难;侯马晋生铁厂全体职工苦思冥想日夜苦战,为大坝碾压试制成功30多个铁制土造羊角碾,为大坝碾压解决了有动力没有压坝碾的困难;县手工业联社组织全体铁木工人集思广益,苦干苦战,为浍河赶制了运土工具、实夯工具、压实工具、洒水工具500多件。其中有最受群众欢迎的"二马分鬃快速运土车";县供销社和贸易公司从外地为浍河工地购买了1800辆平车和许多施工器材,还从长治、新绛、翼城等地购进国控钢材59吨;粮食局、棉加厂把3个消防车和7个压缩式灭火器支援浍河工地,解决了洒水困难;城关、侯马铁工厂承制解决了涵洞安全闸门所需的滑轮、钢板、弯头等。

(五)建突击队与八方支援

大坝工程一开始,突击队像雨后春笋般在工地蓬勃发展起来,到1958年7月,已发展到410个,队员达到8723人,占工地青年的54%,占总民工的27.22%。妇女们更不示弱,除一部分和男子一块编队外,其中光妇女单独建立的就有72个,人数达到1320名。在这群小伙子和姑娘的带动下,工地上还出现了一批由老年人组成的老黄忠突击队和少年组成的小罗成突击队。参加突击队成为一种很光荣的荣誉,突击队的红旗插遍了山头、河滩。

截至1958年7月8日,工地指挥部和工地团委共命名688个青年突击手和51个青年突击队。

浍河大坝工程一开工,由省各级机关干部组成的1700多名援工队立即到达工地,支援曲沃人民3个多月。正当浍河工程进入筑坝阶段,劳力极为紧张的时候,绛县、翼城、闻喜、夏县、万荣等15个兄弟县立即伸出援手,派来了久经考验、身强力壮的援工队和基干民兵营,总人数达3550人。曲沃各中小学教师和学生们也来工地支援。省级党政领导机关积极支援浍河工程,调来大批机械和器材,包括压路机、推土机等。祖国的花朵,可爱的红领巾们,也利用假日到浍河水库工地参加劳动,为大坝添上一筐土、一筐石。1958年6月20日,中共晋南地委第一书记赵雨亭召开会议,决定从霍汾、翼城、浮山、绛县、闻喜、稷山、芮城、万荣等10县抽调民兵5000多人,组成"晋南基干民兵远征师",由晋南军分区副司令员黄祖清任代师长,支援浍河水库建设达40天。省防汛指挥部派飞机给曲沃投下大量救灾物资。中国人民志愿军某部从朝鲜凯旋后,加入支援浍河水库工程建设。驻曲沃空军某部指战员来浍河水库工地参加劳动。

(六)工地文化与大坝合龙

1958年8月31日,浍河工地举行"大坝合龙誓师大会",大会上,大坝指挥长袁极平作了讲话。由第二师师长李平林向各团发布"大坝合龙进军令",大坝合龙战斗开始了。9月7日,浍河拦洪大坝工程进入合龙阶段。

从此,浍水断流,库内蓄水,结束了浍河洪水泛滥成灾的历史。

1.工地战报　战斗在浍河工地上的各单位,相继创办工地小报。有政治部办的《浍河工地》,还有其他单位创办的《援工生活》《援浍战报》《战斗在浍河》《东风》《战士诗歌》等。这些都发挥了宣传者、鼓动者和组织者的作用,有力推动了工程的进展。

2. 工地电影　曲沃电影队紧密配合浍河工程各个时期的施工计划,放映了《在总路线的光辉照耀下》《沙漠里的战斗》《农村大跃进》等长短故事片、纪录片40余部,共计312场,收看群众46万人次,共制作宣传劳动英雄人物幻灯片560余块。

3.工地广播　兴修浍河水库工程期间,工地有线广播站日日夜夜向民工播送6次工地消息、国内外新闻和文艺节目,及时宣传英雄模范,鼓舞民工斗志,活跃工地群众生活。

4.文化生活　"好!再来一段,梁秋燕!"工地上的文娱活动搞得挺热闹。民工们一休息下,就又拉又唱。真是有劳有逸,丰富多彩。工地是战场,又是学文化的学校。工地政治部非常重视民工的文化学习,各乡、社都配备了文化教员,组织民工在休息时间学习文化。1958年6月,北京军区文工团千里跋涉,来到浍河工地进行慰问演出,6月16日至19日,文工团先后在西杨、吉必、北董、县城内演出8场,数万名建设者观看演出。晋南专区蒲剧一团著名演员王秀兰来浍河工地慰问演出。

5.工地诗歌　有人说,劳动、音乐和诗歌,最初是三位一体地联系着的,它的基础是劳动。最原始的诗歌是劳动诗歌。浍河工地上的打夯号子,就是最美最亮最响最悠长的诗歌。"浍河是只虎呀!"嗨!吆!决心把它骑呀!嗨!吆!"……浍河水库的建设者们,在紧张的劳动之余,创作了大量的诗歌,或表达宏伟的劳动场景与绵绵流水,或描绘美好幸福前景与款款深情,脍炙人口,激情荡漾,慷慨豪迈,催人奋进。

夯实了经济社会发展的基础

浍河水库工程,1957年12月开工,工程包括渠首、渠道两部分。

渠道工程,干渠、支渠全长300余华里,共计动土200余万立方米,修建239座建筑物。1957年12月开工,于1958年3月中旬基本竣工。渠首工程,由大坝、涵洞、溢洪道组成,共计400余万立方米土方,9.5万立方米砂石。大坝高30公尺,长630公尺,底宽180公尺,顶宽7公尺。1958年4月间大坝开始施工,1959年6月底基本完成。全部工程约需投资500万元,劳力600万个,水库可蓄水7517万立方米,涵洞正常出水量6.5立方米/秒,可浇地35万亩,但因地形限制,只能浇地20万亩,还可以发电500千瓦时,年产鱼200余万斤。

浍河水库工程是曲沃县实现基本水利化的骨干工程,是发展地方工农业经济的物质基础,是曲沃人民的幸福工程。

浍河水库的建成,彻底改变了曲沃人民"晋都三千年,风云由天"靠天吃饭的局面,20万亩旱地变成了旱涝保收的良田,全县水浇地面积达到近23万亩,实现了全县人均1.5亩水浇地的宏伟目标。粮食亩产由建库前的100公斤,增加到2017年的422公斤;棉花亩产也由建库前的25公斤,增加到1988年的47公斤。

几十年来,水库管理者和广大干部群众精心管护,提升管理水平,确保正常运行,其经济效益和社会效益得到有效彰显,为曲沃县、侯马市的经济社会发展发挥了巨大的基础性作用。

1997—2000年,实施"浍河水库除险加固工程"一期改造项目,投资1585万元,在右坝肩新建一条无压泄洪洞。

2000—2007年,实施了"浍河水库除险加固工程"二期工程项目,总投资7333万元,完成大坝加高培厚工程、溢洪道改建工程和左坝肩高喷防渗墙工程。至此,浍河水库已是一座具有灌溉、防洪、供水、养殖、旅游等综合利用功能的中型水库,库容量增加到9964万立方米。

浍河精神永载史册

浍河大坝之东,两岸层层土堰之上,一孔孔高不过三尺,宽仅可容人的土窑,依稀可见。这可是当年的"夫妻窑"。是同上工地的民工夫妻们,在领导关怀下自己开凿的一孔孔窑洞。每当夜晚,这鳞次栉比的梯田之上,一个个窑洞透过遮风避雨的草帘,散出幽幽的光辉。夫妻二人在喁喁夜语,憧憬着美好未来。那一年及随后曲沃出生的婴儿,十之七八名字都同浍河有关,生下男孩叫浍河,生下女儿叫浍丽,还有浍生、浍壮、浍华、浍英、浍剑、浍丰、浍跃、浍园、浍兰、浍云、浍建、浍隆、浍娃……曲沃人民把大战浍河的情结和对美好生活的憧憬都倾注在孩子的名字里,就是想让大战浍河的奋斗精神和生生不息的曲沃人民一样，代代相传。

巍巍金字塔式的拦洪大坝，雄踞于河谷之中，浪之汹涌，摧之不垮，风之呼号，撼之不动，像一条金锁链，紧紧地锁住了浍河这条蛟龙，千年浍河变成了为民造福的幸福河。

在浍河水库建设中，曲沃县委组织和依靠广大人民群众，顽强拼搏，不怕牺牲，排除万难，举全县之力，仅用22个月的时间完成了在正常条件下需要5年才能完成的工程，成为曲沃历史上的一大壮举。数万名民工挑战身体极限，铸就了"万众一心，敢想敢干，艰苦创业，不屈不挠"的浍河精神。

她是曲沃人民勤劳和智慧的结晶，她是一座造福万代的聚宝库，更是建造在曲沃人民心中的不可磨灭的精神家园，成为一代又一代曲沃人民干事创业的力量源泉。

浍河精神孕育于曲沃人民大战浍河的伟大实践中，其中蕴涵着极其丰富的优良作风、高尚品格和崇高精神：勇于担当精神、尊重科学精神、实事求是精神、崇尚实干精神、艰苦奋斗精神、改革创新精神、奉献牺牲精神、敢于胜利精神。

1985年9月27日，彭真委员长对时任中共临汾地委书记杜五安说："你回去一定代我向张耀廷同志问好，他在曲沃修浍河水库，为曲沃人民办了件大好事，人民不会忘记他。凡是给人民办过好事的人，人民都将永远记住他。"

60年来，英雄的曲沃人民在中国共产党的正确领导下，紧跟时代步伐，将中华民族艰苦奋斗的传统美德与时代精神结合起来，不断地赋予浍河精神新的内涵，不忘初心，牢记使命，大力弘扬浍河精神，并从中汲取力量，取得了社会主义建设的伟大胜利，不断开创曲沃县改革开放的新局面。今日之曲沃，正在把学习贯彻习近平新时代中国特色社会主义思想与弘扬浍河精神紧密结合起来,为实现"争当新标杆,打造新高地,建设新曲沃"的奋斗目标而不懈努力。

第六节　杨谈经验

杨谈村,位于晋南盆地东侧古老的崇山(今称塔儿山)脚下的旱垣地带,有9个自然村,14个生产队,700多户人家,方圆7.5公里,耕地1.5万亩,全是丘陵旱地,人均土地4亩多。

杨谈是个靠山山无水,靠井井太深的穷村子,农业生产自然条件并不好。

中华人民共和国成立以后,在党的领导下,这个村的党组织一班人带领全村人民艰苦创业,把一个穷村庄建设成一个集体经济蓬勃发展的社会主义新农村。

1959年的旱灾,特别是1960年的百日持续大旱,使得粮棉产量下降,社员生活也遇到困难。杨谈大队党总支书记王德合和群众结合历史经验,深刻认识到:在丘陵旱地区,旱是农业生产稳产高产的主要威胁。要办好集体经济,发展农业生产,必须彻底改变落后的生产条件,在抓肥料的同时必须治山抓水,大力提高防旱抗旱能力。他们认真分析了"三友社"垫地、拍地埂、夺高产的成功经验,坚定了走里切外垫、拍地埂、大搞农田基本建设的路子。制定出一个苦战5年,全部实现地埂化,从根本上改变生产条件的规划。

他们通过种菜打草,首先解决人缺粮、马缺草的困难,用提供必要的物质基础,鼓舞社员战胜困难实施规划的信心,在实践中总结经验,开展竞赛。

1961年治理的棉田获得了丰收,2371亩丘陵旱地棉花亩产皮棉首次突破百（市）斤大关，达到50.5公斤，在全县、全省引起轰动。

他们重新修订规划，麦收后治理麦田，秋收后治理秋田，5年规划两年半提前完成。所有土地全部治理了一遍，所拍地埝累计总长达1300华里，动土方20多万立方米。

通过合理规划，全大队6000多块土地变成了3000多块，还扩大耕地300多亩。地边的沟壑补齐了，石头、杂草清除了，取而代之的是齐整整、硬邦邦的层层梯田，做到小雨点滴蓄、中雨不出田、大雨不冲地，蓄水又保墒、抗旱还防涝。

在此后的1961年至1965年，连续5年夺得粮棉丰收。其中，1964年连遭雨涝、病虫、冰雹等自然灾害，还实现了"三个一百万"，即一季向国家交售小麦100万（市）斤，集体储备小麦100万（市）斤，公共积累达到100万元。也是在这一年，王德合被誉为晋南"棉花八仙"之一，杨谈被命名为晋南"小麦十杆旗"之一。1965年2月，王德合代表杨谈出席全国第四次棉花生产会议，杨谈被誉为"棉花生产上的大寨"。会议期间，王德合受到毛泽东主席等党和国家领导人的亲切接见。

杨谈大队党总支在地域广、面积大、自然条件差的情况下，坚持推广合理密植和"伏雨春用、涝雨旱用"的蓄雨储墒做法，因地制宜进行农业技术革命，把党的思想政治工作、先进技术的推广应用和集体生产的管理工作紧密结合，环环紧扣，极大地调动了广大群众的积极性。仅用3年时间，就普遍提高了全村的耕作水平，粮棉取得好收成，闯出一条旱作农业之路。

杨谈的出名，与后来名扬四海的晋中地区昔阳县的大寨村几乎同时。在20世纪60年代初，《人民日报》《山西日报》对这两个村庄的先进事迹和经验经常报道。《山西日报》连续3天用3个整版刊登杨谈"政治、技术、管理三结合"的经验,并发表《两个伟大的范例——评学习大寨、杨谈的革命精神和先进经验》的社论,在全省提出"学大寨、赶杨谈、鼓干劲、争上游"的口号。

杨谈大队吸引着省内外众多人士来参观访问。几年中,省内外先后来杨谈参观学习取经的达到10万人次以上。在这些参观者中间,既有各地的各级领导干部,也有普普通通的群众,还有劳动模范和农业科学家。在晋南专区,几乎每个村都有人去过杨谈。人们称赞杨谈是运用社会主义精神壮大集体经济、高速度发展农业生产的样板。

1962年9月,全国著名劳动模范、植棉能手曲耀离来到杨谈。他从坡上转到坡下,从田垄走到地头,看了1000多亩棉花地后,对王德合说:"你们的棉花和一个人侍弄下的一样好。坡上和坡下一样,小块地和大块地一样,地边和地心一样。我种了大半辈子棉花,到了你们这里才真正过了棉花瘾。"

1963年11月间,全国著名劳动模范、平顺县西沟村的李顺达也专程来到杨谈,他参观了大片大片的农田后,兴奋地对王德合讲:"我早就听说你们的8000亩小麦种得一个样,3800亩棉花也种得一个样,可耳听百遍不如眼看一遍呀。"

1964年4月下旬,正是农历阳春三月。时任中共中央政治局委员、中央书记处书记、北京市委书记兼市长的彭真回到故乡。在行前,他已从报纸的报道中对杨谈的情况有所了解,回到临汾之后,省、地的领导同志又向他作了比较详尽的介绍,但他仍然要亲自看一看杨谈。一路上,他饶有兴趣地向车外张望,脑子里勾勒着这个社会主义新农村的美丽图画……

彭真站在杨谈大队的村街上,前后张望了一下,似在观察这个村子和其他农村有什么不同。

结束了大队办公室的座谈,由队干部们引路,彭真参观了杨谈的粮食仓库、水塔和养猪场。

出了养殖场往前走,眼前出现一片新天地。透过路边的白杨树,只见大片大片绿油油的庄稼地,这是杨谈的棉花样板田。这里的棉花苗平展展得一个样儿,连地里的土也像过了筛子一样,细密湿润,细细看去,棉花苗嫩绿茁壮,横看、竖瞧、斜望都成行。

离开棉花田,又来到麦田。小麦正值起身拔节时节,只见大片大片的麦苗齐刷刷、平展展、绿油油,像是谁往大地上铺了一块块广袤的绿绒毯,每当轻风吹过,就翻起层层绿色的波浪。真是百闻不如一见,彭真兴奋地说:"麦子长得真好呀!而且是这么大的面积。"

王德合汇报说,他们的麦田都是翻一遍,犁三四遍,耙六七遍,然后才下种。精通庄稼活的彭真夸道:"现在的耕作水平,旧社会的富农户是赶不上的。"当年10月,大寨党支部书记陈永贵来杨谈,和王德合一同交流农业管理经验。

1965年,在全国人大三届一次会议上,王德合就"三结合"经验作了书面发言。"文化大革命"期间,王德合受到冲击,"三结合"经验被否定。

1978年,地、县两级党委为杨谈恢复名誉,为"三结合"经验平反,山西省委领导明确表示,"三结合"经验应予重视和推广。

第七节 粮棉丰产典型

平畴千里的临汾盆地的南部,晋国古都曲沃大地,像一幅色彩斑斓的画卷。最令人惬意的仲春时节,远处的山峦一片葱茏,目之所及,大片大片的农田都覆盖着绿油油的麦苗,微风吹过,碧波荡漾。其间,散长着的桃、李、杏树都绽开了娇艳的花朵。宽阔的大路两旁,高大的白杨树耸入天际,枝叶迎风摇曳,恰似列队迎宾的仪仗队。纵横交错的农田渠道网络,错落有致的农家屋舍,起伏叠织的山峦田野……

经历了三年自然灾害,又经过两年多的奋斗,晋南地区的变化确实不小,尤其是农业经济的发展更是喜人。由于党的政策调整,各级干部和群众的共同努力,在晋南地区涌现出小麦丰产"十杆旗"。它们是曲沃的杨谈、翼城的庄里、永济的拷栳、临猗的西仪、洪洞的北官庄、曲沃的宋郭、绛县的南柳、稷山的太阳、永济的南营、运城的西张耿等村。这"十杆旗"的经验不仅是小麦增产,还有思想政治工作的经验,对晋南各县有普遍的指导意义。

还树立了"棉花八仙",他们是曲耀离(运城)、吴春安(翼城西梁)、王德合(曲沃杨谈)、马芳廷(翼城东关)、吴吉昌(闻喜涑阳)、常修文(曲沃吉许)、姚文章、沈辰发。这些从实践中创造出来的粮棉丰产典型,是中共晋南地委和专署在贯彻党的以农业为基础,以工业为主导的发展国民经济总方针中的创造。通过典型引路,模范带动,全区的棉麦生产都获得大面积丰收。

1964年4月,彭真回乡在晋南几县视察时,高度评价了晋南专区树立的"小麦十杆旗""棉花八仙"和曲沃县"一带二的先进经验推广网"。

杨谈又被国务院命名为"棉花生产上的大寨"。

1958年,常修文荣获"全国五一劳动奖章",以全国农业劳动模范的身份参加了全国群英会,受到毛泽东主席、周恩来总理的亲切接见。为了摸索棉花治虫经验和棉花生长规律,他常常提着马灯整夜整夜地蹲在棉田里观察,逐步摸透了棉花害虫的习性和棉花生长的规律,取得了棉花的丰产丰收。他曾大胆实行"三定一奖惩"(定工分、定投资、定产量,超产有奖、减产惩罚)的管理办法,使全村695亩棉田平均亩产皮棉达到70公斤,其中21亩创亩产皮棉140公斤的纪录,为黄河流域第一家。

第八节　农田水利基本建设

继兴修浍河水库之后,曲沃人民在党的领导下,发扬"浍河精神",先后完成一大批农田水利基本建设工程,为曲沃经济社会的新发展奠定了坚实而良好的基础。

小型水库

1959年10月,滏河水库动工,采用水泗土筑坝,1960年5月竣工投入运行,库容398万立方米,坝高19.5米,坝长225米,坝顶宽7米,总投工22.5万个,投资9.3万元,自流灌溉曲村镇7个村的1.1万亩农田。1968年滏河水库并入温泉灌区管理,开南北干渠两条,全长22.77公里,支渠25条,全长46公里,灌溉西常、安居、曲村、里村4个乡镇25个村的土地2.56万亩。

1960年,王村水库动工,1962年建成,投资0.5万元,投工 3.1 万个,坝高 13 米,顶宽 3 米,坝长 120 米,总库容 39 万立方米,灌溉土地 2500 亩。

1960 年,投资 0.5 万元建成新建水库,投入运营。坝高 6 米,顶宽 4 米,坝长 109 米,总库容 17 万立方米,灌溉农田 400 亩。

1968 年 12 月,溢沟水库开工兴建。1971 年 6 月 28 日,溢沟水库突遭暴雨冲击,大坝塌毁。1971 年 11 月,中共曲沃县委动员全县人民再次重建溢沟水库,于次年 5 月大坝主体竣工。总库容 225 万立方米,坝高 24.5 米,投工 34 万个,投资 62 万元,总工程量 45.7 万立方米。北董、下裴庄 2 乡 11 个村受益,灌溉土地 8000 亩。

1970 年,任庄水库竣工,投入运营。坝高 19 米,顶宽 2 米,坝长 138 米,总库容 49 万立方米,投资 7 万元,灌溉农田 1000 亩。

1971 年,兴建沸泉一库,至 1973 年竣工,为石砌拱坝,坝高 17 米,顶宽 3 米,坝长 56 米,总库容 31 万立方米,灌溉农田 1000 亩,总投资 11 万元,投工 3.3 万个。

1972 年,动工兴建高显水库,1974 年竣工投入运行。坝高 13.5 米,顶宽 3.5 米,坝长 130 米,总库容 265 万立方米。

1974 年,蒙城水库建成投入使用,投资 0.8 万元,总库容 16 万立方米,坝高 12 米,顶宽 6 米,坝长 110 米,灌溉农田 400 亩。

1975 年 12 月,天河水库动工,1976 年 6 月水库大坝和溢洪道修建完工,开始受益,总投资 29.4 万元,投工 15.12 万个,总工程量 14.6 万立方米。

1976 年,兴建沸泉二库,位于景明瀑布上游,当年完工,投资6万元,投工3.8万个,坝高24米,顶宽4米,坝长150米,总库容41万立方米,灌溉农田1000亩。

1977年,北林交水库建成,坝高13米,顶宽6米,坝长204米,总库容62万立方米,灌溉农田600亩。

机电灌站

1958年2月,兴建平乐机灌站,1960年竣工受益。1970年5月改机灌为电灌,1972年改建完工。

1966年5月,文敬电灌站开始兴建,1968年建成一、二级站。1970年12月,三级站开工建设,1977年建成。

1966年10月,动工兴建赵庄电灌站,次年2月建成4个小型提灌站,分别为一级站、北灌一级站、北灌二级站、南灌一级站。灌溉农田2500亩。

1970年8月,建浍河渠首电灌站,1974年5月竣工,三级提水5个站,总扬程113.99米,灌溉面积2万亩,12个村受益。2004年起,由浍河水库提水给闽光焦化等工业企业供水。

其间,全县还建成小型泵站(电灌站)18处。

深水电井

1971年至1976年,杨谈大队党总支书记王德合带领全村干部群众,为解决饮水及灌溉用水,进行人工打深井,提出"不见清水不停手,敢把地球给打透"的口号,打深井20眼,浅井15眼,在旱疙瘩上发展水浇地5000亩,改善了农业生产条件。一般井深都在120米~160米,见水后再凿横洞,广集水源,被省、地、县水利系统推广。

1972年6月,县水利勘探钻井队成立,逐步推行东风冲击钻、22型冲击钻机和水-300钻机,井深增为180米,井壁改为混凝土管和钢管。

至1988年，全县共有配套机电井1018眼，其中80米以上深井231眼，总装机1018台，装机容量12500千瓦，可灌溉面积9.54万亩，其中纯井灌面积3.9万亩，是1949年的3.33倍。

在配套深井中，有3眼热水自流井（高显、荀王、汾阴），高显、荀王自流热水井分别深达710米和870米，水温均达37度以上。又于2002年在太子滩凿温泉井一眼，井深1500米，水温达43度。

其他工程

1961年春，曲沃公社从太子庙东续挖长5000米的排碱渠，与金钗沟贯通。

1967年4月30日，全县基干民兵2500人，投工4.7万个，参加太子滩排碱工程建设，历时20天。

1975年8月，听城村村干部雷世英动员全村青壮劳力300余人，动工兴建输水渡槽。1976年5月1日，渡槽竣工剪彩，将渡槽命名为"长征渡槽"。渡槽建成后，使听城村所有土地都成为有效灌溉面积。时至今日，长征渡槽仍在使用。

第九节 全国劳动模范

于孝蓬

于孝蓬（1918—1999），山西省曲沃县安居村人。

1952年至1958年，于孝蓬相继担任过互助组组长、初级社社长、高级社社长。1956年，加入中国共产党，担任安居"团结农业合作社"党支部书记。1959年，被选为安居乡副乡长，属半脱产干部。1976年，被调到县农建团任团长兼书记。

于孝蓬着手成立"农民技术夜校",聘请县科技站、种子站、农业技术中心等单位的技术人员,给青年农民讲授农业实用技术,并成立"试验农场",培养了一大批青年技术骨干,他自己也抽空到夜校讲课。他还成立了由有经验的老农组成的"技术专业组",分别在不同季节、不同时期,及时传授各项技术。让妇女们人人都学会了棉花管理"五打整枝""芽苗移栽""营养钵育苗"等技术。

安居农业社管理的棉花四角饱满、不缺苗,打掐及时,株形紧,果枝短,棉桃长得像蒜瓣。几千亩棉花长势一个样,亩产皮棉83斤,是全省旱地棉花大面积丰收的典型,受到国务院的表彰,并参加全国劳模大会。

常修文

常修文(1928—1993),山西省曲沃县吉许村人,中共党员,曲沃县第四届政协委员。

中华人民共和国成立初期,常修文积极响应党中央"组织起来"的号召,带头搞互助组、合作社,并于1955年合作化的高潮中加入中国共产党。1958年,荣获"全国五一劳动奖章",以全国农业劳动模范的身份参加了全国群英会,受到毛泽东主席、周恩来总理的亲切接见。

1964年,常修文由于在棉花生产上所做出的突出贡献,被誉为晋南"棉花八仙"之一。

1978年,常修文冲破极左思潮的束缚,在吉许村大胆实行"三定一奖惩"(定工分、定投资、定产量,超产有奖、减产惩罚)的管理办法,使全村695亩棉田平均亩产皮棉达到70公斤,其中21亩创亩产皮棉140公斤的纪录,为黄河流域第一家。

常修文还担任过曲沃县西常乡党委副书记,并当选为县人大代表、山西省人大代表,是第五届至第七届山西省人大常委会委员。

张效兰

张效兰(1930—2009),山西省曲沃县安居村人。

1951年8月1日,张效兰加入共青团。1953年任农业生产合作社副社长。

1954年秋,安居三个农业合作社合并成一个大农业社,共95户,取名为团结社,是曲沃县6个农业社之一,是县上的重点,也是地委的重点。于孝蓬担任社长,张效兰担任副社长。由于加强管理合理安排生产,制定了分红制度等措施,社里的粮棉产量均超过互助组的平均增产水平。当年,张效兰出席县劳模会,并加入中国共产党,还出席省妇女代表会,当选为省妇联执行委员。

1955年11月,安居初级社转入高级社,张效兰任副社长兼妇联会主任。

1956年,安居、郑村等8个自然村的农业社并成一个大农业社,即高级农业生产合作社(又名联社),社名为安居团结农业社,张效兰任副社长、妇代会主任。

1958年,张效兰出席全国妇女建设社会主义积极分子代表会、全国劳模会,受到毛泽东主席、周恩来总理的接见。

1959年9月27日,在人民大会堂,张效兰再次受到毛泽东主席、周恩来总理等党和国家主要领导人的接见。当年10月1日(国庆10周年),张效兰登上天安门观礼台,第三次见到毛泽东主席。

1960年,张效兰出席省妇联召开的庆祝三八妇女节五十周年纪念会,被评为红、勤、巧、俭妇女标兵,同时荣获"全国三八红旗手"称号。

1965年,赴省参加"先进基层妇联组织代表大会"。

"文化大革命"初期,张效兰受到冲击。

1970年,张效兰恢复工作,历任安居大队革委会副主任、副书记,县政协第三、第四、第六届委员,县妇联执行委员、省妇联执行委员。1989年,因年迈体弱离职。

王德合

王德合(1918—1999),原籍山东省冠县。中华人民共和国成立前逃荒要饭,落户曲沃县杨谈村。1949年7月,加入中国共产党。20世纪50年代,他一直是农业合作化的带头人,先后当过互助组组长、初级农业社社长、高级农业社社长、生产大队党总支书记;1973年,担任不脱产的县革委副主任;1981年,任曲沃县第六届政协副主席。

三年自然灾害时期,王德合带领杨谈干部群众大搞农田基本建设,把山坡上的农田改造成里低外高的水平梯田。1961年创造了旱地棉花(皮棉)亩产量突破百斤大关的历史纪录。在此过程中,王德合把党的思想政治工作、先进技术的推广和普及以及劳动管理三者结合起来,从各方面调动社员的积极性,挖掘集体经济的潜力。这就是后来闻名全国,被总结为"政治、技术、管理三结合"的杨谈经验。

1963年,王德合荣获"全国劳动模范"光荣称号,受到毛泽东主席、周恩来总理的亲切接见。

1964年,杨谈人运用"三结合"经验,依靠自力更生、艰苦奋斗精神,战胜自然灾害,不仅夺得了粮棉双丰收,还实现了"三个一百万",即全村一季向国家交售爱国粮小麦100万斤,集体储备小麦100万斤,公共积累达100万元。也就是在这一年,王德合被誉为晋南"棉花八仙"之一,杨谈被誉为晋南"小麦十杆旗"之一。

1965年2月15日,王德合代表杨谈出席由周恩来总理和李先念副总理主持的第四次全国棉花生产会议,杨谈被誉为"棉花生产上的大寨"。会议期间,王德合受到毛泽东主席的亲切接见。

1965年,王德合当选为第三届全国人大代表。

"文化大革命"前期,王德合受到冲击。

1967年3月,在周恩来总理的关心指示下,王德合获得自由,组织干部群众恢复生产。

1974年,王德合当选为第四届全国人大代表。

1977年,王德合当选为中共十一大代表。

第五章　改革开放和社会主义现代化建设
（1979.1 — 2012.10）

党的十一届三中全会的召开，似一缕春风吹遍曲沃大地，给430多平方公里的曲沃原野带来了勃勃生机。

党的干部政策、知识分子政策、民族政策和统战政策的落实，调动了各方面的积极因素，形成安定团结的政治局面。

农村实行经济体制改革，推行以家庭联产承包为主的农业生产责任制，极大地调动了广大农村集体和个人的积极性。农村出现的各种类型的专业户和新经济联合体，涵盖农林牧副渔各业的农业综合开发项目在曲沃大力推进，促使农民收入不断提高。尤其是各具特色的农业精品园区的建设，成为农民增收致富的主渠道。

在工商企业中推行各种经济责任制的改革、探索和实践，大力发展乡镇企业，逐步形成全民所有制为主体，集体、联营、私营和个体等各种经济成分并存的格局。尤其在县委、县政府"工业强县"战略引导下，由河南仁和集团投资新建的山西宇晋钢铁有限公司在太子滩落成，使曲沃县工业经济呈现出前所未有的强劲发展态势。五大产业集群（园区）相继建立或重组，县域工业形成冶金、焦化、建材、铸造、食品、装备制造等门类较为齐全的工业产业体系。

随着改革开放力度的不断加大，县域经济得到快速发展,人民生活水平逐年提高。

第一节　拨乱反正与改革开放全面展开

1979年,县委认真贯彻落实党的十一届三中全会精神,解放思想,实事求是。全县共平反和纠正冤假错案2773件,否定"文化大革命"中被立案审查的错案919件,给697人摘掉帽子,给予农村人民公社社员待遇,同时给8535名地主富农的子女改变了成分。通过落实党的政策,调动了各方面的积极因素,形成安定团结的政治局面。

县委、县政府坚决贯彻党对国民经济"调整、改革、整顿、提高"的八字方针,首先在农村实行经济体制改革,调整产业结构,推行家庭联产承包、包产到户等各种形式的农业生产责任制,恢复并适当扩大自留地,恢复和扩大农村集市贸易,大力发展社队企业和农村副业,发展多种经营,极大地调动了集体和个人的积极性。

1979年后,县委、县政府相继派出150余人的工作队分赴各社、队帮助建立健全农业生产责任制。1981年5月下旬,在东马庄大队召开农业经营管理交流会,交流专业承包、联产到劳、包产包干到户等各种类型的典型经验。11月下旬,召开三级干部会议,重点解决处理统与包的关系和加强领导的问题。至1983年,全县生产队全部实行家庭联产承包责任制。农民不仅是集体经济的承包者,还是承包经济的经营者,在生产活动中的责、权、利联系更为密切,生产积极性和创造性得到更充分的发挥。

1984年,农村出现各种类型的专业户和新经济联合体。

当年专业户有221户(种植业40、畜牧业12、工业24、运输业116、建筑业3、商业26),户均纯收入5000余元;新经济联合体6个(工业5、运输业1),平均纯收入5700余元。到1988年,专业户增加到857户(种植业32、畜牧业137、工业136、运输业416、建筑业14、商业121、林业1),户均纯收入3800余元;新经济联合体增至52个(工业23、运输业19、建筑业3、商业7),平均纯收入10600余元。

从1995年开始,国家农业综合开发项目曲沃项目区相继建立,涵盖农林牧副渔各业。之后,改革开放力度不断加大。特别是2006年以后,农民增收的途径不断拓宽,在依靠农林牧副渔多种经营的基础上新增劳务性收入和政策性补贴,而且随着市场经济的发展和惠农政策的贯彻落实,劳务性收入和政策性补贴比重不断加大,农民收入不断提高。2006—2009年,全县新建、改建"万村千乡市场工程"农家店142个,覆盖全县124个行政村,同时,建成日用品配送中心1个。至2012年,相继建立浍河北岸生态农业综合开发园区,史村、曲村、里村设施蔬菜园区,里村红提葡萄园区,北董优质大蒜园区,杨谈苹果园和汾河滩涂循环农业园区等现代农业园区,以及文敬万头猪养殖园区,周庄百万只蛋鸡养殖园区等20多个各具特色的农业精品园区,成为农民增收致富的主导产业。

工商企业改革始于1984年。改革从推行各种经济责任制入手,在各工商企业中进行探索和实验。1985年,实行厂长(经理)负责制的国营工业企业5家、二轻企业8家、商业企业9家、其他企业15家。政府各职能部门对工商业下放六权:经营方式选择权,执行指令性计划主动权,产品自销定价权,企业专项资金和自留资金支配权,工资奖金发放权,企业劳力招收、使用、调配权。1986年,曲沃被列为山西省经济体制改革试点县。县内有69个企业实行厂长(经理)负责制,其中9个企业推行厂长(经理)任期目标责任制。1987年,县经济体制改革重点转移到企业承包和租赁上来。曲沃化肥厂为企业承包试点,实行公开招标。有8人投标参加竞争。之后,工业、二轻、交通、城建、物资、农委、商业、供销8个企业主管委、局先后组织招标。同年,完善承包企业内部经营机制,同时对企业核算制度和分配办法进行改革,企业内部实行工效挂钩分配,改变过去端"铁饭碗"、吃"大锅饭"状况。

1988年5月,全县企业承包经验交流会召开。与此同时,县委、县政府大力发展乡镇企业,支持联营、私营等企业和个体工商业发展。至1988年,逐步形成全民所有制为主体,集体、联营、私营和个体5种经济成分并存的格局。

1994年,西南街村30万吨机焦项目、恒达30万吨水泥项目、侯月铁路曲沃综合集运站等一批大项目立项筹建。2001年,在县委、县政府"工业强县"战略引导下,由河南仁和集团投资近20亿元兴建的山西宇晋钢铁有限公司在县内太子滩破土动工。2001—2005年,全县工业经济呈现出前所未有的强劲发展态势,5年创造了数十倍于中华人民共和国成立50年累计的工业资产。本县在全国县域经济基本竞争力排名中,由2001年的1495位前移到2005年的610位。2011年,县委、县政府不断完善招商引资优惠政策,优化政务环境,创新招商方式,加大招商引资力度,利用外资的规模不断扩大,质量不断提高,本县产业结构趋于优化。冶金工业园区、陆港保税区曲沃园区、装备制造园区、黄金工业园区和煤电一体化产业园区等五大产业集群相继建立或重组。截至

2012年,全县共有各类工业企业700余户,其中规模以上工业企业34户,县域工业形成了冶金、焦化、建材、铸造、食品、装备制造等门类较为齐全的工业体系。2012年,全县规模以上工业总产值完成228.5亿元,是1978年的705.7倍,是1999年的41.2倍。至2012年,曲沃县共签订合作协议项目14个,总投资510亿元人民币,引资438.6亿元。

改革开放力度的不断加大,使县域经济得到快速发展,全县工农业生产逐步走上持续、稳定、协调发展的轨道,人民生活水平逐年提高。县财政总收入,1978年为719万元,1999年为6398万元,2012年为75046万元,2012年是1999年的11.7倍。1978年,农民人均纯收入51元,1999年提高到2460元,2012年为8909元;城镇居民人均可支配收入,1999年为3427元,2012年为20103元,提高了4.8倍。

第二节 全国绿化先进县

曲沃历届县委、县政府都很重视植树造林、平原绿化工作。改革开放后的1982年,在黑河滩垫地248亩建立县国营苗圃分场,当年产苗木10万株。实行家庭联产承包责任制后,农村兴起家庭育苗热。1983年,全县育苗6000亩,当年产苗木1073万株。至2001年,全县累计育苗1.16万亩,生产成品苗木2500多万株。1992年,县国营苗圃同太原市林科所共同培育的新品种——沙毛200号通过国家有关专家鉴定,正式命名为沙毛杨,在1993年山西省首届农林博览会上荣获优秀奖。1995年,从山东引进洞庭王、家佛手、大佛手、长柄佛手、大元玲优良银杏新品种,使曲沃县的林木品种更为丰富。

1997年，相继建立荒山绿化苗木、经济林苗木基地，品种有刺槐、花椒、枣树等，2001年发展到1000亩。建立常绿树种花卉园林苗木基地200亩，花卉温室25座。2000年初，承担国家林业局科技司确定的107号杨树新品种推广项目。国家投资30万元，县配套资金30万元。

1989年，主攻平原绿化，新建完善农田林网（间作）面积30万亩，占宜林网（间作）面积的91.1%；绿化路渠1072公里，占应绿化路渠的87.2%；三荒绿化完成面积1.22万亩，占宜林地面积的80.1%。148个村庄绿化覆盖率达到30%以上，占村庄总数的94%。经济林面积达到6万余亩，全县林木覆盖率达到13.9%。1990年经山西省林业设计院验收，宜林地绿化率、村庄覆盖率、林木覆盖率、林网建设面积比率4项指标均达到"平原绿化"县标准，跨入平原绿化县先进行列，被林业部授予"全国平原绿化先进县"铜匾和证书。

1991年，县委、县政府提出科学规划，引进良种，二年育苗，全面更新树种。1992年，在省造林局科技人员指导下，制订10年林业发展规划，同省林科院"联姻"，多处引进良种毛白杨种条进行繁育，品系40个，面积达2000亩。1993年，总体规划是长寿树搭骨架，珍贵树拉网带，经济林填空增覆盖，村庄道路绿起来。利用两个春季，完成乡村主道路品种更新，到1995年底，全县四旁植树达到880余万株，农田经济林达到8.3万余亩，绿化率达到32.9%，基本实现绿化达标。1996年3月，全国绿化委员会授予曲沃县"全国造林绿化百佳县"称号。同年，曲沃县被全国绿化委、林业局、人事部授予"全国绿化先进单位"光荣称号。

1998年，对4万亩农田林网实施完善和改造，完成汾河拦坝15公里两侧各15米宽的林带。开路修渠30条,72公里,栽植樟河柳、塔柏等树木4万余株。全县学校、机关单位和村庄的绿化同步进行。同年,山西省绿化委员会、山西省林业厅授予曲沃县"1998年林业建设先进单位"。

通道绿化工程是省造林绿化重点工程之一,是林业生态环境的主体框架,也是全县绿化工程的形象工程。1995年,对境内主要交通线路大运、晋韩、曲绛两旁进行绿化。21.77公里的大运路两旁13.5米宽的主林带,选用十多个品种,共植树9.2万株,栽植花卉7.4万株,种植草坪5.9万平方米。78公里的二级油路和228公里的通村三级油路两侧各栽植2行行道树,以长寿树毛白杨搭骨架,常青树、花卉点缀,形成绿化隔离带。路肩上建平台,以灌木、常青树、花卉为主,草坪点缀。1998年,对全县78公里二级油路和273公里通村三级油路进行上档次绿化,利用原有基础,栽植常青树、花草,提高道路品位。

2003年初,县内启动退耕还林国家重点工程。年底,建成以北董、乐昌、里村3个乡(镇)9个村1108户,70个作业小班集中连片的三大区域,完成退耕还林工程1.5万亩,建设生态林1.44万亩,经济林632亩。2004年,在宜林荒山地造林2万亩。2005年,荒山造林和封山育林1万余亩。至2005年,107杨营造小片林面积已累计发展到3000余亩。

2006—2009年,全县完成造林3.6万亩,其中国家林业重点工程1万亩,省级造林绿化工程1.45万亩,县级造林绿化工程1.15万亩。通道绿化140余公里,阳侯高速公路和一、二级国、省道防护林带基本建成,建成园林村109个。全县林木覆盖率达到23.8%。2009年,实施人工造林5000余亩,主要分布在杨谈乡义合庄和下院村,均为防护林。全省造林绿化现场会在本县召开。至2010年，完成封山育林4000亩，20公里工程区域拉铁丝网防护。与此同时，实施了阳侯高速公路两侧宽林带建设，林带宽度达到30米，栽植木槿、蜀桧、杨树、国槐等苗木20余万株。同时对霍侯一级公路曲沃段、郭义路、曲坪路、曲绛路两侧绿化带进行加宽，并对各条公路沿线的门店前、村口、辐射路口进行绿化美化，栽植杨树、雪松、白皮松、桧柏、黄洋球等常绿苗木100余万株。

2011—2012年，对途经乐昌镇马庄村和史村镇的常安庄、西杨、常村、盈村、卫村、大杨、西吉必等8个村庄长6公里的通浍大道进行绿化，占地300余亩，栽植各类苗木5万余株。完成南北两山及中部沟壑区现代农业示范干果经济林园区植树9100亩，共栽植核桃、红枣等苗木36.4万株。在北董乡白水村、景明村、义门村，杨谈乡乔芦村，史村镇的西吉必村完成退耕还林干果经济林区建设2000亩，栽植核桃8万余株。在现代农业园区配套绿化，栽植木本花卉、景观树、常绿树50余万株。对国道108线，省道曲辉线、曲绛线、郭义线，县、乡公路里杨线、里高线以及县乡循环路特别是对霍侯路沿线门店前、高显工业园区与磨盘岭入口、晋国博物馆曲村路段等多处进行高标准绿化，共栽植雪松、塔柏、高秆黄洋球、速生杨、国槐等树种50余万株。对已建园林村提高绿化标准。

2012年，完成三个出县口、两个出城口五大景观工程，在省市观摩中获得高度好评。

第三节　村村通三级油路全省第一县

改革开放以前，县内村与村之间的道路均为土路，坎坷不平，雨天泥泞难行。民间有"无风三尺尘，有雨一路泥"之谣。1978年党的十一届三中全会后，多数道路改建为砂石路面。实现全县乡镇通柏油路，大大方便了客货运输和人们出行。至1988年，全县共修建砂石路面141公里。其中苏村乡6.3公里，下裴庄乡48.5公里，北董乡24公里，史村镇3公里，西常乡13公里，曲村镇17公里，杨谈乡12.2公里，里村乡5公里，高显镇6公里，安居乡6公里。

1995年，进行农村公路改造，在全省率先实现"乡镇全通二级路，村村道路砂石化"的目标。10月，在太原召开的全省义务修路表彰大会上，县委、县政府被省委、省政府授予"乡镇全通二级路"和"全民义务修路先进县"两块铜匾，并奖励压路机一台。1996年，县委、县政府动员全县21万人民，自力更生，艰苦奋斗，采用集资的方式，展开"村村通三级油路"的宏大工程。本年，全县修油路总里程228公里，其中，二级公路10公里，通村三级油路213公里，水泥三级路5公里，全县11个乡镇、156个行政村全部通了三级油路。三级油路建设得到人民群众的大力支持。西常乡听城村老红军耿喜勤在村里带头捐款300元；曲村镇83岁的老党员陈德胜，拿出儿子因公牺牲的抚恤金为三级路捐款；杨谈乡万户村私营企业家畅义龙先后为三级路义务捐款22万元。村村通三级油路工程，得到交通部和省地的高度重视。在全省交通工作会议上，曲沃县被授予"全民义务修路先进县"光荣称号，奖励压路机一台，地区奖励"切诺基213"工作车一部。

"村村通三级油路"工程总投资4972万元(其中自筹资金2500余万元),投工265万个,投石料45万立方米,动土石110万立方米,动用机械10万台(班),修建大小桥涵180座,腾地830亩。1996年7月6日、10月8日,交通部副部长洪善祥、刘松金分别到曲沃县视察"村村通三级油路"工程。省委和省交通厅、省公路局领导多次到曲沃县指导三级油路工程建设。临汾地委、行署把曲沃县"村村通三级油路"工程,作为全地区千里油路大会战的主战场,并列为全区1996年公路建设九大重点项目之首。

1997年,县委、县政府提出公路建设更上一层楼,实现县乡公路网络化、标准化、等级化的"三化"目标。在网络化建设上,投资1600万元,完成循环油路101.5公里,全县形成大小循环路19个。在标准化、等级化建设上,重点抓了绿色通道工程和公路配套设施工程,把公路养护工作纳入制度化、规范化、经营化的轨道。1997年8月,全省公路养护管理现场会在曲沃县召开,曲沃县将政府管理公路转变为社会管理的道路养护经验得到充分肯定,并获得奖励200万元。同年11月份,在地区交通工作会议上,曲沃县作为"公路三化达标特等县"受到表彰,并奖励"田野"牌客货车一辆。1996、1997两年,完成等级公路450公里,是中华人民共和国成立以来48年本县油路建设总和的8倍,实现了全县村村通油路、乡镇大循环,被地委、行署授予"村村通三级油路特等奖""公路新三通先进单位""公路新三通三化达标特等奖"等三项大奖,省、地连续两年在县内召开了公路建设现场会。

2002年,翻修西高线河上段二级公路2公里,2003年,翻修院裴线西常至东辛村段三级公路改建二级公路3.7公里,

5—11月,坪曲线(汽车站至马庄)改建为城市道路。

2004年,北辛村至下院国债项目二级公路拓宽改造工程开工建设,标志着曲沃县县级公路大规模改造工程拉开帷幕。该工程路段全长20.7公里,总投资1200万元,9月顺利完工。当年7月,县委、县政府认真落实省委、省政府关于加强农村公路建设的意见,结合县域实际,重点对各村街巷进行硬化,大力改善农村交通状况,缩小城乡差别。2005年,西常至高显二级国债公路改造工程开工,全长16公里,总投资1400万元。完成任庄至绛县勃村县际新开三级油路工程6公里,投资120万元。

2007年,杨谈至高显二级公路改造工程,曲村至下裴公路翻修改造工程先后开工建设,总里程47公里,总投资4020万元。至此,全县主要农村公路改建基本完成,全县公路通行质量获得全面提升,公路面貌明显改善。

2004年至2007年4年间,全县"村连村及街巷硬化"工程共修建水泥路和柏油路601公里,总投资近1.5亿元,涉及全县7个乡镇156个行政村。

第四节　汾河治理

汾河是山西省最大的河流,全长716公里。汾河流经襄汾县官滩村由曲沃县文敬村入境,过赵庄、北封王、南封王、高显、高阳、汾阴等村镇向西南流入侯马,境内长9.85公里,流域涵盖高显、里村两镇。赵庄段河床狭窄,宽200多米,至高阳段宽达2000多米。由于河床宽浅,汛期主河床受洪水冲刷,会冲毁土地。1964年,县委、县政府曾对汾河滩涂进行治理,修土坝，筑河堤，栽植防护林带。但受各方面条件制约，所筑堤坝禁不住洪水冲刷，往往是后半年修堤筑坝，来年便被洪水冲垮，栽植的防护林带也被冲毁，仅存河滩里属于高显村的一片柳树林。1966年后，相继建起赵庄电灌站、文敬电灌站，汾河水得到利用。但由于上游各地工农业用水量的增加，每遇干旱，常常断流。那片柳树林也在20世纪70年代被毁，汾河滩容貌依旧。

1993年7月，汾河突发几十年不遇的洪水。大水漫过荒滩，冲毁农田，浸入高显火车站旁边高出河滩三四米的原交口铁厂，逼近南同蒲铁路。洪水过后，河滩里1万多亩庄稼绝收，水利设施损毁严重，毁坏机井80多眼，机井房60多个，直接经济损失上千万元。10月，临汾地委、行署做出治理汾河的重大决策：修筑贯通全区的百里汾河大坝。同月，曲沃县委、县政府做出部署，实施汾河治理工程。

汾河治理，当时情况下最缺乏的是资金和劳力，尤其是劳力问题尤大。县委、县政府安排相关部门对整个工程进行详细勘察，同时对各种情况经过认真调研分析，认为治理汾河，首先要扫清思想障碍，再解决资金和劳力问题。经过一系列前期工作，做出治理汾河的决定。

1993年10月25日，曲沃县"三项基本建设动员大会"在县大礼堂召开，会议主要内容是治理汾河滩工程总动员。县、乡、村三级干部1000余人参加大会，全县各村组织村民通过电视和广播收看收听了会议实况。县委书记翟维勤在动员会上说道："这是改革开放以来的一次新的大会战，困难虽然很多，但是我们要拿出当年大战浍河的干劲，拿出学大寨的精神，动员各方力量，坚决地、毫不含糊地完成任务。"会议安排：

各乡镇即日下午到汾河滩领任务,26日各乡镇动员安排,做准备,27日各路人马开赴汾河滩工地。

28日,人们乘坐各式机动车辆相继抵达任务段,全县11个乡镇的治汾大军全部到位,治汾工程正式启动。工地日上马劳力上万人,高峰时达3万余人,日出动各种机械500余台辆,畜力车和人力车上千辆。自1993年始,共投资2400万元,投工153万个。

治理境内汾河滩涂分三个阶段。

第一阶段自1993年10月至1995年3月前完成土坝建设,并对5.34公里长的汾河进行砌石护坡,坝顶砂石化处理。工程投工7.5万个,完成土石方75万方,修筑防洪土堤9.84公里,干砌石护坡5.34公里,修筑堤下排水涵洞14座,上堤道路8条、430米,铅丝笼坝43条、530米,完成险段截流工程2处,总投资1200多万元。1996年8月,汾河大坝经受住了流量高达1200立方米/秒洪峰的严峻考验。

第二阶段自1996年10月至1997年4月。完成10公里大坝增厚加高,浆砌石护坡3.1公里,砌筑铅丝笼坝38条、539米,动土方26.4万方,石方2.7万方,耗用水泥860吨,铅丝25吨,投工18.1万个,总投资496万元。1997年5月21日,临汾地委、行署有关领导和有关部门负责人为曲沃石坝贯通剪彩,并颁发奖励资金10万元。时任县水利局局长汪国良、高显镇镇长郑步电荣获临汾地委行署颁发的金质奖章各一枚,水利局副局长李普文荣获山西省农田基本建设指挥部颁发的"农建标兵"奖章一枚。

第三阶段,汾河滩涂综合开发。1998年,在水利局、开发办、农机局、林业局等部门的共同协作下,经两个多月苦战,共投资596万元，出动劳力54万人次，动用大型机械3560台班，动土石方250万方，将汾河10公里大坝全线进行加高（加高加宽各50公分），坝面全部进行压实和砂石硬化。滩涂田面平整1.08万亩，开挖建成鱼池、莲塘2300亩。对原有的24条共49公里主干线路面进行整修硬化，新开30条共72公里田间道路，并全部进行压实。开挖12条共28公里排碱防涝两用渠道。建成防渗渠1万米，配套机井3眼，调节池2处和两侧各20米防护林带。

1995年4月，农业综合开发汾河滩涂项目，被农业综合开发办公室立项。1995—1997年为第一期，开发范围涉及里村、高显两个乡镇的封王、高显、高阳、汾阴等4个行政村。改造中低产田1.3万亩，开垦宜农荒地2000亩，发展经济林94亩，水产养殖97亩，建成曲沃县龙头项目秸秆生化饲料厂。共投资1019.5万元，其中中央、地方各级财政投资460万元，贷款、群众自筹及其他投资559.5万元。

1998年开春，县委、县政府动员县直各单位，组成浩浩荡荡的治汾大军，再次开赴汾河滩，进行滩涂治理开发的集中会战。按照"治水、改田、筑路、造林""道路搭框架、农田林网化、灌溉节水化"的治理思路，开路、植树、修渠、平田、整地、治碱。历时3个月，对10里大坝的坝顶，砂石铺面，机械碾压，达到3级砂石公路的标准。在背水坡一面，栽植数以万计的抗风耐旱的旱柳树，以及点缀其间的塔松和黄花菜，使之不仅成为一道防护林带，同时也形成一道靓丽的风景线。这次会战，共修建道路11条，总长22公里，形成3纵8横的格局，将万亩滩涂分割为每200亩一个方块的农田，成为林成网，田成方，道路和水渠纵横阡陌，电灌站星罗棋布，设施配套、功能齐全、保障完善的生产载体。

高显、里村两镇,遵循生态治理原则,工程措施与生物措施相结合,经济林与防护林相结合,在1996—1998年的3年内,完成汾河拦坝10公里两侧各15米宽的林带。栽植漳河柳、塔柏等树木4万余株,形成农田防护林、水土保持林、水源涵养林、防风固沙林林网,建成汾河石坝绿色走廊。

1999年,组织各类机械600余台,对汾河堤坝加宽及堤面硬化。大坝坝面全部加宽至8米,对7公里主坝坝面全部进行硬化处理。工程投资120万元,动土方21万方,石方1300方,现浇砼300立方米,上马劳力3万人次。

汾河滩涂项目中,土地治理面积9000亩,其中1998年开垦宜农荒地3000亩,1999年改造中低产田4000亩,2001年改造中低产田2000亩,共投资322万元。在调产增收中,通过种植大户的示范种植,带动了整个项目区域化发展,形成双千亩"小偃54号"专用小麦优种繁育基地,千亩"农大108"玉米制种基地,百亩"紫香"糯玉米示范基地。开发前,粮食亩产50公斤左右,开发后亩产达到350公斤,比开发前增加300公斤,平均每年递增70公斤~80公斤。开发前每亩土地承包费仅10余元,改造后,每亩土地公开发包费达150多元。

2000年,建成鸭鱼立体养殖场100亩,总投资190万元,其中中央财政50万元,地方配套50万元,自筹90万元。通过发展以鸭鱼为主的立体养殖业,充分利用粮食、豆粕、菜叶等加工成的饲料喂鸭,水面鸭粪肥水、养鱼,鸭棚里的鸭粪还田,走出了一条以养殖带动种植发展的三元结构生态农业之路。

在滩涂项目建设的同时,加强防洪和汛期警戒工作。1996年7月汾河洪水,损坏堤防6处,长度1000米,冲垮2

处,长度400米。县防汛指挥部紧急组织抢险,共投入民兵、武警、沿岸干部群众和其他群众4000多人次,投入资金22万元,保护两个乡镇7个村庄8000多人口、万余亩农田,经济损失降低到150万元。10月,堤坝加固工程开始。至2004年,相继完成10公里长土坝培厚加高和3千米浆砌石护坡任务,同时配套桥梁一座,铅丝笼石坝70条,完成8千米防护林建设和坝面硬化任务。整体工程建设累计动土石方161.39万方,耗用水泥1050吨、铅丝75吨、木材80方,总投工103.11万个,总投资1850万元(国补资金225万元),可保护滩地面积1.85万亩。

2005年,防汛重点是汛前准备。按照"谁设障、谁清除"的原则,限期清除。重点防汛工程责任人员名单限期报县防汛办。县防汛办制订《汾河曲沃段2005年防洪预案》,预案根据汾河曲沃段自然地理概况、水文气象、社会经济、防洪工程、洪水分析等情况,制订标准以内防御洪水措施,超标准洪水防抢避灾方案。组建指挥调度系统,落实汾河大坝抢险车6辆、木材100方、草袋1万条、铅丝10吨、油料5吨、人员1100人,按班、排、连分组,造册登记。非汛期每10天巡查1次,主汛期每5天巡查1次。全县防汛抢险队伍落实5600人,汽油40吨,柴油30吨,铅丝45吨,钢材60吨,编织袋8万条,铁镐200把,锹800张,木材400立方米,三轮车150辆,备用车40辆,水泵及柴油机10台。

县委、县政府不断加大汾河干流生态环境治理修复与保护力度。汾河百公里绿化是省政府决策部署的汾河生态治理与保护的重要示范性工程,也是建设环境宜人、生态曲沃的骨干工程。仅2006年至2010年的5年间,共完成护岸林带

3000亩，水土保持生态林1500亩，农田林网500亩，汾河护坝林428亩，共栽植杨树、侧柏、火炬、核桃等苗木近40万株。通过四项工程的建设，可以有效遏制汾河流域生态环境的破坏和恶化，同时把汾河沿岸建成全县水源涵养带、生态效益带、休闲观光带和富民产业带，实现经济社会与自然生态环境的协调发展。

2012年，投资2504.72万元，完成小型农田水利重点县建设项目，对汾河滩涂的文敬电灌站进行节水改造，为里村、曲村、杨谈三个乡镇恢复灌溉面积0.7万亩，改善灌溉面积3.1万亩，发展高效节水灌溉面积1万亩。

《曲沃县人民政府关于加快发展现代农业的实施意见》，明确提出全县实现"一五一"工程，其中"五"就是发展"五大园区"，晋之源高显汾河滩涂循环农业示范区即是"五大园区"之一。该园区主要涉及高显镇、里村镇的汾阴、高阳、高显、封王等村，规划面积1万亩。自2011年开始，通过实施莲池建设、林下养殖小区建设、林下采摘休闲区建设、文化长廊建设、蔬菜大棚区建设等工程，在高显镇沿汾河东岸的北部发展千亩林下养鹅，紧邻林下养鹅带发展万亩鱼莲共养区，在共养区下方建设农业采摘园和林下休闲区及垂钓处（三处占地600亩左右，其中垂钓处占地100亩）。这三个区的下方为占地700亩左右的文化长廊区和规模1000亩左右的大棚蔬菜区以及沿汾河东岸10里的林业饲草区。力争到"十二五"末，使该园区成为集林下养殖、鱼莲共养、娱乐休闲为一体的省级循环农业示范园区。

第五节　建设三大基地

曲沃县政府"十二五"规划纲要（草案）提出的在"十二五"时期的发展战略和目标要求是实施"三大战略"，建设"三大基地"，具体内容是"产业强县、城建靓县、文化立县"的发展战略和"建设全省千万吨钢铁基地、全省最大的设施蔬菜基地、全国晋文化研究开发基地"三大目标。

实施"三大战略"

产业强县

加快工业化进程，高显冶金工业园区和马庄新型工业园区及黄金园区建设再上新台阶。积极建设山西国际陆港保税园区曲沃项目区，全力落实华电煤电一体化循环产业园区建设。加快推进农业产业化，打造浍河北岸生态农业综合开发园区，史村、曲村、里村设施蔬菜，北董优质大蒜，杨谈、里村精品水果，汾河滩涂循环农业等5个规模大、标准高、功能完善的现代农业示范园区。加快发展文化旅游业，实现第三产业新跨越。以"晋文化"为主线，加快晋国博物馆、磨盘岭、浍河、景明、太子滩"五点一线"精品旅游带的开发建设。

城建靓县

县委、县政府坚持以城乡统筹为主导，以基础设施建设为重点，以文明创建为支撑，加速提升本县的城镇化水平。力争用三到五年的时间，建成西接侯马市、南达紫金山、东北两向不断延展，设施齐备、功能完善、环境靓丽、富有现代气息的新城，并以此来辐射小城镇，带动全县新农村建设，加快小城镇建设步伐。

文化立县

营造氛围，深度挖掘"晋文化"的内涵和精髓，让"晋文化"

成为曲沃的标志和品牌。把宣传造势同对外开放、产业发展、城乡建设、人民生活有机结合起来。通过各种媒体、对外交流等形式和平台将县域文化特征深入人心、通达内外。实施资源整合、一体化开发,产业化、市场化运作,形成系统的具有曲沃特色的文化产业发展格局。

建设"三大基地"

全省千万吨钢铁基地

2011年,实施"工业突破行动计划",改造提升传统产业,培育壮大新兴产业,加快高显冶金工业园区和马庄新型工业园区建设,加快完成中宇重组整合。2012年,已具备年产700万吨生铁、800万吨粗钢、700万吨轧材的生产能力。"十二五"末,全县钢、铁、材产能分别达到1000万吨、1200万吨、1000万吨,成为晋南最具竞争力的千万吨级钢铁基地。

全省最大的设施蔬菜基地

通过园区引领、示范带动,以大棚设施蔬菜为主导的高效产业得到迅猛发展,2012年,全县蔬菜大棚发展到6000栋,占地3万亩。"十二五"末规划发展至少达到5万亩。

全国晋文化研究开发基地

2012年,晋国博物馆主体工程已经完成,同时启动曲村—天马国家考古遗址公园建设工作,把晋国博物馆打造成"晋文化"研究开发及全县文化旅游产业发展的重要窗口和平台。力争用三到五年的时间,将曲沃县建成全国晋文化研究开发基地。

建设工业园区

进入21世纪,围绕"工业强县"战略,县委、县政府加大了招商引资力度。2001年10月,由河南仁和集团投资近20亿元兴建的山西宇晋钢铁有限公司在县内太子滩破土动工。继宇晋之后，投资1.2亿元的中石化油库、4亿元的通才工贸、3亿元的立恒铁业、4亿元的闽光焦化等一批大项目相继在县内落户。

但是，工业发展与用地的矛盾已成为一个重要难题，而土地是工业发展中最稀缺的基本要素之一。为改变过去那种"户户点火、村村冒烟"的粗放经营、浪费资源的传统模式，正确处理好经济建设与耕地保护的关系，减少基础设施投入，降低土地使用的各种成本，同时使经济社会得以可持续发展，县委、县政府决定走工业集中发展之路，成立"工业园区"，集约经营、节约用地，节约基础设施投入，降低治污成本，改善环保条件，加快产业聚集经济和外部经济的形成。至2012年，建成和正在建设5个工业园区。

(一)冶金工业园区

2003年8月，山西曲沃冶金工业园区成立，规划面积18平方公里，区域范围包括高显镇、乐昌镇、史村镇3镇，涉及17个行政村，以大运路为界分为东西两个区。园区主导产业为冶金、铸造、焦化、建材、机械加工等。至2005年底，入驻园区的骨干企业有山西宇晋钢铁有限公司、山西立恒钢铁有限公司、山西通才工贸有限公司、闽光焦化有限公司、山西太子湖食品有限公司、山西长林环保有限公司、山西盛格特太阳能科技公司、山西亚华制盖有限公司、山西乔山铸造有限公司、山西恒通铸造有限公司等13家企业，从业人员达到11032人。2006年被确定为第一批示范工业园区；2009年被省政府确定为五大钢铁生产基地之一；2010年被确定为省级新型工业化示范基地。2011年园区工业总产值突破200亿元，利税6.8亿元。2012年，入园企业达31家，从业人员22000余人。2011、2012两年，全县累计完成固定资产投资78亿元。园区共完成重点项目建设14项，总投资51.7亿元。分别是法液空(临汾公司)年产50万吨工业气体项目、通才公司1860立方米高炉、180万吨双高速线材、2号100万吨特钢项目、年到发量500万吨的三站三线铁路专用线项目；立恒公司300万吨焦化一期2号焦炉及配套3万千瓦干熄焦发电、4×1.5万千瓦煤气发电、1.5万千瓦转炉余热发电项目、80万吨矿渣微粉项目、1.2万立方制氧项目、7500千瓦烧结机脱硫项目及日处理2万吨的污水处理厂；威顿水泥通才公司年产60万吨矿渣微粉项目；新中宇提质增效、150万吨高速线材改造、高炉煤气柜及汽托风机项目等；投资1.2亿元贯通总长9.3公里的三条循环物流道路，投资1.7亿元完成园区220千伏变电站等基础设施建设项目。至2012年，园区拥有11座炼铁高炉、7座65吨炼钢转炉、21条轧钢生产线，具备了年产700万吨生铁、800万吨粗钢、700万吨轧钢的生产能力。

为尽快适应国家钢铁产业政策的要求，借鉴外地经验，结合本县实际，对冶金工业园区内中宇、通才、立恒、三星4家企业进行整合重组。充分利用冶金工业园区资源配置合理、工业手续完备、物流畅通并具备一定发展空间的优势，"太钢—中宇"战略合作进展顺利。同时，破解融资瓶颈，在金融主渠道支持的前提下，先后通过股权转让、增资扩股、设备入股、产品代理、项目合作、补偿贸易等各种渠道，以工业园区为平台，项目为载体，创新资本运作方式，借助社会资金和外部资金发展潜力项目。通才公司与中航集团合作，融资3.5亿元，共同建设年产180万吨双高线项目；立恒公司通过与外省公司合作从北京、上海等地融资5亿元,保证年产145万吨焦化项目的顺利进行;晋宏盛钢铁公司通过与连云港公司、通才公司等企业合作,融资近3亿元,恢复550立方米高炉生产。2012年工业系统融资近18亿元,吸纳各类资金累计30亿元。

基础设施建设是园区发展、项目建设、招商引资的必备条件。至2010年,园区公路方面已形成三纵四横的公路网络,公路总里程达72公里;建成16条铁路专用线、到发线,年吞吐能力达1300万吨;形成浍河、天河、汾河和七一水库四大供水体系,日供水能力达10万立方米;供电总容量逾40万千伏安;西气东输可满足园区内企业生产生活用气。规划预留了钢铁生产区、物流区、生活区等公共设施建设用地,为打造千万吨级钢铁工业园区创造了必要条件。

为促进产业结构优化升级,提高资源综合利用水平,降低生产成本,拓展利润空间,提升企业市场竞争力,以产业大循环经济模式提升改造传统产业,节能、节水、节材,努力提高资源利用率。焦化行业坚持"化为主,焦为辅"的理念,做好化产回收利用和深加工。冶金行业,提升后续产品的技术含量和优化品种,发展高端产品,对固体废弃物实行综合利用。建材行业,广泛推广对工业废渣的综合利用。按照产品上下游链接、资源综合利用的要求,搞好项目入园工作,把全循环作为园区新上项目的准入门槛。产业大循环、园区中循环、企业小循环并举,节能降耗成效明显。2011年、2012年两年,培育工业循环经济示范企业3户。园区大力实施低碳、集约、绿色、循环建设工程,已形成铁钢材成龙配套、余能多级转化、废物综合利用、上下游产业关联互动的全循环工业体系。在冶金行业内部配套健全了立体式、深层次的循环链条,已形成炼铁—炼钢—轧钢—装备制造产业链条,煤—焦—化产回收—精细化工产业链条;在余热、余压、废气、废渣、废水等综合利用方面,先后建成22项资源综合利用项目,基本实现了废弃物闭路循环和资源化、无害化处理,资源利用率达到95%以上,年可节约标准煤70余万吨、节约用水450万吨、节约用电3.5亿度,累计节约资金合8亿元。

(二)马庄装备制造园区

规划面积5.9平方公里,2012年有高新企业5家,从业人员2000余人。主要产品有山西著名商标"盛格特"牌太阳能热水器、山西名牌产品"亚华"牌瓶盖。拥有28项专利的消烟除尘环保设备及"浙马"牌电动车等。

(三)紫金山黄金产业开发园区

位于曲沃县北董乡紫金山,预计储量8吨高纯度黄金。2011年,成立曲沃招金矿业有限公司,隶属山东招金集团有限公司。公司拟投资15亿元,利用2年时间完成黄金精炼厂、贵金属深加工、黄金资源研发中心等项目建设,形成探、采、选、冶、深加工黄金产业链条,可实现税收3亿元。

(四)华电曲沃煤电钢气循环经济产业园区

该园区是第二届能博会上签署的重点项目。项目涉及三镇一乡,总投资168亿元,分三期实施。一期工程投资70亿元,建设规模为年360万吨煤矿和2×66万千瓦发电项目;二期工程拟建设规模为年500万吨煤矿和2×100万千瓦发电项目,并配套建设煤矸石利用、粉煤灰利用、直供千万吨冶金园区用电、余压余热利用等综合建设项目;三期工程为高端煤化工项目,进入国家天然气管网,使之成为一个煤电钢气循环经济产业园。2011年,华电公司投资6200万元,进行资源详查。

(五)山西国际陆港综合保税区曲沃项目区

该园区建设是山西省确定的资源型经济转型发展的重大战略性举措,是省、市、县三级领导高度关注的重大项目,具有经济特区的实质。保税园区曲沃项目区的总体战略目标是:国家中部现代商贸物流产业集聚区,国家级城乡统筹发展和东部产业承接示范区,山西省率先实现资源型经济转型的城市综合新区。规划面积为30.1平方公里,占园区总面积的55%。2011年,开发建设先行起步区5平方公里,提高完善冶金工业区和生态休闲配套服务区,建设骨架路网。2012年按照一级路标准,启动建设"一纵一横"总长7.1公里的园区主干道,完成保障性住房建设和部分村庄的搬迁。

2012年,全县工业的总量与质量大幅提升,产业结构进一步优化,工业生产水平得到跨越式发展。生铁产能达到680万吨,钢铁产能达到1080万吨,焦化产能达到200万吨,水泥产能达到382万吨。在钢铁、焦化、建材等传统行业稳步发展的同时,发展壮大了一批利税过千万的企业"小巨人",重点培育了长林环保、亚华制盖、盛格特太阳能、龙泉山庄果蔬饮品等高科技项目,形成以冶炼为主导,焦化、铸造、建材、机械、轻工、农副产品加工均衡发展的比较完备的工业体系,为社会提供的产品近千种。其中,精铁矿粉、生铁、钢、轧材、铸造无缝管、焦炭、纸、砖瓦、化工原料、瓶盖、太阳能热水器、环保器材、面粉、饮料、糖蒜等在省内外、国内外已形成品牌。工业经济对全县经济增长的贡献率由2010年的59.2%增长到2012年的69.9%。

发展设施蔬菜

曲沃县建大棚种植蔬菜始于1990年。当年,从山东寿光引进技术,试种2000亩,种植黄瓜、西红柿获得成功。之后种植面积及产量逐年大幅度增加。1997年,在太子滩建示范精品园区,发展温室蔬菜生产。2000年,太子滩被列为国家农业综合开发高新科技示范项目区,当年,特聘冬暖式大棚发明人王乐义的徒弟,山东寿光市孙集镇三元朱村王志文为技术总指导。2002年8月,国家绿色食品发展中心认证全县绿色蔬菜品牌1个,即"太子滩"牌蔬菜。15个果蔬产品通过国家A级绿色食品认证。同年,被省农业厅定为山西省绿色食品示范基地。示范区通过把节水、设施农业、新品种引进等高新技术与常规技术结合起来,优化组装配套,用核心区典型生产模式指导产业示范区、辐射区大面积生产,促进当地蔬菜等优势产业的发展,2004年9月顺利通过国家验收。2005年,太子滩农业科技示范园区建设已初具规模,中心示范园面积达到1000亩,其中蔬菜区400亩。

星海日光温室大棚黄瓜生产园区是国家农业综合开发扶持项目,辐射东海、西海、南韩、王村、县册、羊舌6个自然村,是生产无公害蔬菜和绿色食品的最佳基地。2001年,聘请王志文弟弟王志武为星海节能日光温室蔬菜园区的总指导,使县内大棚园区迅速发展,品种不断更新,产量迅速增加,效益显著提高,为大棚园区建设做出了特殊贡献。园区建设以农业增效、农民增收为根本,以建设绿色无公害蔬菜经济园区为目标,总结太子滩示范区的成功经验,汲取"公司建、农民包"的方式不利于大棚资产管理的教训,改为农户自建大棚,政府补贴的方式,每棚补贴8000元。当年在东海村和西海村建日光温室大棚31栋,占地面积60余亩,形成具有本县特色的无公害黄瓜生产基地。2002年,在东海、西海建温室大棚200栋,试种黄瓜,每栋温室大棚黄瓜亩均产量13829公斤,亩产值20566元,亩纯收入近17000元。同年起,把园区供水电、通道路作为一项建设内容,无偿服务建棚农户,同时,无偿提供生产管理技术指导。建立大棚蔬菜协会,采用"协会加农户"的模式,为棚户提供设施配套、物资供应、技术指导、信息反馈、公益设施管理管护等服务,适时引导农民调整种植结构,由单一黄瓜发展为"黄瓜—苦瓜"轮作,提高经济效益。随着园区面积的扩大,蔬菜产量的增加,组建了农民经纪人队伍,组织菜农对产品进行分级、包装和销售,成为菜农连接市场的纽带。发挥基地的带动作用,在王村建设春秋暖式大拱棚300栋,向确保蔬菜全年上市迈进了一步。

日光温室大棚规模发展迅速。2003和2004两年,星海大棚蔬菜园区建大棚850个,占地1000余亩,全部种植嫁接黄瓜,每亩收入2万元以上,千亩黄瓜总产量达1400万公斤,总产值达2000万元,纯收入1500万元。为搞好产后服务,园区建成钢架式钢瓦交易厅3300平方米,场地硬化15000平方米,解决了菜农卖菜难和沿路交易等无序局面,保护了农民利益,带动1500多蔬菜种植户农民增加了收入。

至2005年,星海日光温室园区有大棚千余栋,占地2000亩,已发展成为山西省南部规模最大、经济效益最好的园区。该园区生产的黄瓜被国家绿色食品发展中心认证为"太子滩"牌绿色食品。菜农按照县内制定的无公害黄瓜生产技术规程进行操作管理,多施有机肥,少施化肥,禁止施用剧毒、高残留农药。在菜业中心指导和黄瓜协会监督下生产的黄瓜品质优、商品性强,符合绿色食品标准,很受外地客商的青睐,以"太子滩"牌绿色商标(2000年注册"太子滩"牌果蔬商标,2001年被山西省工商局评为"山西省著名商标")销往侯马、临汾、太原各大超市,成为礼品蔬菜。

2005年,全县蔬菜种植面积7.2万亩,各类拱棚面积达3000亩。

2006年,围绕县委、县政府"产业强县"发展战略,按照"区域化布局,规模化开发,标准化生产,科学化管理"的设施农业发展思路,实行政府支持、部门协作、农民主体、全社会参与的各类涉农资金大整合,把加强项目区基础设施建设,改善生产条件与扶持设施蔬菜产业发展相结合,使设施蔬菜种植面积逐年扩大,效益不断提高。至2010年底,农业综合开发项目区共发展蔬菜大棚4000多栋,按净种植面积占40%计,亩均收入达到4万元,仅大棚蔬菜一项,年实现产值1.6亿元,为农民增收1亿元。蔬菜品牌在"太子滩"系列的基础上,增加"磨盘岭"系列,产品远销太原、西安、郑州、武汉等大中城市。其次,围绕设施蔬菜产业发展,于2010年举办"磨盘岭大棚技术培训",累计培训农民2000人次,并从中筛选出10名农民技术员,作为全县新建大棚区的技术指导力量。

史村镇张范村日光温室蔬菜生产基地被确定为部级蔬菜标准园创建示范园。鑫霸专业合作社完成创建规模218亩。以其为载体,把园区的棚户组织起来,实施"五化六统一"管理。"五化"管理即规模化种植、标准化生产、商品化处理、品牌化销售、产业化经营;"六统一"管理,即统一品种(津优35、冀美之星)、统一供药(鑫霸蔬菜合作社农资服务站)、统一标准(生产技术)、统一检测、统一标识(集装箱标识"锐鑫"商标）、统一销售。

露地蔬菜标准园建设实施地点在北董乡南下郇大蒜园区，创建面积1000亩。实施增产增效技术措施，推广新优品种宋城大蒜、金丰2号、金乡1号，金丰2号品种较本地大蒜早成熟6~7天，且蒜头大而整齐。

2012年2月29日，召开了全县千栋大棚建设动员会。"晋之源"现代农业园区配套工程及信息中心功能配套工程已全部竣工并投入使用。以磨盘岭大棚蔬菜基地为代表，以建设全省最大的设施蔬菜基地为目标，立足项目区实际，坚持"集中连片、规模发展"的原则，抓好7个连片，落实兑现建棚贴息政策、设施配套政策、保险试点政策，确保建一棚成一棚富一户。当年，发展蔬菜大棚3000栋，成为农民增收致富的主导产业。

为解决生产新手和广大菜农遇到的育苗难和种苗质量差等问题，县农发办先后在磨盘岭建设了工厂化育苗连栋温室3栋，育苗面积达到6500平方米，年育苗能力600万株，可满足1000余栋大棚生产需要，保证了品种质量，促进了大棚蔬菜标准化生产。

磨盘岭设施蔬菜产业的发展，使一大批懂技术、会管理、闯市场的新型农民脱颖而出，促进了农业综合开发和社会主义新农村建设，带动全县农业经济呈现出"特色彰显、以点带面、点面结合、全面协调"的发展态势。

位于大运路东侧的"晋之源"曲村现代农业园区，设施蔬菜产业建设已投入3000万元，完成了园区水、电、路等配套设施建设。园区总面积3万亩。涉及曲村、里村两个乡镇的下坞、闻喜庄、杨庄、北辛村、新建、向阳、北柴、南柴、安定、新定等

10个村。园区分日光温室大棚区、春秋拱棚区和产业功能配套区,总投资2.3亿元。在完善水电路等基础配套设施基础上以设施农业、高效农业为主,新建2万亩日光温室,5000亩春秋拱棚,4800平方米新品种展示中心,产业配套的现代农业信息中心、恒温冷库和交易市场等,已逐渐成为继磨盘岭之后又一大现代农业发展的新典范和新亮点。

2011年,"晋之源"曲村万亩设施蔬菜园区建设再上新台阶,投入600余万元,硬化道路15公里;投入300余万元,建设现代农业信息中心,成功引进了春秋拱棚蔬菜生产模式。

"晋之源"北董优质大蒜园区,涉及南下郇、景明等17个村,发展大蒜面积近3万亩。2012年,大蒜亩均收入1万元,全乡总收入3亿元。园区在已有李野、东明德、景明、西闫几个市场的基础上,增加9个冷库、1个监测中心、1个包装销售中心,形成生产、检测、包装、销售一条龙服务的营销网络。

通过园区引领、示范带动,以大棚设施蔬菜为主导的高效产业得到迅猛发展,全县蔬菜大棚发展到6000多栋,占地3万亩。临汾市设施蔬菜推进会在曲沃召开,曲沃县发展设施农业的做法和经验再次受到市委、市政府表扬并在全市推广。

2012年年底,全县蔬菜面积达到13万亩,其中蔬菜大棚6776栋,面积3.3万亩。被农业部确定为全国580个蔬菜重点县之一,被省委、省政府授予全省"农民增收先进县"和"一县一业先进县"荣誉称号。

建设晋国博物馆

山西简称"晋",源于3000年前的强大诸侯国晋国。晋国从公元前1039年周成王封叔虞于唐、其子燮父称晋,到公元前376年"晋绝不祀",经历600多年。晋国称霸春秋150多年,是山西历史上的辉煌时期和华彩篇章。

1992年,北京大学考古文博学院和山西省考古研究所组成的联合考古队在"曲村—天马遗址"的核心区域,发现了九组十九座晋国早期国君及夫人墓葬,十座车马坑,出土青铜器、玉器、陶器等各类珍贵文物12000余件。晋侯墓地是我国目前为止发现的同时期、同规格墓地中保存最完整、排列最清楚、随葬品最丰富的一处墓地。这一重大发现,于1992年和1993年连续两年被评为全国十大考古新发现之一,在2001年又被评为"中国20世纪一百项考古大发现"之一,为国家"九五"重大科研项目"夏商周断代工程"提供了实证,同时也证实了曲沃及其周边就是晋国早期都城所在,是名副其实的三晋之源。

晋国博物馆从谋划到正式开馆历时20余年。1992年、1993年晋侯墓地面世以后,时任县委书记翟维勤就有了依托晋侯墓地建一座遗址博物馆的想法。

1995年5月曲沃县委决定成立曲沃县文物局,由孙永和任局长,具体负责文物保护和开发利用工作。当时晋侯墓地的发掘已基本结束,共发现了八代晋侯和夫人墓葬。1995年省考古所和北京大学选择最大的一号车马坑(晋侯稣陪祀车马坑)进行部分发掘,清理出其中的马坑,出土战马105匹。

1997年,为促进晋侯墓地遗址博物馆的建设工作,由县文物局起草并以曲沃县政府的名义向省政府递交了《关于建立晋侯墓地遗址博物馆的报告》,当时分管文物工作的山西省副省长薛军作出批示,责成省发改委考察。但由于当时所有出土的文物已经入库保管,发掘的墓葬也已全部回填,能够展示的只有一号车马坑的马坑部分和百余架马骨,晋侯墓地的重要性和价值并没有引起重视。

2003年,分管文物工作的县政府副县长张夙兰和曲沃县西南街村党总支书记张贵本被推选为省人大代表,他们从人大代表的角度对此进行了调研,撰写了《建议在晋侯墓地遗址建设遗址博物馆》的建议案,提交到山西省第十届人民代表大会第一次会议,得到省政府及有关部门的高度重视。省文物局施联秀局长立即召集相关负责人召开会议,责成省考古所立即着手一号车马坑的后续发掘工作,由省考古所的吉琨璋负责。2006年春,省考古所便展开了对一号车马坑车坑部分的发掘。2006—2007年,经过近两年的发掘,出土48辆车,轰动一时,被国家文物局评为中国田野考古三等奖。

2003年,曲沃县文物局起草了《曲村—天马遗址晋侯墓地基本情况的报告》,提出依托晋侯墓地建立遗址博物馆的必要性和可行性,并通过当时的省体改办主任吕日周递交给时任省长刘振华。2003年5月28日,刘振华省长亲自到晋侯墓地查看,当即表示要大力支持在晋侯墓地建立遗址博物馆。

2003年7月初,"非典"刚过,时任县委书记乔成家、县长薛愿兵责成县委副书记李德斌、宣传部长邱建平、分管副县长张夙兰和文物局长孙永和组成工作小组专程到北京召开依托"曲村—天马遗址"晋侯墓地建立遗址博物馆的专家评审会,通过北京大学资深教授李伯谦邀请了国内顶尖的专家黄景略、朱凤瀚、刘绪、徐天进等。由于晋侯墓地的资源和价值所在,对遗址的保护迫在眉睫,在曲沃建立博物馆对晋侯墓地文物的展示和晋文化的传承有十分重要的意义。专家们对这个项目的可行性进行了讨论,并在项目建议书上签字,同意在晋侯墓地建立遗址博物馆。

2008年5月14日，时任山西省省长的孟学农到晋南地区视察。时任县委书记杨治平积极推荐把晋侯墓地列入孟学农考察的线路之内。为了做好这次接待工作，杨治平和文物局局长孙永和邀请到了国家"九五"重大社科项目"夏商周断代工程"首席科学家、北京大学原文博学院院长、考古系主任李伯谦教授和山西省考古所的吉琨璋，一同接待孟省长。孟省长听了李伯谦教授对遗址的介绍，兴趣越来越浓，不停地询问，并在车马坑发掘现场实地察看。考察结束后，孟省长表示，山西有这么重要的文化遗存，应当在这里建一个博物馆，保护和展示这些重要的文化遗产。他当即把随行的省发改委常务副主任王赋和有关部门领导召集到跟前，建议依托该遗址建一座博物馆，并就博物馆的名字进行了简短的讨论。孟省长回到太原后还专门就此事给当时的国家文物局局长单霁翔写信，请求予以支持，引起国家文物局的高度重视。

2008年9月，晋国博物馆建设项目在省发改委正式立项;项目工程占地88.5亩，建筑总面积13066平方米，绿化面积26993平方米，主要建设内容有:遗址保护厅、出土文物陈列厅、藏品库及技术研究用房、嘉禾台、办公管理用房、博物馆大门、后勤及设备用房、给排水、供电、供暖、消防、安防、绿化、道路硬化等辅助工程项目。

为了做好晋国博物馆工程，曲沃县对总体设计进行公开招标，并从6个投标方案中选中上海同建强华建筑设计研究院的初设方案，还委托专业机构制作了《曲村—天马遗址晋侯墓地文物保护设计方案》和《文物本体保护设计方案》，这两个方案均得到国家文物局的认可。同时，对晋国博物馆的配套服务设施进行一体规划设计，在主要路口设置五座石牌坊；交通部门向上级申请了通往晋国博物馆的旅游公路，并获批准；在博物馆外围规划了游客中心、商品购物区、停车场、旅游厕所等公共服务设施，总预算1475万元。

2009年8月31日，晋国博物馆正式动工兴建，经过公开招标，山西一建集团有限公司第一分公司承建此项工程。当时省发改委批复晋国博物馆项目总投资9712万元，其中，省发改委煤炭基金3000万元，临汾市3000万元，曲沃县3000万元，剩余资金申请国家文物局资助。2011年，建设工程增加了墓葬及车马坑的文物本体保护修复、文物的复制、墓葬的复原，外围的石牌坊、停车场、广场道路、征地等项目，博物馆的建设规模比原来扩大了许多，投资比原先增加将近一倍。

2012年10月11日，山西省委、省政府组织项目观摩，山西省委书记袁纯清和省长王君带领省直各厅委的领导来考察晋国博物馆项目，省委书记袁纯清在考察现场说："我们应该请一个世界重量级政治家或文学家到晋国博物馆看一看，并给予评价，这样就能像西安兵马俑一样名扬四海。"在考察过程中，时任曲沃县政府县长郭惠勇向王君省长提出资金严重不足的问题。王省长表示，要全力支持晋国博物馆建设，把这个项目做好。省发改委根据省委、省政府领导的指示精神，又调整了晋国博物馆的投资概算。调整后的晋国博物馆投资总额由原来的9712万元增加到1.98亿元（增加的一个亿由省、市、县各分担1/3）。

晋国博物馆项目自2008年立项之后，历任县委、县政府领导均高度重视，专门成立晋国博物馆工程指挥部，起初由时任县委常委的高涨负责，并抽调了城建、文物、曲村镇等单位的干部参加指挥部工作。2010年6月，高涨调走后，县委决定由人大常委会副主任李建华任指挥部总指挥,孙永和任副总指挥,文物局副局长席为民担任指挥部办公室主任。工程建设抽调了城建局、文物局、曲村镇的五六名工作人员参与指挥部的工作,由孙丽萍负责工地后勤,陶向明负责工程协调。指挥部全力以赴的工作,保证了晋国博物馆工程的顺利进行。

2013年起,随着博物馆主体工程结束,晋侯墓地墓葬恢复和坑壁加固工程开始进行。为了保证复原的效果,邀请当年参与发掘的专业人员和考古专家对几座墓葬按照正式发掘规程,挖出回填土,现场进行观察、对比、研究方案,进行现场试验,达到满意效果后再开始施工。为了找到适合曲沃县本地实际情况的墓葬坑壁复原方案,原河南省三门峡市文物局长侯俊杰同志率领晋国博物馆工作人员,进行了8次实验,确定了复原方案。

为了加强对一号车马坑的保护,工程指挥部邀请北京大学周双林教授和敦煌研究院做了《晋侯墓地一号车马坑本体保护方案》。2014年春,完成了一号车马坑的加固工作,晋国博物馆布置核心展览的条件成熟。

晋国博物馆的基本陈列为"唐风晋韵——晋国历史文化及晋侯墓地遗址展",展厅面积8985平方米,共分为晋国历史文化展、"曲村—天马遗址"发掘史展及晋侯墓地遗址展。

晋国历史文化展厅的展览主题为"华夏故国三千载,风云春秋六百年",该展览以晋国历史为线索,通过晋侯墓地出土的青铜器、玉器、陶器等300余件珍贵文物,以史带物,以物载史,讲述了晋国600余年的辉煌历程和晋文化的传承。

遗址发掘史展厅的主题为"栉风沐雨览地书,灯火阑珊著华章",展示了北京大学考古文博学院和山西省考古研究所三代考古学人历尽艰辛、博览地书、寻觅求证的经过和考古发掘工作取得的重大成果。

晋侯墓地遗址展厅的主题为"桥山滏水泱泱陵寝",展览复原展示了四组九座晋侯及夫人墓葬,以及三座陪祀车马坑,其中包括目前我国发现的西周时期规模最大、陪葬车辆最多的车马坑;展览采取一处遗迹一种展示方式的方法,营造出一种一墓一景、步步惊喜的参观效果,使得整个5000多平方米遗址展厅内的12处遗迹各呈特点,原汁原味地为观众再现了两周时期晋国的礼乐文明。

2014年6月14日是中国第九个"文化遗产日",由山西省文物局和临汾市政府共同举办的"走进曲沃·感知晋国——山西省主会场活动"当天上午在曲沃晋国博物馆举行,晋国博物馆同日试开馆,活动当天吸引了当地及周边2万余名游客前来参观。

2014年国庆节,晋国博物馆正式开馆。建成后的晋国博物馆是山西省首座大型专题性遗址博物馆,也是我国目前第一座晋文化专题博物馆,承担着传承晋文化的重大使命。晋国博物馆的建成,对于传承和弘扬传统文化,彰显山西以晋文化为特色的地域文明,完善山西省旅游产业结构具有十分重要的意义。

开馆以来,晋国博物馆始终以"传承晋文化,讲好晋国故事"为己任,在场馆设施建设、藏品保护研究、陈列展示、公众教育、文创产品开发、对外文化交流等方面取得了长足发展,在传承发展中华优秀传统文化方面发挥了重要作用。曾先后获得"第十二届全国博物馆十大陈列展览精品推介优胜奖"

"国家优质工程奖""国家 AAAA 级旅游景区""中国华侨国际文化交流基地""山西省品质旅游景区""山西省旅游系统先进集体""山西省巾帼文明岗"等多项荣誉。随着博物馆职能的不断深化和转变,晋国博物馆也一直在探索博物馆发展的新途径,更好地发挥博物馆作为文化中枢的重要作用。

晋国博物馆是曲沃全域旅游发展的龙头景区,带动了曲沃文化旅游事业的发展,为曲沃"三大战略""三大基地"的建设做出了重大贡献。伴随着近年来的蓬勃发展,知名度和美誉度不断增强,晋国博物馆已成为重要的文化地标,受到国家、省、市、县等各级领导和社会各界人士的广泛关注和普遍赞誉。

实施城市改造

(一)街道

中华人民共和国成立初期,城内有东西向大街两条,自古东门到上西关叫东西大街,从下西门到大东门叫顺城关街,又名南街。

1957年后,曲沃县城3次扩街拓宽路面,中心十字大街方才形成。1972年,开始建地下排水道,铺设沥青路面,至十一届三中全会召开后的七八年间,仅对县城主要街道进行整修。

1979年8月1日,成立县基本建设委员会,城市改造工作更趋规范化。1983年,由县城市规划办公室编制完成中华人民共和国成立后首个县城总体规划,1986年进行修订。至1988年,建成沥青路面的街、路、巷27条,总长15.13公里。城内主要街道政府重新命名,南北向称路,东西向称街。主要有晋都南路、晋都北路、太和南路、太和北路、浍滨南路、浍滨北路6条;府东街、府西街、贡院东街、贡院西街、兴隆东街、兴隆西街、沸泉街7条。此后,随着人口增多和建筑面积扩大,城区新建城西区、韩村路、东岗子、北关村、西南街新村等住宅区。1988年,全城区有路20条,街11条,巷140多条,总长27.67公里。同一年,在原古城墙旧址上,建成与兴隆街相接的西环路、东环路、南环路,总长3.98公里,形成连接县城各条街道的环城路,进一步改善了市容市貌与县城交通。

1994年,晋都北路拓宽工程启动,1996年竣工,工程投资230余万元。

1998年,县委、县政府制定"工业强县、城建活县、文化立县"的发展战略。7月28日,曲沃县"旧城改造暨西大街拓宽改造动员大会"隆重召开,拉开了"城市改造"大会战的帷幕,并围绕"拉大城市框架,提高城市品位,改善人居环境,构建和谐社会"的城建总体目标,大刀阔斧地开始了城市改造工程。

西大街拓宽改造工程。拆迁历时两个半月,涉及单位37家,居民户199户。按照规划,全部工程由路面、上水、下水、照明、绿化、通讯、供电、消防等八大分项工程组成,工程投资1600余万元,于1999年10月竣工。

西大街拓宽改造改变了原来房屋破旧、道路狭窄、设施落后的状况,并为以后其他区域的改造积累了经验。

2003年3月,十大工程正式启动。晋都北路北扩、晋都南路和兴隆街拓宽改造、贡院街西扩及体育场等"四街一场"建设工程全面展开。

2001年至2003年,先后对府东街、霍侯一级路城区段(新兴路)、晋韩路城区段(文公大街)、贡院街、南环路、兴隆街、晋都南路进行拓宽改造,同时翻新东环路、西环路、南环路、曲绛路4条城市主干道,全长7公里。整修硬化连街巷72条,全长58公里。霍侯一级公路城区段(新兴路)全长4.2公里,经过拓宽改造,形成欧式建筑一条街。这几年,累计拓宽改造街道20余公里。这一阶段的拓宽改造,附属设施全部优化。东大街的上下水管道、通讯电缆全部地埋,两侧还预留了集中供暖、供气管道接口。

1998年,使用了41年的大礼堂被拆除,在其旧址区域兴建中心广场。2001年,投资600万元的中心广场竣工投入使用,为居民提供了一个环境优美的休闲、娱乐场所。

晋都南路的改造工程是2003年全县十大城建重点工程之一。该路改造分两段进行,即晋都南路和晋都南路延伸段。晋都南路北起县城十字大街中心,南至贡院街,全长640米。其延伸段原本没有路,属于住宅区,按照县城"三纵三横"规划格局,对其进行改造。晋都南路延伸段工程的竣工,使县城"三纵三横"的道路框架基本形成。

1998—2003年,累计拓宽改造市政道路23公里,基础设施总投资达1.95亿元,拉动建设消费资金3亿多元,吸引各地企业投资10亿余元,投资额、工程量比中华人民共和国成立后50年的总和还要多。2005年,县城城区面积为5.62平方公里,比1947年的0.8平方公里扩大4.42平方公里,比1988年的2.8平方公里多了一倍。2000年,投资60多万元成立曲沃县公交公司,14辆公交车环城绕行,方便了市民生活,扩大了道路通行量。

(二)排水

至2005年,县城地下排水管网已基本完成重修、扩建和更换,县城防洪能力提高到抵御70年一遇的洪水水平。主排水系统采用雨污分流,排水方向依地势由北向南,汇水面积520公顷,北起贡院东街,向南至南外环路分流,雨水向东至交里桥,污水向西至污水处理厂。

(三)供水

20世纪80年代,城市供水与侯马共用下裴水源,日供水2000吨。1992年以后,随着县域经济的快速发展,县城用水量剧增,水源地水量急剧下降,用水供需矛盾日益突出。1994年,完成东韩至城区5000米供水专线铺设,建设了补充水源,6月开闸供水。1997年1月,投资800余万元,新建下郇水源地和东关加压站,铺设输水管线10000米,日供水提高到8000吨,彻底结束了曲沃多年没有自己供水体系的历史。五六年间,先后完成县城四街部分供水管网的改造,供水覆盖面积达5平方公里。2004年,县政府规划开辟张家湾和对下郇水源地的挖潜及城市给水管网的改造项目,通过国家计委立项,争取国债资金750万元。2005年,按照城市供水工程立项批复,完成下郇水源地扩建。经过3年努力,2008年,县城日供水上升到10000吨,2012年,达到1.2万吨。

(四)供热、供气

随着人们生活水平的日益提高,县城集中供热、供气势在必行。2005年1月,三晋焦化实业有限公司和西南街村联合启动日供县城10万立方米焦炉煤气工程,率先给乐昌镇西南街花苑小区供上了焦炉煤气。同年10月,成立"曲沃县煤气热能有限公司"。2010年,成立曲沃县天然气公司,气源为西气东输的天然气。本着"气化山西"的发展目标,县委、县政府决定以天然气置换煤气,解决曲沃县居民的用气问题。该项工程在政府协调下,两家公司于2010年3月签订了置换协议。

（五）建筑

县城公共建筑、公益设施和民居建设在不同时期不同社会环境下彰显其档次与风格。1957年7月，人民大礼堂落成，建筑面积1536平方米。该建筑是中华人民共和国成立后县内第一座大型砖木结构建筑物，也是县内建筑物启用钢筋、水泥建筑材料之始。1971年建邮电局西楼，是县内最早的混合结构建筑物。同年，县委、县政府办公楼中楼（2层）、公共汽车站相继建成。至1988年，城区有公产楼房126幢，多为2~3层。县广播电视楼高6层，县委、县政府办公楼后楼（1988年建）高5层。1993年至2005年的13年间，先后建成县石油、银行、学校、医药、公安、邮政、文物、政府机关等系统楼房50余幢，多为3~6层，其中邮政局邮政生产楼（6层）、县信用联社办公楼（8层）、农行曲沃县支行营业办公大楼（7层）、县公安局指挥中心（6层）、县委、县政府机关办公楼（11层）、新合作购物广场（5层）属框架结构，其余均为砖混结构。

20世纪90年代前半期，城区居民住宅大部分为一家一院，砖混结构，一层二层均有。这期间，也有部分单位建起家属宿舍楼或连片的职工住宅。90年代后半期，逐渐兴起住宅楼建设热潮，规模比较大的有房产局住宅楼、教委教师安居小区、晋鑫小区、土地局住宅楼、粮食局住宅楼、计生委住宅楼、法院住宅楼等，这些住宅楼楼层一般为四至六层，砖混结构。这期间，一家一院的住宅标准进一步提高，绝大部分为二层楼，两层水泥现浇，屋顶砌瓦。

进入21世纪，"城建活县"战略，树立经营城市的理念，充分发挥市场经济优势，实行政府引导、市场运作、产业化经营、项目法人负责制，多方融资，使各项目实施单位保本经营,改变了政府单一投资的资金压力,城市建设走上快速、良性发展轨道。

县城住宅楼建设热潮快速升温,大部分为个人集资建设,楼层一般4~6层,砖混结构。西南街西塔花苑小区是全县宽裕型小康建设的标志之一,也是临汾市小康建设重点工程之一。

(六)公共卫生间

2008年,县委、县政府以提升城市功能,打造宜居环境为重点,把公共卫生间建设作为重要的民生工程来实施。至2012年,共建设10座高标准公共卫生间,赢得社会各界和广大居民的好评。

(七)东城新区

2011年,县委、县政府紧紧围绕省、市扩容提质的总体要求,在广泛征求意见的基础上,提出"城建靓县""文化立县"的发展战略,大力进行城东新区综合开发建设。城东新区是曲沃县拉大城市框架、提升城市品位、彰显城市魅力的重点规划区域。县委、县政府相继组织实施了城建十大系列工程,包括吉祥路、如意路等道路工程,新乐昌中学、职业高中、幼儿园等教育工程,晋都公园、晋都会展中心等公益工程,人民医院、卫生监督所等卫生工程,供水加压站、变电站、天然气门站等市政工程,晋都御苑、晋韵华府、东城花园等房地产工程,新东城商业广场等商业工程,党员培训中心、人社局培训中心等行政办公工程,总投资达到30亿元。特别是本着"既富有晋文化气息,又能彰显时代特征"的原则,在城东新区核心区域启动建设了占地180余亩的晋都文化公园和占地30亩,功能齐全的晋都会展中心这两项地标工程。东城新区鳞次栉比的高楼,整洁有序的街道,优美宜人的环境,浓郁的文化气息,使曲沃县城流光溢彩,更加美丽动人。

第六节　教育事业健康发展

　　曲沃的教育,有史料记载的可以追溯到 2500 年前的春秋战国中期。晋太子申生即在曲沃受教于杜原款、里克、狐突等人。汉平帝元始三年,县内新田(今侯马)建官学。宋庆历四年(1044),县令孙民先创建儒学学宫。明洪武八年(1375)建社学 8 所,明成化八年(1472)建官办医学和阴阳学。清顺治十四年(1657),贾汉复在儒学基础上创建"乐育群才堂",后更名为"从教书院"。至清乾隆十年(1745),义学发展到 18 所。清道光二十二年(1842),知事张兆衡邀孝廉乡绅,于贡院(曲沃中学现址)创建考院,并将"乔山书院"移建于此。自宋淳化年间(990—994)至清光绪三十年(1904),县内考中进士 108 人,举人 434 人,贡生 528 人。光绪三十三年(1907)县内始兴新学,于贡院建高等小学堂。民国二年(1913)至民国二十二年(1933)分别于侯马、曲村、高显、北董建第二至第五高小;于城关、侯马、曲村创建女子初小;于城关靳家衖创立女子高小;曲沃天主教本堂神甫路传真(荷兰人)创办天主教经言小学;东小里村郭笃生创办私立汾川高等小学;曲沃基督教总会德教士(女,澳大利亚人)创办基督教企善学校和淑贞女校。至民国二十二年(1933),全县有高级小学 7 所,初级小学 214 所,在校学生 3136 人,占学龄儿童总数的 30%。

　　民国三十二年(1943)7 月,日伪河东道公署在县城开设曲沃初级中学,学生 3 个班。民国三十四年(1945)抗战胜利后改为曲沃县立中学。民国三十六年(1947)4月,县民主政府接管曲沃县立初级中学,有初中班7个,师范班1个,农业班1个,学生400余名。民国年间,女子初级小学、师范讲习所、初级中学、中等专业技术学校相继建立。清末至民国十七年(1928),县内有大学毕业生34名,中专毕业生53名,中学毕业生87名。

中华人民共和国成立后,县内教育事业进入全新的历史发展阶段。1949年,全县有高级小学5所,初级小学222所,普通中学1所。1952年,曲沃中学开始招收高中预备班。1965年,全县高级小学发展到72所,初级小学调整为165所,完全中学1所,普通中学5所。1966年,"文化大革命"开始后,初级小学全部改为完全小学。1967年至1971年,先后大办了七年制学校、九年制学校。1977年,七年制学校达92所,占大队总数的64%;九年制学校达31所,占大队总数的22%。

改革开放以后,兴学重教的传统得以弘扬传承,教育事业发展走上快速、健康发展的轨道。1979年,全县基本扫除文盲;1983年12月9日,山西省"群众集资办学"现场会在曲沃县召开,张维庆副省长代表省政府向曲沃县人民政府赠送"兴学育人"金字匾额。1984年,普及初等教育;1985年,曲沃中学被确定为省首批重点中学。1994年,曲沃县被省政府确定为"基本普及九年义务教育、基本扫除青壮年文盲"合格县;1995年,通过"山西省基本满足学前三年教育"验收;2001年被列为全国基础教育课程改革实验区;同年被评为"全国特殊教育先进县";2004年被确定为山西省首批"义务教育标准化建设达标县";2005年被省教育厅确定为"山西省基础教育课程改革先进实验区"。2012年,全县义务教育标准化建设进入全面攻坚,实现转型发展的关键时期。

调整学校布局,改善办学条件

1989年,调整初中布局,把原来的村办初中调整为乡镇初中,每个乡镇保留一至两所。至1993年,由之前的46所初中,调整为15所。根据全县学生总数逐年下降的趋势,从2001年开始,小学布局调整启动。根据村落分布、人口密度、学校规模等因素,适度合并,并创办小学寄宿制学校。至2005年底,小学由原来的143所撤并为106所,2011年,再撤并小学16所,为全县教育均衡发展奠定了基础。

在各级政府及学校不懈努力下,1991年实现了"一无两有三配套"(无危房,有教室有桌凳,图书仪器室、体育场、厕所配套)。1998年,曲沃县开展"百幢教学楼"大会战,全县各乡镇村庄积极筹措资金,建成中、小学教学楼数十幢,取代了中、小学老式校舍和危房。有食宿条件的中学,改善学校的食宿条件和卫生条件,开展后勤服务社会化活动。2001年,国家对农村义务教育阶段贫困生实行"两免一补"(免教科书费、免杂费、补助寄宿生生活费)政策。2009年,国家出台并落实义务教育学校公用经费基准定额,并先后两次提高定额。2012年,落实下拨公用经费1676.25万元;贫困学生小学636人,初中1875人,补助资金达328.60万元。

20世纪90年代初,中小学电教设备多为录音机、幻灯机,1995年,全县86%的中小学开展了电化教学;县城中学、乡镇中心小学100%开展了电化教学;初中开始录像教学。1997年,投资280万元为22所中小学配备电脑402台,中小学计算机教学启动。

1999年4月,城关小学集资30万元,建成全县第一座多媒体教室,安装双向闭路教学系统和教师备课系统。9月,通过省现代化教育技术实验校验收。此后,全县采取财政补贴、以奖代补、教师集资、商家支持等方式,多方筹措资金,购置现代化教学设备,运用现代化教学手段开展教学活动。

进入21世纪,加快了教育手段现代化步伐。2005年,实施远程教育工程,共投资500余万元,项目学校126所。至本年底,全县共投资4658.4万元,购置电脑1400余台,85%以上中小学配备电视、VCD收录机、投影仪等;建成多媒体教室14个,阶梯教室1个,语音室18个,校园电视台6个,安装闭路教学系统17套,卫星地面接收系统27套,教师备课系统1套。全县各初中配备了多媒体教室、电脑室、语音室,配备了较高标准的物理、化学和生物实验室。有32所中、小学开设信息技术课,25所中小学联接互联网。全县电化教学普及率达100%,一改传统的教育教学模式,教育教学效果显著。

课堂教学改革不断深入,教育教学质量稳步提高

1977年,全县各校首先恢复了正常的教学秩序,建立健全各项规章制度,恢复和完善县、社、校三级教学网。1980年提出"向备课要质量、向45分钟要质量";1981年4月,全县开展评选"教学能手"活动;1982年在全县进行了教材教法大纲考试;1983年,开展"校校突破一个专题,组织培养一个典型,人人上好一堂最佳课"(简称"三个一")的群众性教研活动。1984年,在继续开展"三个一"教学改革的基础上,开展评选"百名教学改革开拓者"活动。1985年5月,小学"三点三路教学法"和"尝试法"教学在全县开展并推广。1989、1990年,在全县中小学开展布鲁姆"目标教学"实验。1991年秋,省"八五"科研重点课题"整体改革计划"(即"TIP"实验)在曲沃试点。1997年,县教研室、教科所申报的课题"以提高课堂教学效率为突破口,构建素质教育的基础框架",被省教育厅确定为山西省教育科研"九五"规划重点课题,并在县内全面实验。2000年7月,高中课改第一轮试验结束,试验取得圆满成功。2001年,曲沃县被列为国家基础教育课程改革实验区。同年秋,课程改革在本县中、小学全面启动。通过几年实验,取得了丰硕成果。省、市均在县内召开了课程改革实验现场会。2004—2006年,曲沃县承担了国家中考改革实验,经验在全国推广。

1977—2008年的30年间,曲沃县高考达线人数共计8150余人。1989—2005年,高考成绩一直名列全区(市)前茅,共向各类大学输送学生5665人。2004年至2007年,中考成绩名列全市前列。2011年,高考达线人数778人,达线率比上年提高了10个百分点,600分以上考生达40人。一本上线193名,上线率达10.5%。2012年,高考录取人数达1499人,录取率为76.4%,比上年高出4个百分点,高考成绩两年均居全市前列。

幼儿教育、特殊教育、职业技术教育和成人教育

幼儿教育

1989年后,全县坚持国家、集体、个人一起办园、共同发展的方针,积极鼓励、支持兴办个体幼儿园。1993年春,在高显镇试点成功。1994年底,全县共办个体园98所,总投资246.2万元。县教委"把幼儿教育推向市场,普及学前三年幼儿教育"的经验在省教育工作会议上进行书面交流。1999年,春晖幼儿园投资120万元建成全县一流的寄宿制幼儿园。

个体园的兴办,带动和促进了全县各类幼儿园办园条件的改善。各幼儿园按照要求购置各种软硬件设施设备。2004、2005年,依照国家、省、市相关文件精神,严格把关,逐园验收,登记注册备案。2012年底,全县有幼儿园77所,其中县直属幼儿园1所,企业幼儿园1所,附属小学幼儿园5所,民办幼儿园70所,在园幼儿6710人,专任幼儿教师467人。

特殊教育

1993年5月,曲沃县教委创办第一个特教班——东关小学弱智教学班,有2名教师,8名学生,开创了本县教育史上对残疾儿童进行特殊教育的先河。1999年,曲沃县特殊教育中心学校成立。县委、县政府把特殊教育视为实施义务教育的重要组成部分。本县特教工作曾受到国家教委、民政部、中国残联的通报表彰,获全国"特殊教育先进县"称号。特教中心校重视集学习、交流、劳动、技能为一体的多种技能培训,一直把体育工作作为办学特色,多次代表省、市参加全省、全国特奥会,并取得优异成绩。2007年,其4名运动员被国家队选中,经过集训,于10月2日—11日代表中国参加了2007年世界夏季特殊奥林匹克运动会,荣获5金2银的成绩。这是本县历史上首次获得世界级体育比赛的奖项。2010年9月,其3名运动员作为山西省代表团成员参加全国第五届特奥会,进行了田径9个单项比赛,取得2金6银的优异成绩。

职业技术教育

曲沃的职业技术教育可追溯至20世纪20年代。1917年,曲沃开办乙种商业学校。1920年,女子桑蚕传习所成立。1946年,杨相华等创办私立会阳职业学校,中华人民共和国成立后与曲沃中学合并。从1957年至1965年,杨谈农业学校、曲沃东风林校、曲沃县卫生学校等农业、林业、卫生学校相继成立。

1983年，北董中学改为职业技术高中，开设机电、植保2个专业，面向全公社招生。1984年9月，高显高级中学改为高显职业高中，开设幼师专业班和机电专业班各1个。1998年，高显职业中学更名为曲沃县职业高级中学，2004年，被山西省人民政府确定为"山西省重点中等职业技术学校"。学校开设有电工电子与自动化技术、计算机应用、机电技术、会计、旅游服务与管理、法律事务、种植园艺、食品科学、化学工艺、工商管理、文秘、美术、音乐、运动训练和工业与民用建筑等十几个专业，其中电工电子与自动化技术专业被认定为国家级实训基地；计算机应用专业被省教育厅评估认定为"山西省中等职业技术学校示范专业"。至2012年年底，培养各级各类技术人才21158人，培训各类优秀技术人才10916人，辐射带动技术人员15500人，为曲沃经济发展，构建和谐曲沃提供了人才保障，具有广泛的社会影响。

成人教育

1949年12月，曲沃农村开办冬学。1950年3月，全县有冬学201个，入学人数3328人。1952年6月，各冬学开始推行"速成识字法"。1954年，全县政治夜校（以学政策、学时事为主）162所，学员11000多人。文化夜校（以学文化为主）121所，学员4713人。1966年"文化大革命"开始后，扫盲工作停顿，1973年重新启动。20世纪末，成人教育已由扫文盲转为扫科盲。各乡镇均成立农民文化技术学校，并以此为载体，结合当地经济，广泛开展推广新技术和新品种为主要内容的实用技术培训。先后开设果树管理、小麦管理、大棚菜、药材种植等16个专业，在推动农村经济发展和农业产品结构调整中发挥了积极的作用。

1951年春,城关、侯马、曲村三镇相继建起职工业余学校。每日早晚以识字为主要内容,每月上3次时事政治课。1975年7月,曲沃县化肥厂率先办起"七二一"工人大学。尔后,机电厂、农机厂、烟厂、拦山铁矿、棉毯厂、植保场、商业局等单位也相继开办。到1985年末,职工业余学校发展到12所。此后,随着市场经济的高速发展,政府采取多种方式,以市场需求为导向,积极开展职工培训,并引导初、高中毕业生就业转移培训,为工业企业培养了大量优秀人才。仅2011、2012两年,报考各类成人学校的就达近千人,报考科目达51科。

第六章　中国特色社会主义新时代
（2012.11 — 2017.10）

"十二五"时期是曲沃县经济社会发展非常重要的时期。县委、县政府深入贯彻落实党的十八大及十八届三中、四中、五中全会精神和习近平总书记系列重要讲话精神，按照"四个全面"战略布局，围绕县委提出的实施"三大战略"（产业强县、城建靓县、文化立县）、建设"三大基地"（全省千万吨级钢铁基地、全省最大的设施蔬菜基地、全国晋文化研究开发基地）目标任务，扎实有力地推进"551011"工程（建设工业五大园区、狠抓农业五大重点、实施城建十大系列工程、打造一条精品旅游路线、推进一批民生项目），全县工农业、城建、文化旅游、民生事业等各领域统筹推进、协调发展，县域综合实力和区域竞争力持续增强。

第一节　民营经济强势崛起

习近平总书记谈到民营企业时指出："长期以来，广大民营企业家以敢为人先的创新意识，锲而不舍的奋斗精神，组织带领千百万劳动者奋发努力、艰苦创业、不断创新。我国经济发展能够创造中国奇迹，民营经济功不可没！"

县委、县政府认真学习习近平总书记的讲话精神，坚持

"工业强,则曲沃强;工业兴,则曲沃兴"的发展理念,面对钢铁市场疲软,产能受限等不利因素,深入企业、调查研究,鼓励和扶助园区各企业联合重组、转产上新项目;协助企业节能降耗,推进节能循环。重点企业对主要装备全部配套,全回收、全利用、全循环,利用新型环保设施,先进的节能减排循环经济工艺技术,推进生产方式由高耗能、高排放向低碳型、循环化转变。支持企业节能项目申报,争取节能奖励资金,两年为三家重点企业节约电量20亿千瓦时,节省电费1.6亿元。为立恒、通才等企业争取国家节能、技改贴息、技术创新、中小企业扶持各类资金12笔,计5000余万元。

县委、县政府以服务核心竞争力提升为根本出发点,对全县10家企业开展"两化融合"评估诊断和对标引导工作,指导企业明确两化融合发展重点和定量目标,探索科学分类、定量、持续推进区域两化融合的新模式;推广企业电子商务销售方式,发展"互联网+"模式,建设电商互联网平台。自晋南钢铁销售平台运行后,取得良好成效,客户成倍增加,由原来10多家增加到130多家,辐射面广泛,效率大幅提升,一分钟内最佳成交量达到5000多吨,年可增加效益8000多万元。

县委、县政府以发展循环经济为重点,促进产业结构优化升级,提高资源综合利用水平,以实现节能降耗的目的。

企业以坚持循环经济模式提升改造传统产业,以焦化、冶金、电力、建材行业为重点,延伸煤—焦—化,铁—铸—加,铁—钢—材—建材,煤—电—热—建材等产业链。焦化行业,坚持"化为主,焦为辅"的理念,做好化产回收利用和深加工。冶金行业,提升后续产品的技术含量和优化品种,发展高端产品。对固体物实行综合利用。建材行业,推广对工业废渣的综合利用。

为把企业生产和环保有机结合,县委、县政府监督、推进企业的小循环生产,通过各工艺之间的物料能量循环,减少资源消耗,达到少排放甚至"零排放"。支持企业清洁生产、内部循环项目建设,鼓励企业利用工业废渣生产节能、节材、节地的新型建材产品。

在县委、县政府领导、鼓励、扶持、帮助下,全县民营企业强势崛起,工业五大园区的经济实力提升明显,传统产业改造成效显著。

千万吨级优特钢工业园区

该区面积10平方公里,可年产生铁700万吨,粗钢800万吨,轧材700万吨,焦化240万吨,建材450万吨,产值可达300亿元,被省确定为示范工业园区和新型工业化产业示范基地。

园区注重装备提升。投资80多亿元,通才公司配套实施1860立方高炉,立恒公司配套实施300万吨焦化一期等一大批重大项目,配套完善超高压煤气发电、钢渣综合处理、矿渣微粉综合利用等循环利用项目。按照钢铁去产能和整合重组的要求实施升级改造,一期转换建设2×1380立方炼铁高炉和2×120吨转炉,年产155万吨焦化及配套,通才2号1860立方高炉等项目,实现了产业升级。

园区注重环保治理。累计投入环保资金3.4亿元,实施钢铁烧结机烟气脱硫、焦炉烟气脱硫脱硝,高炉出铁场烟尘集中收集处置,工业废水深度处理,原料堆场抑尘网改造,道路扬尘治理等10余项重大环保项目。投资5亿元新上一批环保提标改造工程,绿色成为现代企业底色,实现了产业升级。

园区注意节能循环。投资近20亿元配套全回收、全利用、全循环的节能环保设施，实现余热、余压、废气、废渣、废水的回收利用，使资源利用率达到98%以上，年节约标准煤70万吨，节约用水450万吨，减少网供电10亿度，节约资金8亿元。完成了高阳、高显、林节等村村民的冬季大供暖工程，实现了降本增效。

园区注重互联网+。立恒聚鑫物云电子科技公司，打造集采购、销售、物流、大宗物料和废旧物资竞价于一体的组合式互联网平台。70%以上产品网上销售；"56找货"平台注册车辆4万辆以上，日最高成交量近8万吨，铁矿粉、球团、焦煤等20余种原燃料实现网上竞价采购。借助"互联网+"的运营模式，吨钢成本降价50元~60元，年可增加利润3亿以上。立恒、通才被确定为山西省"两化融合"示范企业。

园区注重产品研发，实现结构优化。通才公司研究生产抗震钢、锚杯钢、焊丝钢等20多个品种、130多种规格的优特品种钢，使优特钢的占比达到20%以上。立恒公司引进新装备、新工艺，推动产业升级，投资1.5亿元，对原带钢生产线实施升级改造，园区产品结构得到优化。立恒、通才两家主干企业共同跻身"中国民营企业500强""中国民营企业制造业500强"行列。

三星精密铸造园区

园区规划占地面积2平方公里，重点吸引和发展各类精密件铸造产业。2016年，三星铸造和好利阀铸业入驻，三星铸造年生产15万吨生铁、3万吨离心铸管和1万吨阀门铸造；新上的壳型铸造和消失模铸造生产线投入运营，产品远销海内外。好利精密铸造建设分两期，年产20万吨精密铸件，销售收入20亿元。与北京好利阀业公司合作的5万吨阀门阀体项目扎实推进，新建标准化厂房两座。园区进一步完善水、电、路等基础设施建设，有序推进园区内铁水熔化、精密铸造、机械加工、物流仓储、商贸办公等园区的规划和建设。引进浙江靖恒、杭州均添两家水晶工艺品加工企业落户。

马庄装备制造园区

规划占地面积5.9平方公里，企业5户，分别是亚华制盖、盛格特太阳能、长林能源、方圆塑业、盛通建材。亚华制盖年产13亿只瓶盖，盛格特年产20万支太阳能路灯路干，方圆塑业年产1万吨燃气管道，盛通建材年产1.2亿块煤矸石烧结砖。

国际陆港综合保税园区曲沃项目区

2015—2016年，山西国际陆港是以方略保税物流中心为基础，由侯马经济开发区、侯马市、曲沃县三方规划建设的综合保税园区，总规划用地面积为55平方公里。曲沃项目区规划面积为30平方公里。主要发展现代物流、食品加工、先进制造、冶金及战略型新兴产业。按照市政府统一部署，完成了先行建设的5平方公里区域的地形测绘和普查摸底。

紫金山黄金产业开发园区

重拳出击，对矿产资源管理秩序大力整顿，有效地防止黄金资源流失。完成了31平方公里边界勘定，调整建设用地6600亩，筹建工作顺利。广开招商引资，引进了国内500强企业——山东招金集团，进行黄金产业开发。

传统产业改造取得新成效，新型工业培育也取得新突破：三星新型工业园区，工峰水晶公司45台设备投入运行，嘉丰水晶公司30台设备进入试生产阶段，佑俊磁业公司52台设备正在安装调试,同丰精密制造项目设备完成订购,生产线加紧建设。

立恒百利、景旺山泉、白水山泉、回春豆业、壹家人面粉加工、迈乐肥业、沃阳农业等一批农副产品加工企业实力逐步增强。

民营企业强势崛起,使工业经济实力明显提升,财税收入、工业的贡献率超过50%,在吸纳就业方面,工业也占了相当比重。

截至2016年,全县有各类工业企业700余家,其中规模以上的22家。县域工业形成冶金、焦化、铸造、食品、装备制造等门类较为齐全的工业体系。2016年,全县规模以上工业总产值216亿元,工业增加值29.8亿元,销售收入189亿元。

全县累计完成固定资产投资30亿元,累计完成重点项目建设30余项,分别是:通才120万吨球团建设项目,立恒东区15000立方/小时制氧技术改造项目,迈乐肥业年产10万吨有机肥生产线建设项目,颐源淳饰品公司纯净水厂建设项目,亚华年产13亿只颗粒模塑瓶盖生产线项目,紫鑫甘露年产50万吨饮用纯净水建设项目,迈乐新型肥料研究中心项目,西杨村20万立方混凝土搅拌站项目,华通年产30万立方混凝土搅拌站项目,羊舌史建盛厂年产7000万块煤矸石粉煤灰烧结砖项目,太子湖公司年产1万吨发酵型果醋饮料扩建项目,立恒烧结机脱硫项目,中条山煤磨烘干取热风点改造项目,通才2×18兆瓦煤气资源综合利用项目,通才20万吨高强钢筋及优特钢开发技改项目和正信20兆瓦光伏发电项目,立恒40兆瓦高温超高压再热发电项目,太子湖水镇项目,工业园区还迁房项目,紫金山金矿综合开发项目,协鑫风力发电项目，立恒公司紧固件加工项目，年产145万吨焦化生化废水处理升级改造工程项目，焦化烟道脱硫及配套的余热回收利用项目和4×450立方米高炉TRT节能升级发行项目，闽光焦化40立方米/天焦化脱硫废液提盐技改项目和烟道气能源综合项目，立恒连铸机技术升级改造项目，立恒带钢技术升级改造项目，立恒2×600吨/天并流蓄热式双C白灰窑项目，立恒炼铁除尘技术改造项目和通才公司80兆瓦高温超高压再热发电机组项目。曲沃县三水电子商务仓储物流建设项目，曲沃县乐村淘电子商务旗舰店暨中心乐村淘仓储物流项目，曲沃县广泽汽贸有限公司项目，曲沃县车优雅汽车服务有限公司汽车综合服务中心项目，曲沃万晶源经贸现代物流园项目等。

曲沃县连续多年被省委、省政府授予"县域经济发展先进县"荣誉称号。工业园区被确定为全省示范工业园区和新型工业化产业示范基地。民营经济的强势崛起，有效地推动了全县经济社会平衡健康快速发展。

第二节 现代农业提质增效

县委、县政府以建设精品园区、壮大主导产业、发展畜牧养殖、推进产业化和完善基础设施5个方面为重点，大力发展现代农业，全县农业经济呈现出园区带动、主产拉动、多产齐动的发展态势。把"晋文化"内涵融入农业园区的建设上，产品统一以"晋之源"冠名，统一打造系列产品农业园区。

"晋之源"曲村现代农业、里村红提葡萄、磨盘岭生态示范、浍河北岸生态观光等农业园区完成了道路硬化、绿化、美化、功能设施配套等建设工程,提升了园区的品位和形象。

2013年,县委、县政府在"晋之源"农业和晋文化旅游两张名片被社会广泛关注之时,重点实施了晋之源高显汾河滩涂循环农业园区、浍河北岸生态农业观光园区和太子滩现代农业示范园区的产业配套及景观塑造工程。立恒公司以"工业经营农业"的形式,投资两亿多元建设晋之源太子滩现代农业示范园区,园区内规划建设南渔北引示范区、双千亩莲鱼共养区、高科技智能温室区、五粮液集团优质杂粮生产区、晋国历史文化游览区、生态湿地保护区六大区域,成为"晋之源"系列农业园区新亮点。

通过八大农业园区扩容提质、示范带动,全县新发展设施果蔬1200余亩,露地果蔬3800余亩。果蔬发展了,养殖畜牧业也飞速发展:立天万只羊场、泽宇万头猪场、坤旺百万只肉鸡场,初步形成气候。2015年,大型养殖企业20家,新增养殖场户524个,拓宽了农民群众增收致富渠道。2014年农业部确定山西省县一级的国家级现代农业示范区三个,曲沃县成为临汾市唯一一家。

县委、县政府扎实推进农产品品牌建设,对全县特色农产品全部以"晋沃"牌商标统一冠名、统一包装设计、统一对外宣传、统一市场销售,有效提高了农产品的市场影响力和竞争力。曲沃县被确定为全省"一县一业"设施蔬菜基地县、全省农民增收先进县、国家现代农业示范区。

"晋之源"八大系列农业园区建设方兴未艾,产业规模日益壮大,产品效益不断提高,全县新增蔬菜面积9500亩,新发展水果面积3000亩,改造老果园面积6000亩。养殖规模渐趋壮大,新建正蓝奶牛、常和肉牛、乾坤肉鸡等23个养殖场,发展养殖户298家,全县畜牧业总产值达到12亿元。培育新型职业农民600人,完成151个村的土地确权工作,省级以上农业专业合作示范社22家。实施农业标准化生产,建成200亩部级标准园1个,认证无公害产地1.1万亩,无公害农产品5个,地理标志产品2个。改良大蒜合作社千吨洋葱和富农合作社香菇菌棒成功出口,实现了临汾市新鲜蔬菜出口零突破。曲沃县被确定为"国家级农产品质量安全创建县""最具影响力的中国黄瓜之乡"和"全省蔬菜出口质量安全示范区"。

2017年全县农业经济持续见好,产业规模稳步提升。"晋之源"太子滩现代农业园区绿恒菌菇生产基地和绿康源香菇种植基地新建香菇大棚400栋,生产菌棒300万棒;汾河滩涂循环农业园区沃阳香菇种植基地生产菌棒150余万棒;北董优质大蒜园区新发展富硒大蒜100亩;曲村现代农业园区,完成100亩省级设施蔬菜实验示范基地建设;杨谈精品水果园区发展樱桃2000亩。全年蔬菜总产量达60万吨,水果总产量达8万吨,西红柿、香菇、樱桃等优质农产品出口俄罗斯、越南等国家,出口总额达400万美元。为了提高产品质量,县委、县政府狠抓产前、产中、产后三个环节,健全完善监管、检测和追溯三大体系,努力让绿色、安全、健康成为曲沃农业的最大优势、最佳名片。经多年努力,终于培育发展省级龙头企业4家,省、市级家庭农场6个,省、市级示范合作社15个,认证无公害企业3家,产品4个,产地面积2.74万亩。沃阳香菇被认定为"绿色农产品",曲沃葡萄被认定为"地理标志农产品"。北董乡被农业部认定为"全国一村一品示范村镇",曲沃县被命名为"山西省农产品质量安全示范区"。

县委、县政府为实现乡村振兴、产业兴旺之目标,紧紧扭住"晋之源"八大现代农业园区的扩容提质这个牛鼻子,按照农业供给侧结构性改革的要求,继续围绕市场化引导,区域化布局,园区化发展,规模化经营,个性化处治的思路,使八大现代农业园区扩容提质迅速,特色突出,效果显著。

"晋之源"磨盘岭生态示范园区

磨盘岭位于史村镇西海村西侧,俗有"旱疙瘩"之称。在改革的大潮中,县委、县政府围绕产业兴村的思路,对磨盘岭进行开发。经多年规划,确立了以建蔬菜大棚为发展方向,自2007年开始,占地1.2万亩,涉及17个村庄,形成以磨盘岭为中心,岭下大棚菜,岭上甜柿园,林下中药材,水中罗非鱼养殖的集种植、养殖、观光为一体的现代农业民俗休闲观光园区。已建成设施蔬菜大棚3000栋,智能化育苗温室6500平方米,日本甜柿1000亩,并建有农民培训中心、农民广场、专家别墅、室内体育馆、采摘园、游乐场、诸葛烤鱼连锁店、古色餐饮一条街等,实现了现代农业与观光旅游的完美结合。站在磨盘岭放眼望去,好一派北国"小江南"风光。2015年以来,该村累计接待游客80万人次,实现旅游综合收入近500万元。西海村被确定为全国首批"美丽乡村"试点,荣获"中国最具影响力的黄瓜之乡"称号。"磨盘岭蔬菜"中的黄瓜、西红柿远近闻名。西海村被列入第三批全国"一村一品"示范村镇名单,被授予全国文明村。

"晋之源"太子滩现代农业示范园区

县委、县政府在推动乡村产业振兴上,紧紧围绕发展现代农业,围绕一二三产业整合发展,构建乡村产业体系。实行政府主导、企业实施、农民受益的原则,以工业经营农业的形式,实施了太子滩万亩盐碱地一期3500亩治理工程。2015年立恒钢铁集团股份有限公司投资8亿元,租用两个乡镇12个行政村3500多亩流转土地进行连片治理,一期工程规划了六大区域:1.高科技智能温室区。建设两栋22272平方米的智能温室和30栋1960平方米的日光温室,采用无土栽培,电脑控制,企业供暖等高科技栽培管理技术。2.双千亩莲鱼共养区。建设200个莲池共2000余亩并铺设黑色防渗膜,以节水隔碱,防治病虫害污染,抗微生物侵蚀,便于莲菜收获,提质增效,每亩效益6万~7万元。3.有机杂粮种植示范区。种植800亩"红缨子"优质高粱,与国内知名的酿酒企业签订供销合同。4.特种水产养殖区。800亩湖面上分甲鱼养殖区,大闸蟹养殖区,龙虾养殖区,草鱼、鲤鱼养殖区。5.晋国文化浏览区。位于太子湖中心莲花岛上建有"申园",整体格局为古香古色的仿晋国建筑风格,总建筑面积2000多平方米。由晋文化展厅、商务接待区和休息区组成。6.生态湿地保护区。湖面周围种植350亩芦苇荡,净化水质,供鸟类栖息,大大改善了生态环境。将过去的盐碱地治理成一个集现代农业示范、水产养殖、文旅观光、工农业用水保障、环境改善五大功能于一体的现代农业示范园区。太子滩成为全省唯一的国家农业科技示范园区和绿色食品示范基地。土地产出收益从原来的亩均不足300元提高到近万元,当地农民收入也从原来的年均8000元左右提高到13000余元。

"晋之源"高显汾河滩涂农业综合开发园区

高显镇地处汾河浍河三角洲,土地肥沃,人口密集。3000多年前,祖先就发现了莲藕的实用价值。家家户户种莲,当地群众靠莲藕过上了富裕日子。改革开放后,尤其是党的十八大以来，县委、县政府把汾河河道治理和滩涂开发作为工作的重中之重，临汾市也将其纳入"百里汾河新型经济带"重点工程项目。该项目位于高显镇西部，涉及高显、高阳、汾阴三个村庄，面积1万余亩。2003年初建，2014年扩容提质由晋源生物科技公司承包该工程，流转土地350亩，采取"公司+农户"的模式经营。依托循环农业示范区打造了集农业观光、休闲采摘、餐饮娱乐、度假住宿等为一体的"荷塘月色"景区。荷塘月色美景不仅能够给人美的享受，更能以美为载体，延伸旅游产业链条，让更多的老百姓把兴趣变成职业，增加收入的同时增添自豪感。物质文明与精神文明双丰收，既提升了农民的精神风貌，培育了文明乡风、良好家风、淳朴民风，又不断提高了乡村社会文明程度。

"晋之源"北董万亩大蒜精品农业园区

园区南屏紫金山，北临浍河水，分布在北董乡南部下郇、南林交、景明等17个村，2014年园区大蒜面积已达3万亩，总产值3亿元。

北董大蒜优良品种多，产量高，质量优。有宋城大蒜、富硒大蒜、苍山大蒜、青龙白蒜、徐州大蒜、山东脱毒大蒜。大蒜生产靠科技支撑，采用无公害生产规程，合理使用化肥，大力推广秸秆还田技术。园区范围内成立了大蒜专业合作组织6个，为蒜农提供产前、产中、产后服务。产品远销陕西、内蒙古、河北、广东等地。经山西省无公害食品检测中心检测，大蒜产地、产品均通过无公害认证。"沸泉牌"大蒜被评为"山西名牌农产品"。

"晋之源"浍河北岸观光农业园区

园区位于史村镇东南浍河岸边，涉及4个行政村，4300

余口人。园区"一路三产四区"："一路"，即从大坝沿库区北岸到秦岗与晋韩线相接,全长7公里的浍河大道；"三产"即发展大棚蔬菜、林果业、优质粮食三个产业；"四区"即建设现代农业园区、休闲度假区、水上健身娱乐区、名优特风味小吃区。2014年，"一路"已全线贯通并完成绿化，大道两侧栽植法桐、白皮松、油松、竹柳、核桃、国槐、法桐、香花槐、白蜡、垂柳、侧柏等优良品种，约2000万株。并用月季辅底，品种有百余种。"三产"已建成蔬菜大棚150余栋，建成干果林1000亩和优质粮食基地3000亩。"四区"的水上健身娱乐区已起步。名优特风味小吃已吸引餐饮企业十余家落户；休闲度假区已建成集餐饮、娱乐、休闲健身于一体的浍贤山庄一座，已建成面积约3000亩的园林绿化苗木基地一个。利用现有的沟壑建设4000平方米花卉温室大棚，把浍河北岸打造成集特色农业、旅游观光、休闲娱乐为一体的生态农业精品园区。

"晋之源"里村红提产业园区

里村镇海拔较高，温差显著，土质肥沃，光照充足，是以红提葡萄为代表的各类鲜果的最佳种植区，也是全县乃至全市发展红提最早，面积最大，效益最好的乡镇，素有"三晋红提第一镇"的美誉。

(一)基础设施的新突破

先后投资1500万元，实施了路网一体化，水肥滴灌一体化及扩容提质等项目。硬化园区道路11公里，栽植苗木5万余株，建设蓄水池16个，铺埋管道20余万米，修建U型渠6000米，完成了里村、南柴、朝阳三个设施园区电力配套，节水灌溉规划设计，建成了园区景观大门、红提广场、技术培训室等设施，满足了园区的扩张和发展需要。

(二)规模效益的新突破

2012年建成朝阳、南柴、里村三个精品设施葡萄示范园,面积达600亩。目前全镇红提面积发展到5600亩,每年可为农民增收2500万元,占到农民人均纯收入的1/5,果品远销深圳、广州、上海等大城市。2013年、2014年还远销到新加坡、俄罗斯等地,成为最有特色的优势产品。

(三)品牌营销的新突破

在产品营销上,积极探索精品线路,通过发展采摘园,升级包装来提高产品的附加值,并通过电子商务平台、电视广告、电子屏广告、微博、微信等多种营销手段,全面向省内外客户推介里村葡萄,均取得良好效果。

"晋之源"曲村现代农业示范园区

位于曲村镇大运路东侧,总面积3万亩。涉及曲村、里村两个乡镇的下坞、闻喜庄、杨庄、北辛村、新建、向阳、北柴、南柴、安定、新定10个村。园区分日光温室大棚区、春秋拱棚区和产业功能配套区。大力打造全省最大的无公害设施蔬菜基地,采取政府推动、部门联动、企业带动、项目拉动、群众主动五项推进和五个全覆盖(水、电、路、网络、科技),促进园区良性健康发展。

园区总投资2.3亿元,完成了设施农业工程、市场建设工程和水电路等基础配套设施工程。新建日光温室20000亩,春秋拱棚5000亩,恒温冷库4500立方米;建成新品种展示中心4800平方米,产业配套的现代农业信息中心900平方米,以展示华北地区适宜的果蔬最新品种,示范种植最新模式;搭建起现代农业信息平台、质量检测中心、人员培训中心和交易市场。2014年,园区已拥有各类大棚1000余栋,占地5000余亩。

"晋之源"杨谈万亩精品水果示范园区

杨谈由于特殊的地理气候条件，生产的苹果品质优良、甜脆可口、个大无渣。1996年北京国际食品及加工技术博览会上，杨谈红富士苹果获得金奖。2006年杨谈乡万户村投资330万元，种植大樱桃2000多亩。2011年，为进一步加快农业产业结构调整步伐，提升杨谈苹果和樱桃的品质和知名度，实现"种植养殖大调产，致富观念大转变，富裕程度大提高，富裕面积大体现"之目标，确定在里杨线两侧规划建设占地4000亩的精品苹果示范园区和万户村的5000亩樱桃示范基地。采用政府引导、协会组织、群众参与、全面受益的发展模式，完善园区基础设施建设，将园区内的15公里循环路、园区路进行硬化、绿化、美化，同时配套水电设施，新建4座标志性建筑。免费发放果苗或给予适当购苗补助，果苗品种有红富士、红星等。至2017年10月，该园区已种植苹果、樱桃近万亩，使杨谈、沟东、问卦、上营、万户等村群众受益。

第三节 城市建设突飞猛进

城市建设，以东城新区为龙头，启动了东城、老城、西城"一体两翼"的整体开发建设，完成了一批惠及广大人民群众切身利益的精品工程，极大地提高了全县人民的幸福指数，提升了曲沃的知名度和影响力。

新东城建设

新区东西长1.5公里，南北长3公里，总占地5284.5亩，面积约为旧城区的1/3。包含五大内容：一个生态公园，两所特色学校，三个住宅区，四个商业区，五项基础设施站点。体现六个特色：一是规划品位高，二是设计人性化，三是水域面积大，四是宜居北方城，五是建筑个性化，六是生态为主题。

城东新区始建于2011年，相继组织实施了城建十大系列工程：包括吉祥路、如意路等道路工程；新乐昌中学、职业高中、幼儿园等教育工程；晋都公园、晋都文化会展中心等公用工程；人民医院、卫生监督所等卫生工程；供水加压站、变电站、天然气门站等市政工程；晋都御苑、晋韵华府、东城花园等房地产工程；新东城商业广场等商业工程；党员培训中心、人社局培训中心等行政办公工程，总投资30亿。吉祥路、如意路中段和贡院东街等主体框架道路竣工通车，东城花园住宅小区主体工程已完工，法院、司法局、卫生监督所等单位办公大楼以及晋都御苑、晋韵华府、景泰·吉祥苑等大型住宅小区和星级酒店、新区购物广场步行街等商业设施也已建成投入使用。

2012年，占地180余亩的晋都文化公园和占地30亩，功能齐全的晋都文化会展中心两项地标工程本着"既富有晋文化气息，又能彰显时代特征"的原则启动实施。

为推动全域旅游的发展，在域内建设了"四园"即晋园、绛园、顾园、申园。

住房建设

城市建设中，住房建设尤为突飞猛进。如今，放眼望去，一片连一片的高楼大厦林立蔽日。曲沃县共建设各类保障性住房3072套，政府投资建设保障性住房1054套，建筑面积38400平方米。企业投资建设的棚户区改造房1818套，建筑面积达141400平方米。农村危房改造，截至2016年底，共完成2428户，初步满足了人们的住房需求。

道路建设

道路建设是一个城市建设的重要组成部分。县委、县政府以城市建设的扩容提质为目标,使新区建设出亮点,旧城管理创特色。首先抓道路建设:一是吉祥路建设。该路北起文公大街途经城东大街、贡院街,终点至南外环路,全长 3058 米。一期工程至贡院街,长 1149 米,红线宽 80 米,占地 138 亩,投资 3314 万元。二是如意路,北起文公大街,途经城东大街,南至贡院东街,全长 1086 米,红线宽 60 米,占地 97.74 亩,总投资 2532 万元。三是康宁街,位于城东大街北侧,西起绛山路,东至吉祥北路,全长 626 米,道路红线宽 35 米,占地 33 亩,总投资 918 万。筑路同时修建了排水工程。排水采用雨污分流,总汇水面积 520 公顷,总投资 2804 万元。

2014 年,实施吉祥南路建设工程。该路全长 1375.3 米,红线 64 米,绿线 80 米,设计为三板四带式,总投资 4702.77 万元。

2016 年,实施府东、府西街道路改造工程。该工程西起西关口,东至绛山路,全长 1.72 公里,总投资 2908 万元。道路排水实施雨污分流,同时进行了亮化和绿化。韵都步行街道路工程:完成地下管线铺设,道路铺油,两侧铺砖,实施绿化、亮化和美化等工程。投资 342.83 万元,对晋都南北路人行道进行改造,铺设花岗岩,总面积 18432 平方米。铺设花岗岩路缘石总长 1834.65 米,大大提升了城市品位。

各项工程完成后,曲沃县城道路交通呈现出多横多纵交错编织的"棋盘式"道路模式。曲沃全域呈现出"四环格局",一环以古城墙为基础建成的环城路;二环以县城周边村镇及新东城道路相通而成;三环借助郭仪路与侯马相连组成的环形路；四环是以旅游线路而形成环形路。曲沃乡村道路,以乡镇政府为核心,像菊花状延伸联接各村落,形成了"蜘蛛网"式的道路模式。主干道两旁皆有几十米不等的树木绿化带。呈现出"人在车里坐,车在林间行"的一道风景线。

城市供水工程建设

2012年,城市供水加压站选在城东区的东北角,建设占地40亩,规模日供水2.6万吨,可以满足2020年城市发展需求。主体工程是综合办公楼、化验室、职工食堂,4座2000立方米清水池、絮凝池、沉淀池、洗滤池、加药间及加氯间等。2013年,建立供水、消毒设施,建立三级标准化验室,规范加药、消毒程序,水质化验达到26项指标。

城市供气工程建设

2011年安装天然气居民用户2600户（壁挂炉2000户,台式炉600户）,商业锅炉12吨,工业用气10000立方米。2012年,又由原煤气居民用户置换4520户,商业用户17户,采暖大锅炉32家,家用采暖炉3280户,入户率达到80%。2015年,完成供气管网敷设10公里,2016年,东西大街拓宽改造工程中敷设备用管网3.8公里。用燃气户达到14000余户。解决了居民的做饭及取暖问题。

城市供热工程

该工程位于城东新区,供热面积达到100万平方米,投资2000万元。主要建设内容为采用地热资源建设供热系统、管网铺设等。2016年7月18日,该项目举行开钻仪式,完成1#两口探井的钻探工作与东西大街的管道铺设,集中供热专项规划编制完成。

工业园区对自己生产的热水热气进行再利用,为周边村民冬季取暖提供服务。2018年,高显村、高阳村、汾阴村以及林节村铺设了管道,安装了设备,实现了冬季供暖。

网络建设

随着信息化的快速发展,县委、县政府为满足人们的精神文化生活,加强了网络建设。2013年,投资60多万元新装修一个虚拟演播室,投资50多万元更新了摄像、制作、网络设备,全面提升了设施、设备水平。2014年,投资1500万元,实施有线电视数字化整体转换城网改造工程,使广大群众观看到120套高质量的数字电视节目。同年,投资50多万元购置一批摄像机、高清编辑机和一台航拍器,装备又上了一个新台阶。2015年,完成县城及周边村数字电视平移工程。有线电视光缆网络长达800公里。2016年,开辟新小区业务,实行光纤入户改造,为下一步实行双向网建设奠定了基础。

公共卫生间建设

公共卫生间有没有、好不好,标准高不高,直接体现一个城市的文明程度。为此,县委、县政府从2011年开始对公共卫生间进行扩容提质。当年建设和改造6座高标准的星级公厕,次年又新建4座星级公共卫生间。截至2014年城内公厕达到14座。服务实现全天化,内外做到整洁化,为群众全天免费使用。

其他建设

2014年,大力开展环境提升年活动,更换人行道步行砖373.2平方米,修补道路坑槽,铺油827.4平方米,增设雨水井3套,清理排水涵洞23公里,清除垃圾淤泥200立方米,消除安全隐患10余处。10月,对兴隆东西街进行彻底改造,更换了路面,城内街道更换了钠灯、节能灯5528只,灯罩2340个,镇流器98个,时控器开关19个,接触器6个,确保照明设施正常运行,灯亮率达到98%以上。同时进一步整治了县城主干道乱堆乱放、乱搭乱建、乱贴乱挂496处。

五城联创

2016年11月11日,县委、县政府召开全县"五城联创"工作动员大会,安排部署全面工作,制订出《"五城联创"实施方案》。五城联创即:创国家全域旅游示范区、创国家卫生县城、省级园林县城、省级环保模范城、省级文明县城。

在国家全域旅游示范区创建上,围绕"6411"文化旅游体系建设,大力度实施"春季90天大会战""秋季120天大会战",16个景区建设全面开花,竞相发展,涉及景点景观打造、特色文化植入、微地形绿化、硬化亮化美化、情景剧展演、公共服务设施建设等方面200余项重点工程。重点工作全面完成,各大景区体量持续扩大,基础配套日益完善,服务要素愈发齐备。诗经故里田园综合体景区被评为国家2A级景区,晋国博物馆旅游区成为2017年全省仅有3家、全市唯一一家国家4A级景区。文化旅游产业"从无到有、从有到优、从优到精"三步走战略顺利完成前两步,一个景区景点规模连片、相串成线的全县域、大景区文化旅游格局已经形成,正跑步进入全域旅游新时代。

在国家卫生县城创建上,投资913万元购置垃圾压缩收集车、抑尘车等现代化环卫车29辆,环卫装备达到全省县(市、区)一流水平,连续开展三轮城乡环境综合整治行动,下大力气治脏、治乱、治差,城乡环境大为改善,面貌一展新颜,县城主街道达到国家一级卫生标准。积极推进配套设施建设,新兴市场正在加紧开展前期工作,共建造星级公共卫生间21座,下裴和东明德2座垃圾中转站具备运营条件。涉及创建的2522条具体任务完成了2383条。

在省级园林县城创建上，完成了县城55平方公里遥感测绘，编制了《曲沃县城市绿化地系统规划》，出台了《曲沃县城市绿线管理办法》和"绿色图章"实施办法，大力开展省级"园林单位、园林小区"创建活动。2017年，新增绿化面积27.7万平方米，县城建成区绿地率达27.7%，绿化覆盖率达30.8%，人均公共绿地面积达6.2平方米。涉及创建的46项指标完成22项，为2018年成功创建打下坚实基础。

在省级环保模范城创建上，以实施生态环境治理攻坚"八大工程"和"秋冬防"环保攻坚工作为抓手，持续推进铁腕治污，精准治污。15家工业企业投资10.8亿元实施276项深度治理工程。全县钢铁、焦化企业均达到污染物特别排放限值标准；取缔"小、散、乱、污"企业80家；取缔燃煤锅炉111户、118台、114.3蒸吨，完成煤改气2079户，集中供热面积达到63.2万平方米；328家餐饮饭店油烟净化装置和1个油库、26个油气站油气回收装置安装到位，5家夜市烧烤摊点全部置换环保烧烤炉；城北污水提升泵站、县城污水处理厂中水回用、福瑞鑫污水处理厂二期扩容工程建成投用，浍河(东韩段)生态治理一期工程竣工，二期工程全面铺开。涉及创建的33项指标完成28项。

在省级文明县城建设上，188项测评指标全部达标，全县涌现出国家级文明乡镇1家、文明村2家，省级文明单位5家、文明乡镇1家、文明村5家，曲沃县成功创建省级文明县城，并被推荐为创建全国文明城市提名城市。

第四节 民生事业全面发展

党的十八大以来,党中央、国务院把民生问题作为重中之重。县委、县政府积极贯彻落实,想方设法,努力进取,从社会安全、义务教育、医疗卫生、就业创业、城乡环保、社会救助、社会保障、文化娱乐、生产生活基础设施建设、养老助老等诸多方面入手,持之以恒,狠抓快建,提高人民群众的生活水平和幸福指数。

教育事业

截至2016年底,曲沃县有各级各类学校55所,其中普通高中2所,职业中学1所,初中11所(含民办初中1所),小学40所(含民办小学1所),在校中小学生24021人。全县幼儿园65所,其中公办幼儿园31所,在园幼儿8568人。全县共有教职工22068人。

学前教育

学前幼儿毛入园率达90.3%。新建史村镇秦岗幼儿园、里村镇里村幼儿园、北属寺幼儿园、南下郇幼儿园、杨谈幼儿园5所,投资1396.2万元;培训幼儿教师350余人次。

义务教育

全县小学适龄儿童入学率达100%,初中阶段入学率达100%,"三残"儿童少年入学率达98.8%。

高中教育

全县普通高中教育进入发展的快车道,实现了重大突破。高考成绩连年攀升,2012年,全县高考被录取人数达1499人,录取率为76.4%,比上年高考高出4个百分点,居全市前列;2013年,全县高考达线人数949人,达线率46.8%,超全市

11个百分点,名列全市榜首;2014年,高考达线人数1002人,达线率54.8%;2015年,全县高考人数1722人,二本B类达线人数926人,最高分626分,总达线率54%;2016年,全县高考人数1720人,二本B类以上达线率39.1%,600分以上1人。2012年12月,曲沃二中顺利搬迁,进入县城。2013—2014年,由县政府投资对曲沃中学学生生活区进行改扩建,总建筑面积2.12万平方米,总投资4105.32万元;投资488.6万元,新建曲沃二中男生宿舍楼和餐厅,大力改善了曲沃县高中教育的办学条件。

职业教育

县中等职业技术学校高考、就业双丰收:2015年毕业生508人,286人参加普通高校或对口高考,270人被各大高职院校录取,剩余学生推荐到天津、无锡、苏州等城市就业。2016年参加高考人数250人,自主招生录取161人,16人参加普通高考,达本科线7人。

成人教育

2016年农村劳动力实用技术培训8.5万人,其中种植业培训0.39万人,养殖业培训0.455万人,加工业培训0.48万人,其他培训1.675万人。

特殊教育

聋哑学生手语排演的《三德歌》,获省教育厅、文化厅、残疾人联合会主办的省第七届特教学校学生汇演三等奖,代表省参加四川绵阳举办的第六届全国特奥运动会,取得2金3银2铜的优异成绩。被国家命名为"全国特教先进县"。

校园校舍改造

2012年,曲沃中学生活区一期工程主体完工,新乐昌中学、新职业中学一期工程全面竣工,师生搬迁入住;曲沃二中迁址入城。2013年兴华中学教学楼及东城幼儿园主体建设已完工。2014年曲沃二中食堂、宿舍楼和15所中小学维修改造以及6个村级幼儿园改扩建工程全面竣工。2015年完成曲沃中学生活区、青少年活动中心、特教中心和乡村幼儿园及中小学校舍安全改造工程。2016年,投资2000余万元对中小学基础设施和职业中学实训基地建设工程竣工。2017年县财政投资7700余万元,实施了义务教育学校校舍改造、校园整治,配齐配全了桌椅、图书、电脑、教学仪器、音体美器材和多媒体设备,通过了国家义务教育发展基本均衡县验收。

充实教师队伍

县委、县政府除资金扶持外,还及时地输送人才,充实教师队伍。2014年通过严格考试,选拔30名优秀人才补充到教师队伍中;2015年通过面向全国,网上报名,笔试面试,从1807名应聘者中选拔出30人,充实教师岗位;公开招录189名高校毕业生充实到中小学教师和医护队伍中;2016年从1489名应聘者中招录28人,充实到高中、小学和幼儿园的教师岗位上;2017年招聘教师95名。

医疗卫生

截至2016年,曲沃县卫生和计划生育局下辖县、乡两级事业单位24个,编制总人数854人,实有人员699人;村级卫生室160个,乡村医生387人;民办医疗机构78个,卫生技术人员108人。

县委、县政府十分关心人民的健康水平,出资建成1.5万平方米县人民医院门诊楼,附属设施也于2014年全部竣工。县人民医院被国家卫计委确定为全国重点扶持的县级医院。

2015年总投资240万元建成了杨谈、里村两所卫生院门诊楼；投资120万元完成24个卫生室基础设施建设；投资295万元建成建筑面积1700平方米的史村卫生院门诊楼；投资960万元建成3200平方米的县妇幼保健站业务大楼；投资3840万元，竣工了中医院住院楼项目，建筑面积1.2万平方米；预算5000万元，建筑面积1.8万平方米的曲沃康宝生物单采血浆有限公司综合业务大楼，资金到位；高显中心卫生院综合楼开工建设。

为了提升医疗人员的业务水平、综合素质，为了全县人民就医方便，县医院、县中医院与山大二院、省肿瘤医院、省中医医院结成医疗联合体，与北京武警总医院、301医院、304医院、北京阜外医院等20余家医院开展远程会诊。里村镇卫生院获国家级"群众满意的乡镇卫生院"称号，乐昌卫生院及9个村卫生室通过市卫计委验收。在全市基层卫生岗位比武竞赛活动中，曲沃县获得一等奖一名，三等奖一名。

为了民众健康，为全县居民建立健康档案。印制健康知识口袋书5万套，免费发送到每一户农村家庭。为老人、儿童免费体检，对高血压患者、糖尿病患者、重型精神病患者进行管理，定期随访。

县委、县政府连续多年积极开展爱国卫生运动，大力实施"乡村清洁工程"和"环境提升年"，上下联动，全民参与，改善环境卫生状况，建设美丽曲沃，幸福家园。连续多年获得"省级卫生县城"称号。2016年11月11日，全县"五城联创"活动动员会召开，标志着提升群众幸福指数已进入新的重要阶段。

疾病预防控制、中医药管理、妇幼保健、计划生育诸多方面都取得了辉煌成绩。2016年2月，曲沃县被国家中医药管理局授予"全国基层中医药工作先进单位"。12月,曲沃县被山西省人民政府地方病防治领导小组授予"山西省地方病综合防治示范县"。

创业就业

县人社局落实国家、省、市各项就业政策,加大创业就业扶持力度,完善公共就业服务,开展职业技能培训,就业机制日趋成熟。

自2013年至2016年,全县城镇新增就业17278人;就业困难对象再就业1395人;城镇失业人员再就业3857人;创业带动就业2483人;转移农村劳动力17682人;举办SIYB创业培训班,诸如厨师、剪纸、电焊工、家政、电子商务毕业生就业见习等共74期,培训3743人,提高了人员素质,增强了技术技能。

城乡环保(人居环境)

县委、县政府始终坚持以民为本的理念,大力改善人居环境,健全生活设施。党的十八大以来实施了廉租房工程、经济适用房工程、城市供气工程、城乡供热工程、城市供水工程、中水回用工程、城北污水收集处理工程、道路建设工程、污染减排工程等,极大改善了人们的居住条件及居住环境,群众的幸福指数大幅提高。

为了确保民众生活环境安全,对各类环境违法行为进行惩治。为方便监督举报,2013年,县环保局开通了"12369"全国环保举报热线,同时明察暗访,摸清污染源。截至2016年底,全县共有各类污染源228个,其中重点污染源22个,一般污染源206个,生活污染源54个,并分别进行治理惩治。2013年10月,县建成PM2.5空气质量日报监测系统并投入运行,

2016年成为国家、省、市、县四级空气质量预报预警体系的重要组成部分。2014年10月,全县县级污染源视频在线预警监控平台全面建成,成为全市最早实现规模以上污染源全天候、全数据、全视频的环境监管平台之一,主要包括21路污染源无组织排放视频信号、15路自动在线监测数据、6路重点污染企业中控系统,系统还整合了城市噪声声源原值、日报站空气质量数据值、县域气象数据、县级环保网站等一系列环境大数据。

2016年12月,县环境监测站顺利完成年度"实验室资质认定"和"环境监测资格评审"资格认定。

企业转产

淘汰关停高能低效高污染排放企业后,曲沃天蓝了、水清了、山绿了,食品蔬菜安全了。两年累计二氧化硫消减量6400吨,氮氧化物消减量3900吨,烟尘消减量411吨,工业粉尘消减量591吨,氨氮消减量15.5吨,化学需氧量消减25吨,COD消减量160吨。环境得到改善,企业增加了效益,群众健康有了保障。

2015年3月,曲沃县被市委、市政府授予"环境保护工作考核优秀县"。11月,曲沃县被省环境保护宣传教育中心授予"年度环保宣传教育工作先进单位"。

2016年2月,被市委、市政府授予"年度环保目标责任制考核先进单位"。3月,被临汾市环境保护局授予"年度环保工作优秀单位"。

环卫工作不断得到加强

一是增加工作人员。2016年,环卫中心共有干部职工590人,其中正式职工116人,临时职工438人。内设7个环卫所、

2个园林所、4个市容监察大队、3个收费队、1个公厕管理所、1个建筑垃圾处置所以及公园管理处1个和4个内务股室共23个股、所、队。二是逐年扩大服务区。为改善县城周边环境卫生状况,将曲郑路、吉祥路北段、如意路北段,晋达路和浍河渠巷等8条小巷纳入清扫保洁、清运服务范围,新增清扫保洁面积30万平方米。2016年新增绛山路、文公大街、东城新区进行垃圾收集,将县委机关大院纳入服务范围。三是扩大服务项目。清扫保洁、垃圾收集清运、园林绿化、市容秩序管理、公共卫生间服务、晋都公园管理、机关环卫、垃圾点守护等共有几十项,幸福了居民。

社会救助

近年来,县委、县政府全力推进社会保障体系建设,养老、医疗、工伤、生育、失业五大保障健康运行,覆盖面进一步扩大。脱贫攻坚扎实推进,大力实施产业扶贫、金融扶贫、光伏扶贫等工程,完成了东张寨、安吉两个村级和169户户用光伏电站建设。2013年,新纳入低保对象258户402人,全年共计发放低保金1665.2万元,全面实现城乡低保对象医疗保险代缴61万元,为城市低保对象发放取暖补助金67.8万元,将医疗救助封顶线由0.8万元提高到3万元。进一步简化审批程序,对五保对象、重点优抚对象和特种病患者的救助金额达410.7万元。2014年,提高了救助标准。全县以城乡低保为基础,医疗救助和临时救助为辅助,五保、救灾救济、流浪乞讨救助为补充的救助体系已经形成,基本实现各种弱势群体救助全覆盖。全年纳入城乡低保对象6828人,发放低保金1682.7万元,代缴医疗保险费79.5万元,发放取暖补助金45万元。城乡医疗救助798人,救助金516.3万元;临时救助1418人次,救助资金43.8万元;农村五保供养对象312人,供养资金98万元;救助流浪乞讨人员251人,发放救助款物10.5万元。2015年新增低保对象1072人,救助重特大疾病533人,救助资金493万元。农村五保户的供养标准达到每人每年7200元,达到全县农村人均生活消费标准。2016年,全面部署和落实高龄与失能老年人以及困难残疾人补贴申请,救助残疾人192户231人,支出资金13.86万元。本年度,城乡低保对象4291户6261人,发放低保金1944万元;五保户供养对象288户297人,供养资金181.5万元。全年资助参合参保6437人,救助重特大疾病553人,救助金489万元;临时救助1668人次,救助资金65.7万元;社会救助173人次,救助款物4.2万元。

县委、县政府落实国家优抚政策,仅2016年及时足额为全县1819名重点优抚对象发放抚恤补助资金118万元,为95名无工作单位的城镇重点优抚对象代缴居民医保基金1.6万元,为1434名农村重点优抚对象代缴医疗基金21.5万元,实现了重点优抚对象医疗保险全员覆盖。

积极探索和推进全县乡镇公办养老机构公建民营改革。里村敬老院重建项目争取到省、市福利彩票公益基金130万元;民营福来乐老年公寓完成中央、省级福利彩票公益金支持项目审报;完成36个老年人日间照料中心建设任务。北董乡义门村荣获省民政厅、财政厅"全省农村社区老年人日间照料工作示范村"荣誉称号。引导和支持社会力量开展居家养老服务,引入居家养老呼叫系统。保障老年人安全健康欢度晚年。

社会保障

县委、县政府坚持民生为本,全面发展社会事业。群众幸福指数大幅度提高,老有所养,病有所医,险有所保。

近几年来,企业养老保险参保人员70705人,机关事业养老保险参保人数分别是:2014年9309人,2015年9265人,2016年9347人,2017年6561人。城乡居民养老保险参保人数达99102名,城乡基本医疗保险参保人数34025人,新型农村合作医疗保险参保人数176269人。

安全稳定

社会安全

县委以上率下,先后研究部署党风廉政建设工作27次,编制《曲沃县全面从严治党"两个责任"监督网络图》,确保落实"两个责任"具体化、制度化。开展定位监督和精准督查,换届纪律督查17次,廉政审查356人。观看《镜鉴》警示教育片。班子成员深入基层单位讲党课,在曲沃监狱开展现身说法警示教育16次,对全县548名科级以上干部进行准则和条例知识考试,推进"廉政文化进家庭"活动。给予党政纪处分12人,公开通报2人,核查省市纪委转办问题线索160件。对干部提拔调整、评先评优当选资格进行纪律审核42批次1465人,否决5个单位13名人员,确保公开公平公正,增强人们的法律意识,好转了社会风气,净化了党的政治空气。

政法委先后组织政法部门开展"冬季严打百日会战""打黑除恶""打击盗、抢、骗""打击电信诈骗""命案侦破""两抢一盗"等系列专项整治行动。2015年,破获各类刑事案件230件,抓获各类犯罪嫌疑人193人,网上追逃117人。2016年,打掉涉恶犯罪团伙3个,抓获各类犯罪嫌疑人140人,网上追逃93人,有效地保护了人民群众的生命财产安全,人们的安全感与幸福指数大幅提升,被国家誉为"全国社会治安综合治理先进县"。

食品安全

截至2016年底,全县食品企业24户,食品生产加工小作坊85户,食品经营户925户。食品药品监督管理部门对经营户加强监管、责任到人,督促企业建立14项制度张贴上墙,完善原料辅料查验、食品添加剂使用等25项记录;同企业负责人签订食品安全责任书,建立进货查验纪录;对于食品加工小作坊,让其严把原辅料进货关和添加剂进货关,启动食品安全监督抽检并及时予以公示;开展食品安全隐患大排查大整治;对酒类、婴幼儿乳粉、食品油进行专项整治;严厉打击了销售病死猪肉、注水猪肉及走私冻品等不法行为,保证百姓舌尖上的安全。

对餐饮服务单位及学校食堂食品安全加强监督管理,明确责任人,培训从业人员,督促宾馆、学校食堂安装视频监控系统,推进"明厨亮灶"管理模式。对餐饮服务单位落实主体责任,落实索证索票制度、进货查验、自检自查、公开公示等相关制度,严厉查处使用过期食品、以假充真、以次充好、"两超一非"(超范围超限量、非食用物质)违法违规行为,确保广大人民群众饮食安全。

生产安全

县安监局采取队包企,站包乡镇,推进"五级五覆盖""五落实五到位"和安全生产"网络化"等工作的落实。针对企业,制定出台安全生产"黑名单"制度,使安全生产违法行为受到联合惩戒。县委、县政府对生产安全十分重视,要求成立督查组进行全方位的安全督查。采取突查、夜查,不打招呼,不发通知,不听汇报,直赴现场,直插基层,明察暗访,深挖细挖非法违法案件线索和安全隐患,加大反面典型案例曝光力度。两年间,成立检查组616个,检查人次4823次,实地检查企业3053家次,发现一般隐患1861条。这些措施的落实,有力地保护了企业职工的人身安全。

交通安全

县交警队为确保道路交通安全,首先加大宣传力度:开展"春运""中小学安全教育日""4·30交通暨五一安全宣传日""安全宣传月""12·2全国交通安全日"等宣传活动,共160余次,发放各类宣传资料15万余份,开办电视专题栏目5期,悬挂条幅170余条,各类展览版面150余块,"每村一墙"挂版面50余块,发布微博2500余条,微信850余条,发送短信25500余条,利用文艺宣传交通安全13次,"122现场快闪"两次,"五进"活动150余次。提高了人们交通安全意识。同时,对交通安全的违纪违法行为进行严厉打击。两年来,共查处各类道路交通违法行为42177起,其中,简易程序25634起,强制措施1703起,查处无证驾车1041辆,饮酒后驾驶119起,超速行驶5932起,乱停乱放8294起,客车超员10起,伪造变造机动车号牌或驾驶证23起,行政拘留90人。

稳定是民生之盾,是人民安居乐业的可靠保障和坚强后盾。稳定压倒一切,利莫大于治,害莫大于乱。

危房改造及廉租房、经济适用房

县委、县政府以努力改善全县农村困难群众生活条件和人居环境为目的,逐步推动农村基本住房安全保障制度建设。2011年,启动了县农村危房改造工作。2012年,全县完成300户;2013年,完成500户,发放补助资金700万元;2014年,完成400户,发放补助资金560万元;2015年,完成2200

户;2016年,完成428户;2017年,完成256户。城镇居民住房条件也同样得到改善:2013年,本县保障性住房一期258套廉租房和60套经济适用房;二期230套廉租房和400套保障性住房;2014年公开、公平分配234套廉租房,新建102套廉租房和100套经济适用房;2016年,300套公租房开工建设;2017年,102套廉租房和300套公租房完成预分配,大大改善和满足了城镇居民的住房需求。

企业投资建设的棚户区改造房总共1818套。"曲沃监狱"96套,5000平方米;锦绣花园154套,13800平方米;瑞瑞苑160套,16000平方米;晋文小区308套,31000平方米;锦昊小区200套,20000平方米;供电公司200套,18000平方米;金花佳苑300套,30000平方米;吉宝佳苑100套,10000平方米;学府苑100套,10000平方米;裕兴苑200套,20000平方米。

"曲沃监狱"另外还建有限价商品房102套,10000平方米;棉织厂建有90套限价商品房,10000平方米。

文化事业

县委、县政府为提高人民的精神文化生活,狠抓先进文化乡镇创建,抓精品工程,抓"非物质文化遗产"保护,抓文化下乡、文化惠民工程,与时俱进,开拓创新,连年获临汾市文广新局综合考评前三名;被誉为"中国民间艺术之乡"全省"小戏之乡""书画之乡""工艺之乡""歌舞之乡",荣获省级"文化先进县"称号,2015年荣获"文化强县"先进县。

县文体广电新闻出版局充分发挥各乡镇综合文化活动站和158个村的农村文化活动室及农家书屋的作用,充分调动文艺爱好者的积极性,2013年春节期间先后承办"盛世曲沃元宵社火展演""盛世曲沃大型焰火晚会"和"盛世曲沃转型腾飞大型灯展"等系列文化活动。举办"2013年社会各界迎春茶话会文艺演出""资源共享优秀剧目展播""优秀影片和科教影片放映展""大型迎春有奖灯谜竞猜"等活动。2014年,以"美丽曲沃,幸福家园"为主题举办新年诗歌朗诵会、社火闹春活动、优秀剧目展播周、迎新春有奖灯谜竞猜及有奖灯谜进校园活动,书协组织人员送春联下乡。2015年以"唱响晋文化,赞美新曲沃"为主题,举办第十四届广场文化月活动;举办第二届青年歌手大赛和首届戏迷擂台赛;举办纪念中国人民抗日战争暨世界反法西斯战争胜利七十周年"剪纸作品展""老年书画作品展""高显农民书法展"活动。2016年,举办首届迎春文艺晚会,第二届农民广场舞春节系列文化活动;举办第十五届广场文化月活动;县十四次党代会和"两会"专场文艺晚会;纪念长征胜利80周年群众文艺汇演;纪念孙中山先生诞辰150周年专场文艺演出。仅2015年、2016年两年,组织演出42场,各类文艺节目近400个。群众文化活动成为引领城乡文明的新风尚。

用活农村惠民政策。农网升级改造顺利进行,有线电视数字化整体转换入户,县城全覆盖;为群众提供广场舞场所4处,门球场地1处,乒乓球、篮球场地多处;在所有公共场所都安装了健身器材。群众根据涌现出的好人好事、村规民约等编排成小品、歌曲、舞蹈、情景剧。参与演出人员逾800人次。县图书馆举办"唐太宗与盛唐格局""中国年节文化""大家说清明""我读经典——我读先秦诸子"等传统文化视频讲座活动和"我与中华古籍"摄影大赛优秀作品展;举办三期"晋文化"专题讲座,启动"书香曲沃"全民阅读活动;举办"清明时节话清明"古诗词诵读与展览,"晋国成语典故知识讲座"进农家书屋,"优秀书刊"进校园、进军营等活动15场。被省图书馆授予2016年度全省"同筑中国梦、共筑书香年"先进集体称号。曲沃县还被国家誉为"中国成语典故之乡""中国成语典故传承基地"。

党的十八大以来,文艺工作者以"中国梦"为题材,创作歌曲《欢天喜地》《黄土谣》《老百姓的日子》《婆媳对唱》《干部自律小唱》等16首;完成廉政题材历史剧《县令张坊》;出版发行纪实文学《铜碗金声》;整理《割股奉君》《燮父改晋》《太子饮恨》等晋国故事情景剧,出版《曲沃民间传说》一书。

《铜碗金声》《曲沃民间传说》,原创歌曲《请到曲沃走一走》《石磨的奉献》等申报省"五个一工程奖"。

同时,以社会主义核心价值观、"中国梦"、廉政文化、晋文化及"五城联创"工作为主题,创作《曲沃情、曲沃梦》等歌曲10首;创作成语典故剧本《宾至如归》《秦晋之好》《艰难险阻》等5本。新编排《志在四方》《仁人君子》成语典故情景剧,为群众演出近200场。编撰《"两学一做"文艺演唱专辑》,收录文艺作品10余本,宣传"五城联创"文艺作品5件。

交通发展

全面奔小康,基础在农村,农村奔小康,关键在交通。县委、县政府关心民生,时时把农村交通基础设施建设、农村公路改造放在心上。2013—2014年共投资4550万元,完成新定至封王堡4.7公里,北容至山下3公里,方城至东容裕4.2公里,郇村至曲村2.2公里,周庄至鸡场2.3公里,孝母巷、后街巷、浍滨北路等巷和连村路工程;改造47公里,涉及7个乡镇50个村庄惠及10万余人。2014年,修筑县城通往浍河的便捷通道6.2公里,改造乐昌镇南外环路5.1公里,涉及4个村,解决了群众出行难、菜农运输难、城市框架放大难的问题;对县道院裴线、新蒙线、岳北线进行安保改造,投资170万元。2015—2016年完成桥山黄帝庙旅游路建设工程,全长10.615公里,投资1330万元。对农村水泥路完善提质,投资1226万元,完成39.4公里;县道安保工程投资24万,涉及里郭、北陈两条县道;窄路基路面实施拓宽改造工程,投资320万元,全长10.5公里;连村路改造工程,投资280万元,全长8.9公里;给南吉村街道进行硬化,完成农村公路生命安全防护工程,全长57公里,投资401万元,涉及全县5条主要县道。以上举措,方便了群众出行,推进了全域旅游事业的发展。

至此,全县境内公路总里程610.99公里,公路密度达到144公里/百平方公里,是全市公路密度最大的县(市)之一。境内国道1段,总长21.38公里;境内省道3段,总长43.05公里;县道6条,总长95.79公里;乡道41条共长206.13公里;村公路244.64公里,连通全县158个行政村。农村街巷硬化实现了全覆盖。形成以国、省、县三级道路"六横四纵"为主干,以通乡、通村公路为网格的现代化道路交通网络;1路、2路城市公交投入运营,并建有高标准钢结构仿古公交停靠站12个;翻新改造47公里县乡循环道路和5.1公里城南循环道路;完成吉祥南路绿化美化工程;集中供热工程完成1号水井建设和东西大街管网铺设,对府东街、府西街进行全方位立体式改造,实施道路硬化,强电、弱电入地,管网铺设,人行道铺装,沿街建设全面整治,使之成为中心城区的标杆路、示范路。

古建筑认领和维修

全国第三次文物普查,曲沃县共有不可移动文物550处,其中复查244处,新发现306处。复查的244处包括国家重点文物保护单位2处("曲村—天马遗址"、曲村大悲院),省级重点文物保护单位7处(曲沃古城、方城遗址、里村西沟遗址、四牌楼、望绛墓地、东许遗址、薛家大院),县级文物保护单位189处(含新公布79处)。

2010年,针对部分文物年久失修,急需维修的状况,县文物局起草,经县政府办公会议研究决定并报请县人大审议通过《曲沃县古建筑认领保护暂行办法》。企业家们积极行动,认领古建筑,出资维修。企业家黄文生出资350万元、畅义龙出资100万元共同认领维修了西海龙王庙,翻新了主殿东厢房,整修庙园围墙及四周排水,道路硬化、绿化,修建了戏台,彩绘了山门,整治了龙王庙内外环境,现已成为全域旅游的景点之一。2012年,杨谈乡万户村畅义龙签约认领了桥山黄帝庙,投资400万元进行修缮。企业家冯才认领了南林交龙泉寺,已投资450万元,完成龙泉寺大殿、东西厢房、山门、地面铺设和绿化工程。曲村镇中心地带的清代建筑"靳家祠堂"被靳氏后裔靳克宽、靳春喜、靳钢旦、靳云鹄认领保护。企业家赵金有认领了神泉村黄帝庙,投资100万元进行维修。县政府利用上级专项资金20万元,对交里桥桥面、栏杆进行维修,恢复了交里桥"七十个狮子,八十个桃,还有二十四个挨打猫"的古桥风貌。争取上级环保综合整治专项资金600余万元,对"大悲院"进行整修,拆除非文物建筑1000平方米,修建了综合管理用房、围墙、碑廊、碑亭、院内道路铺设及厕所等设施。2014年,又完成大悲院晋都石雕艺术博物馆建设,占地3166.3平方米,展示了赵金有先生收藏的民间牌楼及各种古石雕,总投资100余万元。2015年,全县共有8处古建筑得到认领与保护,分别是南林交龙泉寺、西海龙王庙;西海村阁宝林出资50万元认领修缮童儿庙；巩代生出资150万元认领修缮义城黄帝庙、神泉黄帝庙、桥山黄帝庙、西閆山神庙、靳家祠堂。2016年，完成方城黄帝庙大殿、东许三清庙献殿维修工作。古建筑修复与现代旅游景点相融一体，展示出城乡建设的新面貌、新风格、新品位。

民生事业的全面发展，加快了以改善民生为重点的社会建设，保障了人民的基本生活需求，提高和改善了人民的生活质量，丰富了广大群众的精神文化生活。城镇居民和农民人均可支配收入明显提高：城镇居民2012年人均可支配收入20103元，2017年人均达到30420元；农民人均纯收入2012年是8909元，2017年人均达到14055元。

曲村镇被列入全国重点镇全国特色小镇建设行列；西海村等10个村庄被评为"省市级美丽宜居示范村"；西海村、文敬村被评为全国文明村；曲沃县被授予"全国农村创业创新典型县范例"荣誉。

第五节 精准扶贫奋力攻坚

"人民对美好生活的向往，就是我们的奋斗目标。"党的十八大以来，党中央把贫困人口脱贫作为全面建成小康社会的底线任务和标志性指标，勇担使命，迎难而上，打响反贫困斗争的攻坚战。

多年来，曲沃县委、县政府遵照党中央的安排部署，将脱贫攻坚摆上案头，列入重要议程，制订具体实施计划和过硬措施，使这项工作得以有序、快速、健康地开展。

2012—2013年共为城乡低保户、优抚对象、五保户以及农村寄宿学生发放各类补贴2968.98万元;2015年累计新增就业人口22738人,转移农村劳动力22584人;2016年,为428户农村贫困家庭进行了危房改造。2016—2017年全县已有2031名贫困人口脱贫。

2018年,县委、县政府认真学习、深刻领会习近平总书记关于精准脱贫的重要指示,经集体反复讨论研究,决定成立脱贫攻坚领导小组,书记、县长任正副组长。四大班子领导带头包乡联村联户,选派158个驻村工作队,抽调474名工作队员,672名帮扶干部,32名单位第一书记,进村入户调查研究,逐个排查,建档立卡,彻底搞准贫困人口的底数。

建档立卡,严把登记关

贫困户、贫困人、扶贫对象只有底子清、情况实、致贫原因明白,才能做到精准,才能够杜绝拉关系走后门的不正之风,才能防止错报、漏报、瞒报。

曲沃县虽说不是贫困县,没有贫困村,但有贫困人口。经逐人排查,县域原建档立卡贫困人口1178户3694人,其中低保716人,五保户67人,因病致贫1156人,残疾人450人,贫困户在校学生402人。2016—2017年,已脱贫583户2031人。按省市滚动规划,现仍有613户1709人属于扶贫脱贫对象。

有的放矢,严把精准扶贫关

根据排查结果,分析致贫原因,总结以前的经验,接受以前的教训,总结归纳了10个方面致贫原因,有的放矢地成立了10个专项扶贫领导组,分管副县长任组长。10个扶贫领导组即:培训转移就业扶贫领导组、健康扶贫领导组、社会保障扶贫领导组、金融扶贫领导组、电商扶贫领导组、教育扶贫领导组、旅游扶贫领导组、交通扶贫领导组、产业扶贫领导组、危房改造领导组。坚持"周例会、月报告、季总结"工作制度，一会一专题，研究解决产业扶贫、危房改造、驻村帮扶、金融扶贫等工作中遇到的难题，推行"五清单、两标准、一档案"制度要求，压实主体责任和帮扶责任。

县脱贫攻坚领导组制订了9个实施方案，取得了良好效果：

产业扶贫

1.企业带动扶贫：县绿恒农业发展有限公司发挥企业和资源优势，积极流转周边农民土地，吸纳贫困户务工种植香菇，有效解决了贫困户无产业、无资产、无技术的难题，带动了50余户贫困户增加收入，户均年增3000元以上，实现稳定脱贫。

2.自身发展脱贫：县委、县政府制定印发了《曲沃县建档立卡贫困户特色农业产业扶贫项目发展资金补助实施办法》，鼓励贫困户从事种植和养殖工作，共补贴资金473410元，扶助64个村137户535人选择了符合自身发展的特色产业。

光伏扶贫

1.完成了东张寨和安吉两个100千瓦村级光伏电站建设，每座电站补助73.5万元，电站收益惠及贫困户40余户。

2.完成210户户用光伏电站建设，每户补助2万元，每个电站户年均增收6000元。

金融扶贫

县域各银行共发放扶贫小额贷款2077.7万元，政府及时落实贷款贴息，全年130万元，同时拿出风险补偿金430万元，支持金融扶贫小额信贷工作。

教育扶贫

2016年，教育部门对全县各级各类学校贫困生情况重新建档立卡，核实后有贫困生298名，其中高中在校生47名，初中在校生100名,小学及幼儿园在校生151名,同时给2018年春季寄宿制中小学贫困生生活补助,共发放资金64.175万元。

实施"雨露计划"教育扶贫。

1.对考取二本B类以上的建档立卡贫困家庭学生一次性资助5000元,2015—2018年共资助41人。

2.对接受中职中技、高职教育的在校学生每生每年给予2000元生活困难补助,2015—2018年资助113名学生。

3.利用社会捐赠资金对二本B类以上40名大学生每人发放资金5000元。

4.为2704名大学生办理了生源地助学贷款,贷款金额1750万元。

危房改造

为实现"两不愁三保障",解决贫困户住房问题,完成了150户贫困户的危房改造,其中重建95户,修缮47户,置换8户。

健康扶贫

制订《曲沃县健康扶贫工程实施方案》和《曲沃县2018健康扶贫行动计划》,发送《扶贫政策你问我答》口袋书和《健康扶贫政策宣传手册》,推进公共卫生服务,提升医疗卫生服务能力,实施"三个一批"行动计划,确保妇幼健康和疾病防控,有力地推进了精准扶贫脱贫工作的顺利进行。

1."先诊疗后付费"和"一站式"结算全面落地。两家县级公立医院和10个乡镇卫生院全面执行了"先诊疗后付费"政策。2018年共与建档立卡贫困户签订协议书208份。各医疗机构完成了"一站式"结算信息系统建设,实现了基本医保、大病医保、补充医疗保险、民政救助同步报销结算,使贫困人员有病能医、有病敢医、有病医得起。

2."三保险、三救助"政策全部落实。2017年1—9月份,全县建档立卡贫困户共住院409人,医疗费用总额299.30万元,其中普通医保支付174.57万元,大病保险支付44.94万元,目录内兜底支付40.09万元,目录外医院承担费用0.66万元,目录外补充保险支付7.94万元,个人支付31.09万元。个人支付为全部费用的10%左右。

3.健康扶贫"双签约"活动扎实开展。全县以乡镇政府为责任主体,以乡镇卫生院为主力,采取"1+1+1"的模式,共组建166支288人参加的家庭医生服务团队,159支368人参加的乡村干部服务团队,对所有建档立卡贫困户开展"双签约"服务。2018年,家庭医生团队健康管理服务体检3216人次,开展政策宣传65次,干部培训27次,乡村干部团队指导帮助困难群众落实医疗报销政策143次。

社会保障

1.加大兜底保障力度。2018年,县域建档立卡贫困对象中509户716人享受了农村低保待遇,9月份发放救助资金21.18万元;纳入五保范围的扶贫对象63户67人,9月份发放救助资金3.97万元,确保了困难户的基本生活需求。

2.重视残疾人扶持工作。2018年,县残联为重度残疾1800余人发放护理补贴资金84.67万元。农村党组织借助残疾扶贫项目,扶持10家残疾人贫困户,每户资金3000元。里村镇、杨谈乡为20家残疾人贫困户进行无障碍设施改造,内容涉及卫生间、厨房、居室、出行等方面。平均每户投入资金4000余元。

保险扶贫

2016—2018年,为全县建档立卡贫困户人口购买了医疗补充保险和人身意外伤害险。三年共计理赔109起,资金达

51.32万元。

2017年,为1153户建档立卡贫困户农房进行投保,每户80元,共计9.224万元,保障了农户房屋财产安全。

2017—2018年,为贫困户户用光伏电站购买财产保险共计4.04万元,提高了贫困户光伏电站收益及抵御风险的能力。

旅游扶贫

近年来,依托"六区四园"和发展全域旅游,县领导积极在农村、农业、农民与文化旅游的深度融合上做文章,先后打造旅游景点34处,新发展农家乐和民宿场所65家,定期举办特色农产品展销、非遗展示、系列情景剧展演等活动吸引游客,以此扩大餐饮、住宿、交通等行业的业务量,增加收入;利用赏花节、樱桃采摘节及国家节假日发展旅游业,互为动力,以增加农民和贫困户的经济收入。

落实程序,严把脱贫考核关

入例有依据、退出讲程序。根据《山西省贫困户退出实施办法》,县领导细化了贫困人口退出方案,以户为单位实施退出。按照一评议、一公示、一审核、一公告程序严谨细致进行,防止出现错退现象。为使扶贫脱贫精准,县脱贫攻坚领导组严格讲程序,严把脱贫关。经反复核准,批准604户1680人脱贫,仍有9户29人不能脱贫。扶贫脱贫工作仍在路上。将继续贯彻领会习近平总书记的扶贫思想,增强"四个意识",做到真扶贫、扶真贫、真脱贫,扎实做好贫困人口动态管理常态化工作,使人民群众的幸福指数不断提升。

第六节 全域旅游如火如荼

曲沃县,是一座拥有近3000年历史的小城,历史上曾是

"武公据之以兴晋,文公依之而称霸"的晋国建都之地,素有"地下博物馆"和"三晋文化源头"之称。县委、县政府认真贯彻习近平总书记2016年视察宁夏时指出的"发展全域旅游,路子是对的,要坚持下去"的重要指示,凭借着得天独厚的自然资源和深厚的文化资源优势,通过两年多来全县上下的广泛参与,各级干部的奋力推进,全域旅游已经融入县经济社会的各个领域、方方面面,成为引领曲沃发展、彰显曲沃特色、汇聚曲沃力量、展示曲沃形象的一面旗帜,曲沃开启了全域旅游发展新画卷。曲沃县发展全域旅游在"探索—实践—理论—再探索—再实践"的过程中,逐步走出一条"从无到有,从有到优,从优到精"的具有曲沃特色的全域旅游发展之路。

曲沃县委、县政府深入贯彻落实国家、省、市的决策部署,结合区域实际,提出要按照"全景曲沃、全域旅游、全员参与、全民共享、全面发展"的思路,以创建"国家全域旅游示范区"为抓手,大力推进"6411"文化旅游体系建设,力求通过3到5年的努力,建成晋国博物馆旅游区、太子滩温泉度假区、景明诗经山水旅游区、浍河水岸风景旅游区、磨盘岭休闲农业观光区、桥山黄帝文化景区六大系列旅游景区,晋园、申园、绛园、顾园4个特色文化主题园林,1个中国成语文化城和1个《晋国风云》大型演艺剧场,从而构建以"晋文化"为主线,以"六区四园一城一场"为支撑的全县域、大景区文化旅游格局。

六区四园旅游景区

晋国博物馆旅游区

该馆是全国唯一一座完整展示晋国文化风貌的博物馆,在这里可以看到保存完好的三千年前的车马战阵和数百件罕见的文物珍宝。

该馆依托全国重点文物保护单位"曲村—天马遗址"而兴建：北有桥山为靠，南有绛山作照，前有绵岭作案，汾浍相交，晋水环绕。投资近2亿元的晋国博物馆总占地面积124000平方米，绿化面积26993平方米，展厅总面积近9000平方米。馆内展示了9组19座晋国早期国君及夫人墓，10座车马坑以及各种珍贵文物数百余件。其中，1#车马坑陪葬车辆48辆，战马至少105匹。周边附属设施健全，馆内外自然环境优美，是一座集文物收藏、研究、保护和展示为一体的专题性遗址类博物馆。

太子滩温泉度假区

该区是因春秋时期晋太子申生泛舟救弟传说而得名，历史上是曲沃十景之一，名曰"神陂落雁"。园区内打凿地热井一眼，流量每小时303立方米，水温46.5℃。泉水富含矿物质及微量元素，达到医疗热矿水标准，水压、水量、水温、水质在全国屈指可数。该区由室内游泳馆、室外游泳馆和万憬花园酒店三部分组成，投资2.18亿建成餐饮、高标准宾馆和水上乐园。太子滩晋文化展示馆及休闲湿地公园位于曲沃县太子滩天然湿地公园湖畔，占地3500亩，是一家集生态开发和观光旅游为一体的现代农业示范企业。

景明诗经山水旅游区

该区位于曲沃县城东南15公里处的景明村南，地处曲沃、绛县、闻喜三县交接的紫金山麓。山中有泉，称为"沃泉"，经青玉峡至白石山崖，急流直下，在景明形成瀑布，成为古代曲沃十景之一。当地村民李莲娥、王德顺等人投资近500万元，开发了龙岩园、水上乐园、牡丹园等景区，绿化了荒山荒坡。

诗经山水旅游区原来只涉及一个村，面积较小，后来在县委、县政府大力推动下，将周边8个村子纳入整体规划建设中，统一规划布局，完善基础设施，景区范围内成功创建1个国家级绿色村庄，2个省级美丽宜居示范村，3个县级美丽宜居示范村。景区内还原《诗经·唐风》里的风土人情，建设了诗经广场、银杏大道、德孝园、唐风园、无邪园等；大力发展观光休闲农业，建设百亩荷塘休闲区、万亩大蒜体验区，让游客享受荷塘美景，感受采摘乐趣，整个景区形成"景中有村、村中有景、村景合一"的画面。

浍河水岸风景旅游区

该区是依托浍河水库进行建设的一个集观光、旅游、娱乐为一体的自然风景区。已建游乐场一座、垂钓池一座、古建筑四合院五座、戏台一座、餐饮一条街，浍贤庄窑洞式别墅餐厅已开馆营业。另外建成苗圃培育基地和影视基地。浍河精神长廊浮雕群、仿晋水街等景点，完善了旅游所需的各种设施，使该区成为供游客吃、住、玩、游、购、娱一条龙服务的自然风景区。

磨盘岭休闲农业旅游观光园区

该区位于县城东15公里处的西海村。县委、县政府坚持运用市场引导和利益驱动机制，大力发展蔬菜主导产业，走出了一条以菜促农、以菜兴农、以菜富农的新路子。进行磨盘岭开发建设，已形成以磨盘岭为中心，岭下万亩大棚菜，东岭千亩甜柿树，沟地百洞双孢菇，南岭七里养殖带，岭东民俗一条街，集餐饮、娱乐、购物一条龙，成为名副其实的观赏休闲区。西海村被确定为全国首批"美丽乡村试点"，荣获"中国最具影响力的黄瓜之乡"称号，被列入"第三批一村一品示范村镇"名单。

桥山黄帝文化景区

该区位于杨谈乡乔芦村北,山势巍峨,翠柏环绕,每当雨霁初晴,青碧岚光,故称"桥岳晴岚",为曲沃古十景之首。2012年,万户村畅义龙认领修建,投资1.2亿元,初步完成了一心一轴、两线三区的建设:一心是以黄帝庙正殿建设为中心,一轴是景区串联文化轴,两线是以黄帝文化贯通上山下山路线,三区是自下而上分别是桥山休憩区、告天祭祀区和轩辕祈福区,总规划面积8平方公里。

桥山顶峰曾有黄帝陵,传为黄帝葬衣冠处。据《史记》记载:"黄帝崩,葬桥山",著名国学大师、历史地理学家钱穆先生曾说:"曲沃的桥山很可能是黄帝的埋骨所在。"景区凭借桥山特有的历史人文资源,在修复山顶黄帝庙,建设山顶广场的同时,在山下建设了集桥山驿休闲住宿区、游客接待服务区、黄帝文化展示区、乡村旅游休闲体验区于一体的"黄帝部落"民俗村,打造了集观光浏览、生态养生、文化体验、祭祖寻根为一体的文化休闲度假胜地。

除以上六大景区,还有"石桥堡红色文化景区""朝阳沟景区""荷塘月色景区"。

石桥堡红色文化景区

桥山西南方向有个石桥堡村,是一个有着光荣革命历史的老区村,曾是曲沃县抗日战争和解放战争中的革命活动中心,为中国抗日战争和解放战争做出了重大贡献。走进石桥堡村,满眼都是红色。墙上是红色的记忆和党建标语,广场上是红色的党旗和入党誓词,路边是十九大标语。2005年,曲沃县豹峪沟铁矿与石桥堡村结成联帮对子,共同保护地下县委旧址，充分挖掘红色资源，随后通过政府投资启动、多方引资发展的模式，投资3700余万元，建设占地100亩的红色文化景区，景区内可以观看《抗日烽火》实景演出，体验地道文化，参观纪念馆、老县委旧址，参加拓展训练。石桥堡村已经成为红色教育基地，被确立为"临汾市爱国主义教育基地"。

朝阳沟景区

位于里村镇朝阳村的里村西沟遗址是一处古遗址，属旧石器时代晚期。1956年考古发现，其绝对年代以铀系法测定为距今10万年，其文化性质与襄汾丁村文化有着较为密切的关系。朝阳沟，实际是滏河沟在朝阳村的一段，原先是一个荒坡沟壑，生态环境恶劣。自从坐落其中的西沟遗址被发掘后，当地开始对其进行了保护性规划和开发，建设了西沟遗址园，在其周边实施了区域绿化工程，染绿了2000亩荒坡；深挖明清文化内涵，打造以明清古县署、驿站、从教书院为特色的明清古建区；打造以生态农业、休闲观光、文化旅游、影视拍摄为一体的生态休闲观光园。

如今朝阳沟垂柳依依，翠竹茂密，流水潺潺，在这里既可探寻古人类的踪迹，又能体验田园农耕生活，还能欣赏明清古建筑，亲身体验古私塾上课的感觉。过去的荒坡沟壑，如今处处有景，实现了"农业、文化和旅游"深度融合。

荷塘月色景区

位于高显镇的汾河、滏河三角洲上。据史料考证，《诗经·魏风》中的"坎坎伐檀兮"之唱，就发生在这一带。特别是3000多年前，人们就发现了莲藕的实用价值，家家户户种莲藕，目前高显镇已有2000亩规模，莲藕经济正造富一方百姓。通过几年的建设，主要建成了玉姬广场、荷语演艺场和仿古一条街。仿古一条街中部二层建筑设为"高显农民书画院",吸纳高显的书画人才,将荷元素的创意书画推向市场,实现从作品到商品再到精品转变,形成高显特有品牌。

2013年4月,"晋之源"高显汾河滩涂循环农业综合开发被临汾市确定为"百里汾河新型经济带"曲沃县的重点工程项目之一,依托循环农业示范区打造了集农业观光、休闲采摘、餐饮娱乐、度假住宿为一体的荷塘月色景区,不仅能给人以美的享受,更能以美为载体延伸旅游产业链条,让更多老百姓把兴趣变成职业,增加收入的同时增添自豪感。

同时,高显镇是个具有数千年历史的人文古镇,2008年被文化部授予"民间文化艺术之镇"荣誉称号,积极开展创建精神文明村镇活动,使精神文明之风吹遍千家万户。

在县城驻地——乐昌镇辖区内打造"四园":晋园、顾园、绛园、申园。

晋园

晋园包括一心、一湖、两带、八大景观。

一心就是晋都文化中心,以影院、剧社为主体,是集会议中心、文化馆、城展馆、图书馆、档案馆、老年活动馆于一体的政治文化活动中心。

一湖就是如意湖,面积42亩,设有音乐喷泉,可喷出天仙舞、世纪喷泉、晋园战鼓等40多种造型。水源来自浍河水库,环公园水系常年流动,保持清澈干净。湖内亭台、栈道、游船、荷塘,俨然北国小江南。

两带就是沃水潆洄和林间小溪水景带,花草树木、流水游鱼,让人目不暇接,流连忘返。

八大景观分别为:极具晋国风情的仿古牌坊、晋水桥、活水漾洄、文化中心两侧相呼应的戏苑和晋国宫、南部的人工湖和湖内的文化舫、湖东岸的晋园街。

园内共有成语典故浮雕壁画19幅，晋国铜像雕塑4组，楹联36幅。

晋园已成为当地和周边县市群众休闲、游玩、消夏避暑的首选之地。

申园

申园位于曲沃县城北的太子滩中心，为纪念春秋时期的晋国太子申生，弘扬忠孝仁义文化而建。申园主要由晋文化展厅、休息区和商务接待区等组成，总建筑面积2000平方米。外观为仿晋四合院建筑格局，其中，文化展厅以太子湖传说和晋国文化为题材打造，休息区、商务接待区包括会客、会议、餐饮、休息等场所。

绛园

"绛园"，寓意当年晋国以绛山为宗。

建设中的绛园位于县城北部原曲沃烟厂旧址，是以园林建筑景观为载体，重点反映晋文公历史功绩的文化主题公园，同时也是曲沃县文化旅游景点之一。该项目平面布局分为浍湖水景区（浍湖、桃花岛、紫竹洲、六和亭）、明堂建筑景区和小绛山山林景区（小绛山、文公阁、志远亭、爬山步道）三大景区。

顾园

明末清初思想家、文学家顾炎武晚年旅居曲沃，并在此完成了他的巨著《日知录》，发出了"天下兴亡、匹夫有责"的千古呐喊。为了纪念这位伟大的爱国主义者，县委、县政府决定斥资兴建兼具南北风格的文化公园，取名"顾园"。

全域旅游富有区域特色

走出曲沃特色路子

近年来,曲沃围绕创建国家全域旅游示范区,本着"传承文明、弘扬文化"的原则,将文化和旅游相互渗透,深度整合,全力发展以"晋文化"为主题的文化旅游产业,开启彰显曲沃特色的发展新路子。

重点建设,打造平台。近年来,根据全县各区域的旅游特色和产业发展基础,本着"文化搭台、旅游唱戏"的理念,整合各类资源,强化项目实施,有效推动了全县各景区景点的快速建设,使文化旅游业发展实现了由无形到有形、由概念到实体、由分离到整合的历史性转变。

2017年,开展为期90天的六区四园景区建设"春季大会战"。在进一步完善提升6大景区和晋园、申园2个特色文化主题园林功能设施的基础上,又相继打造了诗经故里田园综合体景区、曲村古镇旅游区、石桥堡红色文化景区、朝阳沟景区、荷塘月色景区等5个特色旅游景区。8月份开始,全面启动了秋季"120大会战"。4个月时间里,全县各景区规模持续壮大,特色内容不断增加,相继开工建设了晋殿悬冰、绛园、顾园等景区项目。目前,曲沃全域旅游景区达到16个,其中多个景区被评为国家4A、3A、2A级景区。

挖掘内涵,注重结合。近年来,充分寻找挖掘文化旅游产业与其他产业互动发展的结合点、切入点,将发展触角延伸拓展渗透到工农城建各个领域。

与城市建设的结合上,在县境出入口、县城出入口以及一些公益设施的建设上,均植入晋文化元素和符号;在主要街道、巷道的命名上也渗透了晋文化内涵;在东城新区的地标性工程——晋园和晋都文化会展中心的建设上,从命名到建筑风格再到景点的布置和包装基本上都融入晋文化特质,彰显晋文化特色;在东城新区和中心城区主要街道设置成语典故石雕和景观灯,进一步诠释晋文化内涵,提升城市品位。

与农业发展的结合上,将全县八大现代农业园区统一以"晋之源"命名,将农产品统一以"晋沃"牌商标进行注册包装,并按照发展观光农业的目标定位,在各园区相继建设了标志性建筑和特色景观,有效丰富了全县文化旅游产业的内容和看点。

与工业产业的结合上,积极引导立恒钢铁公司走转型发展之路,将申生泛舟救弟等晋国历史传说融入所实施的万亩盐碱地治理工程中,打造了太子滩度假庄园、申园等景点。随着以晋文化为内涵的一二三产业深度融合,全县基本形成了晋文化主题突出,三次产业互动互融的文化旅游发展格局。

干群同心,形成合力。近年来,全县上下围绕文化旅游产业发展,咬定目标、勠力同心、持之以恒、真抓实干,一步一个脚印向前推进。目前,全域旅游正成为曲沃县的一张"金名片",打出山西,打向全国。曲沃县2017年的旅游综合收入达到18.08亿元。曲沃县先后荣获"中国成语典故之乡""中国最美乡村休闲旅游名县"等19张国字号名片。诗经故里田园综合体景区被评为国家2A级景区,浍河水岸风光旅游区被评为国家3A级景区,晋国博物馆旅游区成为2017年全省仅有3家,全市唯一一家国家4A级景区创成单位。文化旅游产业"从无到有,从有到优,从优到精"三步走战略顺利完成前两步,一个景区景点规模连片、相串成线的全县域、大景区文化旅游格局已经形成。

找准曲沃特色位置

开展"全域旅游晋都行——曲沃县六区四园文化旅游系列活动月",既是加快转变发展方式,推进产业结构调整的现实需要,也是壮大文化旅游产业,创建"国家全域旅游示范区"的具体措施,更是展示曲沃形象,扩大对外影响促进群众增收的重要抓手。全县16个景区都呈现出全新的风貌,文化旅游产业"从无到有、从有到优、从优到精"三步走战略顺利完成前两步,以"六区四园"为核心的全县域、大景区文化旅游格局基本形成。特别是通过举办两届"活动月","诗经山水·晋都曲沃"旅游品牌影响力和知名度大幅提升,文化旅游产业经济效益、社会效益、生态效益全面显现。

为了更好地宣传曲沃、推介曲沃,在总结举办首届"活动月"的基础上完善了16个景区"吃住行游购娱"旅游要素。在"吃"的方面,不管是特色小吃,还是美食大餐,都严格按照餐饮卫生标准规范要求,确保广大游客舌尖上的安全。在"住"的方面,县城内有星级宾馆、温泉酒店和各类经济型酒店可供选择,对城区内所有宾馆酒店卫生环境进行全面严格的检查和提标整改,对从业人员进行专业培训。此外,各景区还有乡间别墅、特色山庄、窑洞宾馆、林下帐篷等供游客住宿选择。在"行"的方面,不仅新建了全域旅游发展综合服务中心,还完善了主要交通干线、景区周边道路沿线的引导标语牌,对通往旅游区的道路进行改造,同时,还设立全域旅游公交专线,开启出租车旅游呼叫服务,对60岁以上老人实行旅游免费的政策。在"游"的方面,围绕传承弘扬晋文化、诗经文化、黄帝文化、明清文化、红色文化、农耕文化、康养文化等,每个景区都有不同的文化主题内涵,让游客能够有不同的感官体验。在

"购"的方面,"活动月"期间,不仅展销曲沃特有的晋国青铜制品、郑月巴葫芦、鲁艳芳剪纸等一批工艺美术大师的作品,还推出一批凸显各景区主题特色的文创产品、旅游纪念品和手工艺品。此外,喝着泉水长大的系列蔬菜、品质口感俱佳的系列时鲜水果、出口国外的系列农产品、具有特色传统工艺的系列农副加工食品、"晋文化"系列丛书等等,也在各景区巡回展销;在娱的方面,"活动月"期间,精心组织八大特色主题活动和25项专题活动。其中,各景区内的特色主题活动每天都有,如精品情景剧、地方小戏展演及其他富有当地特色的比赛活动;全县性的专题活动,系列文艺晚会、成语典故大会、成语典故万人诵读、曲沃籍在外高层次人才故乡行暨人才发展大会、百家媒体进曲沃,等等,各项活动主题突出,特色鲜明。

打造曲沃特色牌子

为扩大曲沃文化旅游的知名度和影响力,近年来,曲沃县利用一切可能利用的平台,全方位宣传推介文化旅游产业。

第一,在县境内主要路口设置了旅游景区指示牌,进一步明确各景区的位置,通过多方协调,将曲沃主要旅游景点纳入全省旅游地图当中,制作完成并在全县宾馆酒店免费投入全县旅游地图和景区导览图。第二,通过举办全域旅游晋都行、晋文化论坛、磨盘岭文化旅游节、太子滩文化旅游节等活动,进一步扩大了各景区景点的社会影响力。第三,精心制作《诗经山水·晋都曲沃》《三晋之源·锦绣曲沃》等电视网络宣传片;围绕各景区景点的建设,积极筹备包装了一批文化旅游项目,利用县电视台、《今日曲沃》报和智慧曲沃等媒体,广泛宣传发展文化旅游产业的重大意义、指导思想、经验做法和先进事迹,在全县上下营造了发展全域旅游的舆论氛围。

第七章　革命历史遗址

曲沃县是山西较早建立中国共产党组织的地区之一，曾是中国共产党组织在晋南的活动中心之一，属于革命老区。在新民主主义革命时期，许多老一辈无产阶级革命家曾经在这一带进行革命活动和革命斗争，组织、发动群众抗日，领导、组织、指挥解放战争。中华人民共和国成立后，许多党和国家领导人多次视察工作，原党和国家领导人、全国人大常委会委员长彭真出生于此，陈赓将军在这里指挥过战斗，工农红军东征路经曲沃。抗战时期，中共曲沃县委书记卫光荣、党永立惨遭反动派杀害，无数革命先烈血洒这方热土。李哲人、陈康、王守仁、刘裕民、席炳午、宋志先、李顺天、王凯、席荆山、何郝炬、王益民、贾启玉等领导同志都曾在这里开展过工作，留下了难忘的革命足迹，有大量的革命遗址。

经过认真细致的普查，认定曲沃县境内有革命遗址遗迹18处，已收录到《山西省革命遗址名录》中。

第一节　中共曲沃支部遗址

中共曲沃支部遗址——曲沃中学内（1926年春—1929.5）
中共曲沃支部遗址位于曲沃中学内。
1925年冬，中共太原地方执行委员会书记崔锄人，执行委员王鸿钧到晋南进行建党工作。在曲沃活动期间,他们深入学校、农村,讲解"联俄、联共、扶助农工"的三大政策,宣传反帝反军阀的革命道理,介绍上海、武汉、广州等地的工人运动和广东省农民运动情况,号召组织农民协会,进行减租斗争,保卫农民利益,开展农村大革命。他们的宣传,唤醒了部分曲沃青年的觉悟,扩大了中国共产党在曲沃人民中的影响。这期间,他们秘密介绍曲沃县第一高等小学校(现今的曲沃中学,即贡院内)青年教师孟广先加入中国共产党,随后又介绍在瓷器店工作的张庆耀和席村农民李处人入党。1926年春,崔锄人、王鸿钧在曲沃县城创建中共曲沃支部,孟广先任支部书记,上属太原地方执行委员会领导。时处国共合作时期,为了进一步促进国共合作,根据中国共产党第三次代表大会的决定,曲沃的党员均以个人名义加入中国国民党,利用双重身份,宣传工农运动和俄国社会主义革命的胜利,扩大中国共产党的影响。1927年初,中共太原地方执行委员会派郭巨才(郭挺一)以晋南特派员的身份到曲沃发展党员,整顿党的组织。2月,对中共曲沃支部进行改组,孟广先调安邑工作,耿玉堂(耿誓)任支部书记,支部共9名党员。他们分别订阅进步书刊,经常在一起研究新文化、新思想和俄国十月社会主义革命胜利的经验。发动农民反对封建、反对苛捐杂税、动员妇女抵制缠脚、反对乡村财主豪绅的压迫。

中共曲沃支部遗址——西杨村(1927.2—1928.12)(1932.3—1935.9)

西杨村位于曲沃城东4公里处。全村2017年有512户1992人。1927年初,中共太原地方执行委员会派郭挺一到曲沃发展党员,整顿党的组织。2月,对中共曲沃支部进行改组,耿玉堂任支部书记,支部设在西杨村。1928年12月耿玉堂被捕。

中共河东中心县委负责人嘉康杰为打通中条山与吕梁山之间的联系,1932年春派农民协会负责人关中廷秘密到曲沃恢复、发展党组织。关中廷以天主教修道院教师的身份为掩护,在传教过程中进行抗日救亡宣传。在西杨村菜地里和赵赤牛(赵赤牛,1900年生,河南省密县人)多次交谈,知道他出身很苦。经考查、培养,发展西杨村佃农赵赤牛入党。接着,在曲沃天主堂经言小学发展女教师史玉风、宗花为中共党员。3月初,关中廷在西杨村重建中共曲沃支部,由赵赤牛任书记(1933年3月由孙光烈接任支部书记),上属中共河东中心县委领导,和关中廷单线联系。期间,党支部的主要工作是护送过往同志,向农民、学生、天主教徒宣传农民运动及抗日救国的思想。1935年9月,关中廷在绛县被捕,中共曲沃支部和上级失去联系,停止工作。

中共曲沃支部遗址——曲沃县委大院内(1937.7—1937.11)

中共曲沃支部遗址位于曲沃县牺盟分会机构所在地,即老县府(即现今的曲沃县委大院内)。

1937年6月24日,山西牺牲救国同盟会根据毛泽东"为争取千百万群众进入抗日民族统一战线而斗争"的伟大号召,向全省各县派出牺盟特派员。中共党员刘裕民、武之城根据山西省工委的指示,以曲沃牺盟特派员的身份,带着阎锡山授予的可监督县长和县政府的特权来到曲沃,他们把合法身份和党的秘密工作结合起来,利用牺盟会这一群众组织形式秘密发展党员,恢复和开展党的工作。1937年7月,刘裕民、武之城和李长庚三人首先成立中共曲沃支部,上属山西省工委。同时建立"牺牲救国同盟会曲沃分会"。这样,从组织上保证了党对牺盟会这一群众组织的领导,使党的方针、政策能够有效地贯彻在牺盟会的各项工作中。他们在群众斗争的实践中,执行党的统一战线政策,积极发展党员,建立党的组织。在牺盟会设立了党团组织,刘裕民任书记,贯彻党的政策,监督党员在牺盟会里的工作。曲沃牺盟分会表面上是太原绥靖公署主任阎锡山的官办团体,抗日民族统一战线中的群众组织,实际上成了中国共产党在曲沃直接领导下的一个抗日民族统一战线的革命组织。牺盟会掩护了党的活动,为党在曲沃的发展创造了条件。这期间,建立了窑院、曲沃抗日游击队、西海、贺村4个党支部,全县党员发展到70人。1937年9月,中共曲沃支部上属中共河东工委领导。1937年11月,在中共曲沃支部的基础上,成立了中共曲沃县委。

第二节 中共曲沃县委旧址

中共曲沃县委旧址——曲沃县委大院内(1937.11—1940.02)

中共曲沃县委旧址分别位于:牺盟会机关内(1937.11—1938.02)、曲沃人民武装自卫队内(1938.03—1938.06)、沁水县王寨(1938.06—1939年春)、翼城县开化沟(1939年春—1940.02)。

1937年11月,中共曲沃特委书记李哲人在中共曲沃支部的基础上,创建中共曲沃县委,县委机关驻牺盟会机关内,牺盟分会驻老县府(即现今的曲沃县委大院内)。上属中共曲沃特委领导。1938年3月,日军侵入曲沃,中共中央北方局决定:曲沃特委、河东特委、豫北特委、冀鲁豫省工委合并为中共晋豫特别委员会(简称晋豫特委),曲沃县委属晋豫特委领导,下辖第三、五区分委及曲沃人民自卫队总支部,县委机关隐蔽在曲沃人民武装自卫队内,领导曲沃人民武装自卫队进行敌后游击战争。1938年6月,曲沃县委改属中共晋豫特委之翼城中心县委领导,机关转移到沁水县王寨。1939年春,转至翼城县开化沟。在非常困难的情况下,县委组织党员和牺盟会员,经常深入敌后,在曲沃二、四、五区,根据《抗日救国十大纲领》精神,宣传合理负担,动员财主减租减息,对顽固分子则发动群众进行斗争。在国民党顽固派制造的第一次反共高潮中,随着阎锡山反共降日的危机日益逼近,县委对党员进行坚持抗战、团结、进步,反对投降、倒退、分裂的教育,做了应付突发事变的准备。

在阎锡山发动的晋西事变中,阎属曲沃县政府对中共曲沃组织进行突然袭击。1940年2月10日,中共曲沃县委书记、曲沃牺盟特派员卫光荣在郇村西部被阎顽曲沃县政府便衣特务丑狗杀害,曲沃牺盟会停止活动,党的工作转入秘密状态。

中共曲沃县委旧址——下陈村(1938.7—1939年春)(1940.3—1942.8)

中共曲沃县委旧址位于下陈村西部贾亮院内。该院原为赵龙殿之院,有西房和北窑。在1940年初至1942年8月为中共曲沃县委所在地。县委书记席炳午同妻子任淑贤在西房居住,进行党的秘密工作,领导全县人民开展抗日活动。

1937年底,县牺盟会领导武之城、席炳午等频繁在五区一带活动,宣传党的抗日主张,组织抗日武装,发动群众开展对敌斗争。在抗日救亡活动开展的大好形势下,下陈村经常在外唱眉户的赵丕显在村西头巷的杂姓人群中秘密发展党员,于1938年2月建立党支部,书记贾启明、组织委员秦涌川、宣传委员赵协胜,有5名党员。随后又发展赵龙殿、郝玉森入党。下陈村的群众在党支部领导下,团结一心,宣传抗日。

1938年3月2日,日军侵入曲沃。沦为敌占区后,曲沃五区一带的广阔地区便成了抗击日军的前沿阵地。上陈村、下陈村自然成为地下县委领导和牺盟会干部驻扎活动的地方。

1940年初,中共中条地委决定派遣对曲沃情况熟悉、任过曲沃县委书记的席炳午同志重新担任曲沃县委书记,以便克服困难,开创曲沃对敌斗争的新局面。席炳午来到曲沃焦庄住下,先后到羊舌、王村、西海、下陈等地选择县委机关驻地。比较下来,还是下陈村相对合适。因为该村群众基础好,党的力量强,村子小、人口少、好掌握、外观不显眼、易于隐蔽。于是他离开暂住的焦庄来下陈定居。县委机关设在赵龙殿家。席炳午公开身份是赵家的长工,平时今天在这家干活,明天到那家打短工。和县委樊逸民(组织委员)、史景城(李顺天,宣传委员)取得联系,开展县委工作。

1941年秋,条东地委决定调席炳午回地委任组织部长,1942年2月席炳午回地委工作,暂由李顺天代理书记,5月,地委派宋志先任曲沃县委书记。8月,宋志先和县委机关驻地被石修家暴露,宋志先返回地委,县委机关迁至石桥堡,李顺天接任县委书记。

2007年4月,中共曲沃县委旧址——下陈村被确定为"曲沃县爱国主义教育基地"。

中共曲沃县委旧址——石桥堡(1942.8—1943.7.26)

中共曲沃县委旧址位于曲沃县杨谈乡石桥堡村的东北

角,北靠垆顶山,西有一座老城堡,南有一座石桥通行。

中共曲沃县委旧址共有4个小院,南北长约103米。东西宽约24.5米,窑顶面积约327平方米,革命纪念馆占地面积约136平方米,三间土坯房屋占地面积约40平方米,西临路的面积约600平方米,建筑占地面积共计约503平方米,保护范围面积共计约3451平方米。

现存的7孔窑洞中遗留的物品有椅子三把、皮箱一件、铁锹两把、铁锄一把、镢一把、放羊铣一件、扁担一副、木铣一把、凳子一条、小木箱一只、桌子一张、圈椅一把、方桌一张。

石桥堡革命纪念馆中陈列的物品有:李顺天家留存的马鞍、脚蹬两件;县委办公使用的马灯、罩子灯两件;当年民兵使用的大刀、长矛三件;当年民兵使用过的土枪一支、皮箱一件;民兵英雄申清源的"歼敌立功证"和部队首长送给他的烟袋锅;1992年,临汾地委组织部授予杨鸿恩同志"建国前情侦人员荣誉证书";2005年,史景坊同志荣获抗日战争胜利60周年荣誉勋章;县委制表使用的印版一件。

石桥堡村位于曲沃县域北部的垆顶山麓。北接兴隆庄,东邻神沟、杨谈,南通下坞,西去8里到蒙城便是太风(大运)公路,村子四周沟壑纵横,南沟有座石桥可供通行,村中有土堡子城一座因而得名"石桥堡"。村里北高南低落差较大。中华人民共和国成立前这里居住着二十几户人家,且大部分是从山东、河南逃荒而来的贫苦农民,全村不到200口人。然而就是这个很不显眼的小山村,在抗战时期,却是中共地下党人的隐蔽场所和中共曲沃县委(秘密1942.8—1943.7)机关所在地,同时又是情报工作联系点。县委领导在这里研究、决定、部署、安排和指挥全县的对敌斗争,宣传群众,发展党员,建立地下联络站,安排党员打入日伪内部做对敌分化瓦解工作,隐蔽护送过往人员等一系列工作。在那艰难困苦的岁月里,石桥堡人民冒着生命危险,以坚定的信念和大无畏的革命精神,养活和保护了县委及党的工作人员,为党和曲沃人民做出了卓越贡献。

1943年,石修家叛变,暴露了县委领导人和县委机关在石桥堡的住址,党组织遭到严重破坏,7月26日,县委机关被迫迁址新绛县城。

2007年4月,中共曲沃县委旧址——石桥堡被确定为曲沃县爱国主义教育基地,属县级文物保护单位,先后被确立为全市、全省"爱国主义教育基地"。

中共曲沃县委旧址——曲村大悲院内(1945.12—1946.01)

中共曲沃县委1945年12月28日至1946年1月中旬驻曲村大悲院。曲村大悲院位于曲沃县曲村镇曲村中心,东西62.58米,南北83.36米,占地面积5216.67平方米,坐北向南,大悲院献殿属金代建筑,大悲院附属建筑天王殿属清代建筑,均为古式建筑。1946年1月3日,曲沃县民主政府在这里成立并驻此处。同时曲沃第一次解放时陈赓司令员率领的晋冀鲁豫野战军第四纵队十旅旅部也驻在这里。停战后,即1946年1月14日下午,陈赓司令员在这里召开了十旅营以上干部会议。2001年,大悲院被国务院核定为全国重点文物保护单位。

中共曲沃县委旧址——郇村(1946.01中旬—1946.08)

中共曲沃县委旧址——郇村,位于县城东北10公里处,现属史村镇管辖。中共曲沃县委于1946年1月中旬由曲村移往郇村。1946年8月18日,国民党胡宗南部进犯太岳区,中共曲沃县委、曲沃县民主政府率领全县区村干部、民兵、家属等2000多人,转移至翼城、浮山解放区。

县委当年的驻地——郇村南街西场,小院内现有北房三间,两边有两个耳房,为明三暗五古式建筑,砖木结构。东房已被拆除,残垣断壁依稀可见。

中共曲沃县委旧址——曲沃县委大院内(1947.4—1949.9)

1947年4月15日,曲沃全境解放,中共曲沃县委、县民主政府迁至城关。同月,恢复了区、村政权。县委、县民主政府根据中共中央《关于清算减租及土地问题的指示》精神,开展了土地改革运动。1948年2月,县委结合土地改革进行三查三整为内容的整党工作,对农村党组织进行整顿,纠正土改工作中的"左"倾偏向,纯洁党的组织,增强党的战斗力。

1948年5月,晋南全境得到解放。为了更有利地支援解放大西北的战役,中共中央决定将太岳区所辖曲沃等19县划归陕甘宁边区晋绥十地委(1949年初改称新绛地委)领导。1949年3月,全县各级党组织和党员由秘密转向公开,受到全县人民的热烈拥护。6月,全县土地改革运动结束,确定了土地所有权,极大地调动了农民群众的生产积极性。

1949年6月,中共曲沃县委属中共晋南中心地委领导。到1949年9月底,县委下属5个区分委,107个党支部(其中农村党支部98个),1813名党员,占全县人口的1.7%。

第三节　战斗遗址

红军东征克高显遗址

高显位于曲沃城西北13公里处。该村(原高显镇)东靠崇山余脉的延伸部分,依坡建于黄土垣上,南面滏浍冲积平原,西濒汾水,北临滏河,古时有古堡河港、高阳、汾阴等码头渡口。河东古道穿村而过,在村北形成"十里长坡夹关道,龙膝石坎鬼门关,滏河谷地似天堑"的险要地势。又有街心亭4根木柱上所雕4句楹联:南通秦蜀栈道险,北达幽燕口外寒,西涉汾水攀吕梁,东越乌岭登太行。领略到高显具有"水陆码头"之便、咽喉要冲之险的地理位置,成为曲沃的"西北锁钥",战略地位极为重要,历为兵家必争之地。

原高显城巍巍壮观,底部青砖贴裹,墙顶方砖海漫,内筑女墙,外砌堞墙,雉碟135堵,垛口135个,上有射孔,下有瞭望口。城南、北、东三个城门,西城墙设排水口,外墙及四角建筑凸出马面,共12个,连同门楼各设屯兵坊,可供守城当值使用。东门势高,上筑钟楼,内悬大钟,遇有敌情可鸣钟报警。城楼旁筑马道,可沿阶登上城头。城外壕宽4丈,深2丈5尺。

1936年4月17日拂晓,东征红军二连一举攻克高显城,守将阎四区区长闻风逃窜。红军在高显访贫问苦、惩恶济贫、宣传抗日救国的革命道理,建立了从未有过的军民鱼水情。三天后,红军离开,高显人民难舍难忘。

绵岭阻击战战斗遗址(1938.7.2)

绵岭距滏河岸2.5公里,呈东西向,东自海头(即今东海村、西海村),西到听城一线长约5公里,宽约2.5公里范围内,占地约13平方公里。绵岭东高西低,南高北低,落差较大,沟壑纵横,岭高几十米到上百米不等,绵岭以北、以南均为开阔地。该岭是阻敌南犯的有利战场。1938年7月2日,为阻击日军南犯,掩护后方军民转移,决死三纵队之八总队二、三大队与日军牛岛师团一个联队约2000人并王英、李守信两支伪军6000人,在绵岭一带展开激烈的阻击战,打退日军数次进攻,击毙敌人百余名。后因敌众我寡,兵力悬殊,二大队伤亡较重,弹药殆尽,随即撤出阵地,退守秦岗一线,再次部署阻击作战。

秦岗阻击战战斗遗址(1938.7.4)

秦岗村位于曲沃城东5公里、绵岭以南2.5公里处。全村2017年有400多户1700余口人。秦岗北临晋韩公路与张范相接,南连卫范于浍河北岸,东通翼城,西有辛村,吉必相绕。地势南高北低、东高西低,西、北两面为开阔地。该村是通往绛县、垣曲的咽喉之地,是通往晋东南的交通要冲,具有阻击敌人的有利地形。1938年7月4日为阻击日军南犯,掩护后方军民转移,决死队三纵队之八总队,同国民党十师某营部分官兵在曲沃人民抗日自卫队第二大队的配合下,与日军牛岛师团(一个联队约2000人并王英、李守信两支伪军6000人,共计约8000人)在秦岗村展开激战。此战取得击毙日军700名,击落敌机一架的重大胜利;八总队三大队队长李荫汉、二大队副大队长王鸿猷等400余人壮烈牺牲。由于敌众我寡力量悬殊,在完成阻击任务后,抗日部队安全撤出阵地,转移至绛县续鲁峪一带休整。抗日部队撤离后,日军在秦岗烧毁民房1000余间。

八总队指挥部——秦岗村大庙,长约10米,宽约8米,建筑面积约80平方米;院子长约20米,占地面积约200平方米。村西北角鸽子楼砖木结构,长、宽各3.3米,占地面积约11平方米。楼高四层约12米,楼体上部外面四周均有弹痕,特别是西面上部有炮弹炸出的一个洞的痕迹,面积较大,非常显眼。北门处(原三大队主阵地约2000平方米)村门楼已不存在,村门西侧自村内到村外已有多座居民院落。村内北部巷子,大部分已重新建房,遗迹已不存在,只有小部分可略见一斑。村西战斗遗址已全部成为居民院落,遗址已不存在。

解放曲沃城战斗遗址(1946.1.9.—1.13)(1947.4.5—4.15)

曲沃城位于县域西南部,城西有大运公路,城北有晋禹公路,城东有县级公路交通便利,四通八达。这里北系临汾,南联运城,东控上党,号称"晋南要塞",在军事上占有重要地位。

中华人民共和国成立前,曲沃城是阎锡山在晋南长期经营的三大反动堡垒之一,城墙高厚,设防坚固。抗战时期,日伪县长郭连庆就强迫群众修炮楼、筑寨墙、挖外壕,后又由续济川、侯嘉藩加紧赶修。城周10门9关和城内72条街巷,共修碉堡945个。12米高的城墙筑有伏地堡150多个。城墙中部设有枪眼,上中下三层可组成交叉火力。城墙外,环城挖有一条4.5公里长,深宽各15米的护城外壕。9关均有高厚的围墙,自成体系。环绕大东关、小东关、北关、上西关、下西关、香关、大南关、小南关以外,挖有16公里长、深宽各15米的环城外壕。大东关外又依自然地形筑了南北两个土寨。以外壕、寨墙、碉堡形成独立的防御据点,两寨之间有大碉堡相连,可相互支援,便于机动、利于据守。曲沃城守敌为阎顽第五专署保安第九、十、十三团和保安五团残部,另有曲沃、沁水、长治等县爱乡团共4000余人,由专员侯嘉藩亲自坐镇指挥。

八路军曾经于1946年1月9日至13日停战协定生效之前,围攻曲沃城,但未攻克。

1947年春,陈赓、王新亭根据军委指示率部发起晋南战役。4月4日战役开始,4月5日夜,解放军十三旅、二十三旅突然包围了曲沃城。经过周密部署,充分准备,于4月10日黄昏发起夺关战斗,经过6小时激烈战斗,占领了曲沃"四关",迫敌退守城内。接着,经过调整部署、攻城练习的认真准备,于4月14日18时,发起攻城战斗。攻城指战员采用爆破、冲杀、突破、巷战等,到4月15日6时,将守敌4000余人悉数俱歼,曲沃宣告解放。此战役解放军伤亡数百人。

第四节 陈赓路居遗址

西海陈赓路居遗址(1947.4.10—1947年5月下旬)

1947年春,陈赓、王新亭率部发起晋南战役。4月10日陈赓司令员将纵队司令部移驻曲沃城东北12.5公里处的西海村。陈赓住在董彦武、宋青兰的小土窑里,灶房设在东临院吕步德的北房里,司令部通讯处设在临近处吕立本的东房里。司令部工作人员因陋就简安排好,便投入紧张的工作。解放曲沃城期间,陈赓司令员大部分时间在前沿指挥部检查、指导、督促落实攻城前的准备工作,部署指挥攻城战斗。

西海村位于曲沃城东北约12.5公里处的绵岭东端。该村东连东海通往翼城,西与羊舌相邻,南接张范,北有王村、南韩互为犄角。村子周围东、南、西三面为高地且沟壑纵横、梯田重叠、高坡连陌,独有北面为开阔平坦之地。村内有龙王庙一座、清泉三处常年流水。全村2017年有281户1116口人。

陈赓居住的小土窑深宽各3米,高不到3米,非常简陋。但他从不计较,一心扑在与敌人战斗上,并且一住就是40多天,在此部署和指挥了晋南战役。他经常教育和号召部队战士"攻占城镇要空进空出,两袖清风""争取军事、政治双胜利"

"严格执行党的城市工商政策,以便迅速恢复经济支援全国解放战争"。

陈赓在西海居住期间,还为西海村保住了那座龙王庙(现为县级保护文物)。据说当时部队做饭无柴烧火,便要拆除庙宇用作柴禾烧火做饭,当地居民知道后都来劝阻,但谁也挡不住。后来是庙里的一位和尚情急之下来找陈赓司令员诉说此事。陈赓司令知道后,立即下令制止拆庙,才保住了西海村的龙王庙。

第五节 革命烈士墓

中共曲沃县委书记卫光荣烈士墓

卫光荣烈士墓位于曲沃县城东北10公里处的郇村西。

卫光荣,浮山县西佐乡西佐村人,生于1914年。本县高小毕业后,到北京就读中学、大学,朝阳大学肄业后投入抗日工作。1937年在浮山参加牺牲救国同盟会,1938年2月加入中国共产党,同年被翼城牺盟中心区派到曲沃担任牺盟特派员,1939年1月任中共曲沃县委书记。1940年2月10日,卫光荣在郇村西部被阎顽曲沃县政府便衣特务丑狗杀害,年仅26岁。靳庄村党支部派吕恩荣等人将烈士埋葬。

1947年8月25日,中共曲沃县委、县民主政府,在县城隆重举行追悼中共曲沃县委书记卫光荣烈士大会,代书记李顺天在悼词中对卫光荣给予很高的评价。

安居村烈士墓

安居村烈士墓位于曲沃县城北6公里处的安居中心小学校园内东南侧。

1946年1月13日停战以后,曲沃广大村镇全部解放,阎军孤守曲沃城。县委抓住这一有利时机,安排部署了在农村开展反奸清算、减租减息,进而进行土地改革的群众运动。目的是狠狠打击汉奸、特务、财主恶霸,横扫国民党、阎锡山的社会基础。2月底,太岳区党委、二地委、行署相继派来农村工作队帮助曲沃迅速开展农村工作。县委、县民主政府全体干部组成农村工作队分散在基点村。安居村是全县61个基点村之一,在区分委、区公所的领导下和农村工作队的指导下,减租减息、反奸清算及土地改革的群众运动开展得轰轰烈烈、有声有色,深得人民群众的支持和拥护。

然而,盘踞在县城内的阎顽山西省第五专员公署与阎顽曲沃县政府还拥有万余反动武装。他们组织了特务队,经常偷袭八路军防区,绑架农会干部,破坏停战协定,破坏农村减租减息和反奸清算运动的进行。逃亡在汾河以西阎占区的曲沃编村、财主恶霸以及日伪时期的汉奸走狗,不甘心灭亡,纠集地痞流氓、社会渣滓等组成复仇团、暗杀团、还乡团等反动武装,不断潜入解放区进行捣乱破坏。

5月13日夜晚,小许编村特派员赵月发(北赵村人,后被民主政府镇压)和混入安居村农会的坏分子李兴耀(外号大疯子),勾结城内阎顽保安第九团便衣特务夏彦方等30多人,在李兴旺(便衣特务,安居村人)的带领下秘密窜入安居村,突然包围了驻安居村行署工作队驻地(西街柴洛宾院内)杀害工作队教员戈一、曲殿海、寇银锁,指导员郭峰勤被刺成重伤,临走还绑架了宣传员王庆昌(王凯)。16岁的王庆昌被押到县城后遭到严刑拷打,遍体鳞伤,宁死不降,敌人恼羞成怒,把王庆昌刺死后投入井内。21日,安居村农会主席许永贵,副主席程小孬,农会常委张国栋、许永禄、张秉俭等6人,在村农会为被害烈士守灵,安居村逃亡恶霸苏杰带领武装特务潜入安居村,包围了村农会,把守灵农会干部全部押到汾城县永固镇,农会副主席程小孬被敌杀害,敌人把烈士的头挂在树上,制造了骇人听闻的安居惨案。

县委、县民主政府组织四(高显)、五(曲村)两区群众在安居村召开万人大会,沉痛悼念被害烈士,声讨蒋阎破坏停战协定、破坏反奸清算运动、暗杀工作队和农会干部的罪行,镇压反动分子,激发人民群众翻身闹革命的阶级觉悟,号召大家提高警惕,严防敌人破坏,化悲痛为力量,将反奸清算、减租减息、土地改革群众运动进行到底。

事后,安居村农会率安居群众将烈士遗体殡葬在安居村南。中华人民共和国成后,曲殿海(河北省人,牺牲时23岁)烈士的家人将其迁回原籍安葬。1964年,在驻安居村"四清"工作队的提议下,经安居村党支部研究决定,将烈士安葬在安居村东门外,即现在的安居中心小学校园内东南侧,至此形成了安居烈士墓。墓地东西19米,南北17米,高出地面1米,是一个矩形土台,四周用砖贴砌,上面有1米高的砖砌花围墙,中间建有一座烈士纪念碑,上书"革命英雄永垂不朽",墓地有柏树林立,翠绿长青。在墓地的北边东西方向一字排开4个烈士坟头,分别是戈一(山西霍州人,牺牲时25岁)、寇银锁(河南省博爱市人,牺牲时24岁)、王凯(即王庆昌,家乡不明,牺牲时年仅16岁)、程小孬(安居村人,牺牲时27岁)。靠南一排东边还有一个坟头,立有石碑,上书:"中国人民解放军1684部队120炮连副班长周平印烈士之墓;河北省高邑县中韩公社中韩大队,1971年7月2日立。"周平印是1971年部队拉练驻安居村参加生产劳动时牺牲,安葬于此。

自从有了安居烈士墓,每年的清明节,安居村党员、干部、群众、荣退军人、学生都要到烈士墓地扫墓,敬献花圈,追悼烈士,进行革命传统教育。

第六节 烈士陵园

景明烈士陵园

景明烈士陵园位于曲沃县北董乡景明村南的景明瀑布旅游开发区内,南依紫金山,东临曲沃第一胜景——景明瀑布,北有沃源小镇,西南接牡丹园。

位于景明村南山脚下的烈士陵园,建筑占地面积1600平方米,保护范围面积2660平方米。陵园内东西一排有三个圆墓堆,中间大(直径约6米,高约1.6米)两边小(直径约4.5米,高约1米)。大墓堆南边矗立着高大的纪念碑,南面上书"人民英雄永垂不朽"8个金色大字。碑后镶嵌石刻楷字一方,上书"景明烈士陵园位于曲沃县下裴乡(原建制)南山脚下,1948年晋南战役期间,解放军某部后方医院设在景明,52名伤员壮烈牺牲埋葬于此,辟为陵园,1997年为庆祝曲沃解放50周年,县政府出资修建。2000年县政府再次出资修建,并将在1947年解放曲沃战斗中英勇献身,掩埋在安居乡太许村南的4名无名烈士和苏村乡西宁村南的7名无名烈士的遗骨移入园内,以寄托全县人民对革命先烈的哀思"。落款为"曲沃县人民政府,二〇〇四年四月立"。园内园外,栽植着密密麻麻的松柏,年年季季,长青长绿。

每年清明节和曲沃解放纪念日及全国烈士纪念日,县委、县政府、各机关单位、当地的中小学生并景明村的党团员、干部、荣退军人等都会到陵园扫墓、悼念革命烈士，进行革命传统教育。

1985年景明烈士陵园被定为曲沃县文物保护单位，2007年4月被定为爱国主义教育基地。

西杨烈士陵园

园内主通道占地面积约105平方米，北房和纪念碑占地面积约99平方米，房前房后地板占地面积约140平方米，圆墓堆占地面积约111平方米，左右通道占地面积约48平方米，花墙占地面积约27平方米。建筑面积共计约530平方米。

园内有三个陵墓，两大一小，形状均为圆形。其中西陵安葬着在解放曲沃战斗中牺牲的吕兴成等34位革命烈士，此陵直径约为5.6米，高约1.6米。西陵后方还有一小圆形陵墓，直径约为2.8米，高约1.3米，立有一碑，上书："李吉友同志，河北省永年县人，中共党员，1938年入伍，后任晋冀鲁豫野战军第四纵队二十八团二营八连副连长。李吉友同志在历次战斗中一贯身先士卒，英勇善战，屡建奇功。他的英雄事迹曾谱成歌曲，广为传颂。1946年1月，在首次攻打曲沃西关时，战斗异常惨烈，不幸壮烈牺牲，年仅22岁。"东陵安葬着解放运城战役中因伤医治无效而故的王春光等34位革命烈士，大小与西陵相仿，三个陵墓周围均有花墙，松柏相围绕，象征革命烈士精神万年长青，永垂不朽。

位于纪念碑左侧的陈列室中陈列着革命烈士的各种遗物，有战刀、子弹、铜勺、鱼形刀、洋镐、小镜、碗、烟袋、鞋溜子、手电、皮带、牙刷、纽扣共计197件，其中纽扣160枚，皮带15件。

陵园简介上写着："西杨烈士陵园位于县城东6公里处的

史村镇西杨村,占地500平方米,由西陵、东陵、烈士纪念碑、烈士遗物陈列室等部分组成。其中,西陵安葬着在解放曲沃战斗中牺牲的35位烈士,东陵安葬着解放运城战役中因伤医治无效而故的34位烈士。

"陵园初成于1947年。解放战争时,西杨是中国人民解放军华北野战军某部后方医院所在地,解放曲沃时牺牲的烈士和解放运城战役中因伤牺牲的烈士,安葬于此,遂辟为陵园。但绝大多数烈士的姓名、性别、籍贯未能保留下来,现存有烈士姓名的只有3人。

"对陵园的建设,县委、县政府历来十分重视,中华人民共和国成立后曾多次进行整修,较大的整修有3次。1970年兴建了革命烈士纪念碑。1997年,结合曲沃解放50周年纪念活动,对陵园进行重新规划,兴建了东、西两个大陵墓,对散埋在园内的烈士遗骨进行集中安葬,并在纪念碑两侧修建烈士遗物陈列室和工作室。2004年春,再次重建革命烈士纪念碑,对房屋、门楼、围墙等陵园设施进行全面改造,并在此基础上,进一步对陵地进行硬化、绿化和美化,使陵园初步实现了园林化。

"多年来,西杨烈士陵园的管理工作始终比较规范,曾多次荣获省、市烈士陵园管理工作先进单位称号。同时作为县内重要的革命传统和爱国主义教育基地,发挥了不可替代的教育阵地作用,是省民政厅、省教委命名的'山西省德育基地'。英雄浩气荡千古,光辉业绩照后人。以陵园为载体,烈士的事迹、功勋和精神激励了一代又一代曲沃人,并将进一步激励后来者,承前启后,与时俱进,勇往直前。"

第八章　发展远景展望

革命老区的巨大变化引人瞩目,美好未来的宏伟蓝图气势磅礴。

曲沃,作为革命老区,将在习近平新时代中国特色社会主义思想和党的十九大精神指引下,紧紧围绕习近平总书记视察山西重要讲话重要指示、省委"四为四高两同步"总体思路和要求、市委"一三四三"工作思路,以更坚的意志、更足的底气、更大的干劲,开阔以智慧果蔬、绿色钢铁、全域旅游为核心的三次产业融合发展新思路,构建"大城、强镇、美村"城乡建设新格局,加快推进"名师名校""名医名院"等民生工程新项目,全力以赴"争当新标杆、打造新高地、建设新曲沃",为实现"两个百年"奋斗目标、中华民族伟大复兴的中国梦而不懈努力!

极力开阔以"三大中心、八大园区"为基础的智慧果蔬,以"两大钢企、六大产品"为主导的绿色钢铁和以"六大景区、四大园林"为核心的全域旅游三次产业齐头并进、融合发展的新思路

要以打造智慧果蔬产业示范区为牵引,全力抓好园区建设、院县合作、龙头培育、展会筹办等重点工作,持续掀起现代农业从田园到餐桌的革命。

要以钢铁工业为重中之重,加快推进生态工业园区发展规划编制和开发区筹建各项工作,全力推动装备提升、产品提质、企业创新等重点任务落实,朝着绿色高质量发展方向奋力作为。

要以文旅融合为主攻方向,大力开展"国家全域旅游示范区创建"活动,加紧做好旅游总体规划编制、旅游体制机制创新等重点工作,坚持文旅融合高质量发展,推动全县旅游产业迈出新步伐。

要坚持"项目为王",坚持"推动高质量发展,发展是第一要务,项目则是第一抓手"。严格落实县级领导"八包"项目责任制,在项目谋划、落地、开工建设、达产达效等方面持续发力,力争以一个个大项目、好项目的落地见效,为全县转型发展蓄势赋能、夯基垒台。

要坚持"创新为上",积极建设"智创城",构建"1+N+X"智创体系,营造创新创业良好氛围。

要建设好经济技术开发区,把曲沃经济技术开发区打造成基础设施完备、管理服务高效、创新生态一流、产业多元耦合的对外开放"桥头堡"和吸引资金聚集和承接项目入驻新平台。

要坚决打好"三大攻坚战",以不能停顿、不能大意、不能放松和交总账意识,确保决战决胜脱贫攻坚。继续坚持方向不变、力度不减,坚决打赢蓝天、碧水、净土保卫战,确保污染防治坚决有力。

强化风险意识和底线思维,创新发展"枫桥经验",深入开展"三零"单位创建,不断健全"四警联动"机制,持续深化扫黑除恶专项斗争,维护社会大局和谐稳定,全力打好防范化解重大风险攻坚战。

要抓住跨越发展重大机遇,即把临汾建设成为省域副中心城市,实现高质量转型发展。抓好这一重大机遇,办好曲沃自己的事情,让曲沃人民有更多的幸福感。

加快构建"大城、强镇、美村"城乡建设新格局

以更开阔的视野、更开放的思维,高起点规划实施、高品质统筹全力推进东城新区提质、中心城区改造、西城新区开发,大力开展"国家卫生县城创建""全国文明城市创建"活动,全力实施靓城提质"六大行动"和清洁取暖全覆盖工程,统筹推进城乡基础设施建设,强化城乡环境综合治理,推动大县城、特色强镇、美丽乡村协同发展,让广大群众进一步享受到城乡建设带来的获得感和幸福感。

全力实施"名师名校""名医名院"等民生新项目

坚持以人民为中心的发展思想,全面提升教育教学和医疗卫生水平。健全覆盖城乡的就业创业服务体系,完善社会保障制度,全力办好"惠民实事",不断满足人民群众对美好生活的向往。

方向已经明确,任务贵在落实。

曲沃县将以只争朝夕的精神、改革创新的气魄、奋发竞进的状态,对标一流、创新实干,为把临汾市打造成省域副中心城市做出应有的贡献。

附录

中共曲沃县委（早期党组织）历任书记一览表

（截至 2022 年 6 月）

姓　名	籍　贯	任 职 时 间	备　　注
孟广先	曲沃听城	1926春—1927.1	中共曲沃支部书记
耿玉堂	曲沃西杨	1927.2—1932.2	中共曲沃支部书记
赵赤牛	曲沃西杨	1932.3—1933.2	中共曲沃支部书记
孙光烈	曲沃小李	1933.3—1937.6	中共曲沃支部书记
刘裕民	山西太原	1937.7—1937.8	中共曲沃党团书记
郭景仪	曲沃东宁	1937.8—1937.9	中共窑院支部书记
刘裕民	山西太原	1937.8—1937.11	中共曲沃支部书记
庞养太	曲沃程村	1937.10—1937.10	中共程村支部书记
杨　维		1937.10—1937.10	中共侯马铁工委书记
李哲人	山西临猗	1937.11—1937.11	中共曲沃特委书记
刘裕民	山西太原	1937.11—1938.5	
席炳午	山西垣曲	1938.7—1939.1	
卫光荣	山西浮山	1939.1—1940.2	
席炳午	山西垣曲	1940.2—1942.5	
宋志先	山西定襄	1942.5—1942.8	
李顺天	山西曲沃	1942.8—1943.3	代理书记
党永立	山西新绛	1943.3—1945.8	
陆　达	河北定县	1945.10—1946.4	
陈冰之	河　南	1946.5—1947.7	
李顺天	山西曲沃	1947.7—1947.12	代理书记
曹素人	湖　北	1948.1—1949.5	
胡文元	山西襄汾	1949.9—1952.4	
赵振华	山西洪洞	1952.4—1954.3	

姓　名	籍　贯	任　职　时　间	备　注
袁极平	山西五寨	1954.3—1958.11	
张耀庭	山西临汾	1957.5—1958.11	第一书记
董启民	山西闻喜	1963.5—1965.10	
祁　英	山西襄汾	1965.10—1967.3	
王建基	山西洪洞	1967.3—1969.9	核心小组组长
郑安福	河　北	1969.9—1970.1	核心小组组长
冯良才	河　北	1970.1—1970.4	核心小组组长
武志文		1970.4—1970.10	核心小组组长
冯良才	河　北	1970.10—1970.12	核心小组组长
石广馨	山东淄博	1970.12—1973.4	1970.12—1971.11核心小组组长
续恩岚	山西沁源	1973.4—1975.9	
王光裕	山西沁县	1975.9—1981.8	
王润田	河北任丘	1981.8—1984.1	
秦端亮	山西稷山	1985.3—1987.10	
张寿荣	山西临汾	1987.10—1989.11	
翟维勤	山西翼城	1989.11—1995.11	
徐信基	山西安泽	1996.2—2000.4	
乔成家	山西临汾尧都区	2000.4—2003.6	
薛愿兵	山西芮城	2003.9—2008.3	
杨治平	山西襄汾	2008.3—2011.4	
张越轶	山西永和	2011.4—2013.4	
朱晓东	山西岚县	2013.5—2016.7	
郭惠勇	山西临汾尧都区	2016.7—2018.12	
杨保春	山西盂县	2018.12—2021.09	
吴　滨	山西长治	2021.09—	

曲沃县人民政府
历任县长（县革委主任）一览表

（截至2022年6月）

姓　名	籍　贯	任职时间	备　注
孙　礼	山西曲沃	1946.1—1946.4	
田民德	山　东	1946.4—1946.8	
孙　礼	山西曲沃	1946.8—1947.12	
宋　钦	河　北	1948.3—1949.4	
鲍　刚	山西长子	1949.4—1951.10	
郭英贤	山西汾西	1951.10—1952.6	
郝子英	山西洪洞	1952.6—1956.11	
安　云	山西芮城	1956.12—1958.5	
袁极平	山西五寨	1958.5—1958.11	
刘　煜	山东掖县	1963.5—1964.4	
李志忠	山西安泽	1964.4—1967.3	
王建基	山西洪洞	1967.3—1969.9	
郑安福	河　北	1969.9—1970.1	
冯良才	河　北	1970.1—1970.12	
续恩岚	山西沁源	1970.12—1973.3	
高步斗	山西襄汾	1973.3—1978.6	
吴乐三	山西新绛	1978.6—1983.12	代县长
张寿荣	山西临汾	1983.12—1985.3	
张寿荣	山西临汾	1987.5—1989.11	
吉长安	山西襄汾	1989.11—1993.1	
徐信基	山西安泽	1993.2—1996.3	
乔成家	山西临汾尧都区	1996.3—2000.4	
薛愿兵	山西芮城	2000.5—2003.9	

姓　名	籍　贯	任　职　时　间	备　注
张金凤	山西临汾尧都区	2003.9—2006.6	女
薛愿兵	山西芮城	2006.6—2008.3	
张三森	山西吉县	2008.4—2010.6	
郭惠勇	山西临汾尧都区	2011.5—2016.8	
吴　滨	山西长治	2016.8—2022.01	
孙惠生	山西万荣	2022.01—	

曲沃县"五类"重点老区行政村一览表

所属乡镇	村名	类别	类别说明
乐昌镇	东关村	发生过重大战役、事件的村	1946年1月和1947年4月攻打曲沃城外围阵地战发生地,黄定基旅长指挥爆破大东门
	北关村	发生过重大战役、事件的村	1947年4月曲沃城攻坚战发生地,十三旅强行爆破大北门
	南吉村	发生过重大战役、事件的村	1938年7月,日军在南吉村烧毁房屋、杀害百姓
北董乡	窑院村	党组织建立最早的村	1937年8月抗战时期曲沃县第一个农村党支部在窑院村成立
	北董村	发生过重大战役、事件的村	1938年5月日军从翼城进犯曲沃,在北董村烧毁民房50间,残杀百姓17人
	景明村	县级以上领导机关驻扎过的村	1938年抗敌决死三纵队十支队在景明村驻扎 1947年晋冀鲁豫野战军某野战医院第20所战地医院驻扎景明村
	任庄村	发生过重大战役、事件的村	1938年7月,日军为打通进入绛县、垣曲的通道,对任庄用飞机大炮进行轰炸,炸死村民20多人,烧毁房屋400余间,制造了"任庄惨案"
史村镇	西杨村	党组织建立最早的村	1932年初,中共曲沃支部在西杨村恢复建立
	西海村	老一辈革命家生活或工作过的地方	1947年4月,晋冀鲁豫野战军四纵队司令员陈赓驻西海村组织解放曲沃县城攻坚战

所属乡镇	村名	类别	类别说明
史村镇	东宁村	县级以上领导机关驻扎过的村	1946年1月,晋冀鲁豫野战军四纵队司令员陈赓驻东宁村指挥攻打曲沃城
	听城村	发生过重大战役、事件的村	1938年5月,日军在听城烧杀抢掠,残杀百姓17人
	靳庄村	战争年代支援前线贡献大的村	1942年初,建立了村党支部,组织发展党员开展地下工作和敌后武装斗争,抓汉奸、打土匪,保护群众利益。解放战争时期,开展反奸清算、减租减息、打击阎顽编村、恶霸地主、爱乡团、保安团等敌伪组织,战斗100余次。1947年4月,解放曲沃时组织30副担架60人上前线支援,给部队送布30匹,鞋240双,粮食60余石,大力支援前线部队作战,又动员20名青年参军或加入地方武装
	秦岗村	发生过重大战役、事件的村	1938年7月初,抗战决死三纵队八总队在绵岭秦岗一带阻击日军向绛县、垣曲、中条山地区进犯,毙伤日伪军700余人,击落敌机一架,达到预期目标
曲村镇	下陈村(含上陈村)	党组织建立最早的村	1938年初,中共下陈党支部成立,7月中共曲沃县委驻扎下陈村,先后长达近3年时间
杨谈乡	杨谈村	发生过重大战役、事件的村	1938年4月,一股日军从塔儿山向杨谈一带进犯,在杨谈村杀死108人,烧毁院落、房屋,史称"杨谈惨案"

所属乡镇	村名	类别	类别说明
杨谈乡	石桥堡村	县级以上领导机关驻扎过的村	1942年8月,中共曲沃县委由下陈村迁往石桥堡村,组织动员曲沃人民进行抗敌斗争。李顺天1937年10月加入中国共产党,以小学教员的身份回到石桥堡开展党的地下活动,1940年3月任中共曲沃县委副书记,1942年2月任中曲沃县委代理书记,1942年8月任中共曲沃县委书记,1945年10月任中共曲沃县委副书记,1947年10月任中共曲沃县委代理书记,1948年随军南下到陕南,先后任白河县委书记、安康行署副专员、铜川市委书记等职务
里村镇	北柴村	发生过重大战役、事件的村	1938年6月,日军烧毁房屋530间、烟叶4万余斤、棉花1万斤、小麦6万斤,残杀村民多人,制造了北柴惨案
里村镇	安定村	发生过重大战役、事件的村	1938年6月,日军骑兵、步兵200余人,蹿入村内残杀村民104人,焚毁房屋数百间,抢走粮食数万斤,村庄成一片废墟
高显镇	神泉村	发生过重大战役、事件的村	1938年3月,驻曲沃日军90余人,入村挨家挨户搜查,杀死村民25人
	荀王村	战争年代支援前线贡献大的村	1947年曲沃解放后,有80名优秀青年加入中国人民解放军,解放临汾战役时,交支前粮食白面5000余斤、门板120块、麻袋300条、棉被220条、军鞋120双等大量物资,组织120人60副担架组成的担架队随军参战

后　记

正值深入学习贯彻习近平总书记在山西考察调研、看望慰问基层干部群众重要指示精神，喜迎党的二十大胜利召开的关键时刻，《曲沃县革命老区发展史》出版面世，让人深感欣慰和振奋。

《曲沃县革命老区发展史》是中国老区建设促进会统一安排部署的一项重要文化工程的组成部分。我县的编纂工作启动于2018年2月，历时近四年。县委、县政府高度重视，成立编纂领导组，县委书记(先后有郭惠勇、杨保春、吴滨)、县长(先后有吴滨、孙惠生)任组长，县委副书记(先后有尚彬、石前进、孙惠生)任副组长。为确保高标准、高质量完成编纂工作，主要领导亲自抓，召开专题会议予以推进。县财政拨付专项资金，保证编纂工作顺利进行。县老促会会长陈永胜任编委会主任，原晋国博物馆馆长孙永和任副主任，吸收一些退出领导岗位的县级领导干部和县直有关部门负责人为成员。县老促会作为主办单位，认真落实县委、县政府安排部署，一是从社会各界选聘一批责任心强、资历较深、写作能力较为扎实的老同志，作为骨干组建编辑部，由县委党史研究室主任李普文任编辑部主任，原县志办主任宋思远、原县委党史研究室副主任李德文任编辑部副主任；二是多次召开会议，反复研究推敲，确定了编写大纲及篇目；三是组织编写人员赴闻喜等市县进行参观学习取经;四是邀请知名人士、有关专家和相关部门负责人组成评审组,对书稿进行多次评审。全体编写人员怀着对革命老区的深厚感情,不辞劳苦,入村进户,查阅资料,认真编写。在县委、县政府领导的关心支持下,在有关部门的鼎力配合下,在全体编写人员的共同努力下,整体编纂工作做到认真、严谨、扎实。可以说,本书比较全面、客观地反映了曲沃作为革命老区发展的全过程。既展现了战争年代曲沃军民在党的领导下不怕牺牲、不屈不挠,争取民族独立与解放可歌可泣的英雄业绩,又展示了社会主义建设时期,特别是改革开放以来取得的新成就、新辉煌。

编纂《曲沃县革命老区发展史》是关乎曲沃人民政治生活的一项文化工程,没有上上下下、方方面面的支持就无法完成。在此,向关怀支持编纂工作的县四大班子各位领导,向积极配合编纂工作的有关部门负责同志,向为此书付出心血的各位专家、学者、全体编写人员,向山西人民出版社编辑老师,向负责书稿印刷的公司和员工,一并表示衷心的感谢!

由于编纂工作任务巨大,所查资料历史久远,加之我们水平有限,书中难免有疏误之处,敬请读者见谅,并提出批评建议。

编 者